MENSCHLICHE KOMMUNIKATION

FORMEN, STÖRUNGEN, PARADOXIEN

PAUL WATZLAWICK
JANET H. BEAVIN, DON D. JACKSON

MENTAL RESEARCH INSTITUTE
PALO ALTO, KALIFORNIEN

ZWEITE, UNVERÄNDERTE AUFLAGE

VERLAG HANS HUBER BERN
STUTTGART WIEN

Titel der Originalausgabe:

Pragmatics of Human Communication
A Study of Interactional Patterns, Pathologies, and Paradoxes
W. W. Norton & Company, Inc., New York 1967

ISBN-3-456-30389-0

1971

Druck: Walter Fischer Bern
Printed in Switzerland

UNSEREM FREUND UND MENTOR
GREGORY BATESON

INHALTSVERZEICHNIS

3. Kapitel

Gestörte Kommunikation

4. Kapitel

Die Organisation menschlicher Interaktion

5. Kapitel

Kommunikationsstrukturen im Theaterstück «Wer hat Angst vor Virginia Woolf?»

6. Kapitel

Paradoxe Kommunikation

7. Kapitel

Die Paradoxien der Psychotherapie

Epilog

Existentialismus und menschliche Kommunikationstheorie: ein Ausblick

EINLEITUNG

Dieses Buch handelt von den pragmatischen (den verhaltensmäßigen) Wirkungen der menschlichen Kommunikation, unter besonderer Berücksichtigung von Verhaltensstörungen. Zu einem Zeitpunkt, da noch nicht einmal die Grammatik und die Syntax sprachlicher Kommunikation hinlänglich formalisiert sind und sich die Zweifel mehren, ob es je möglich sein wird, ihre Semantik in einem einheitlichen Begriffssystem zusammenzufassen, muß jeder Versuch einer Systematisierung der Pragmatik als Ausdruck von Ignoranz oder Überheblichkeit erscheinen. Wenn der gegenwärtige Stand unseres Wissens uns nicht einmal eine befriedigende Erklärung für den Erwerb einer natürlichen Sprache bietet, welche Aussichten bestehen dann, die formalen Beziehungen zwischen Kommunikation und Verhalten zu abstrahieren?

Andererseits ist Kommunikation ganz offensichtlich eine Conditio sine qua non menschlichen Lebens und gesellschaftlicher Ordnung. Und ebenso offensichtlich ist, daß der Mensch von den ersten Tagen seines Lebens an die Regeln der Kommunikation zu erlernen beginnt, obwohl diese Regeln selbst, dieser Kalkül der menschlichen Kommunikation, ihm kaum jemals bewußt werden.

Das vorliegende Buch versucht, einige wenige Schritte in dieses unbekannte Gebiet hinein zu tun. Es ist ein Versuch, Denkmodelle zu formulieren und Sachverhalte zu veranschaulichen, die die Gültigkeit dieser Modelle zu unterbauen scheinen. Die Pragmatik der menschlichen Kommunikation ist eine Wissenschaft in Kinderschuhen, die noch weit davon entfernt ist, ihre eigene brauchbare Sprache entwickelt zu haben. Besonders ihre Einbeziehung in den größeren Rahmen vieler anderer Wissenschaftszweige ist eine Sache der Zukunft. Aber gerade in der Hoffnung auf diese künftige Einbeziehung wendet sich das Buch an alle, die sich in ihren eigenen Arbeits- und Forschungsgebieten mit den Phänomenen des Verhaltens von Systemen im weitesten Sinn befassen.

Der Vorwurf liegt nahe, daß in diesem Zusammenhang wichtige Arbeiten unberücksichtigt bleiben, obwohl sie unmittelbaren Bezug auf das Thema haben. Das seltene Erwähnen nicht-verbaler Kommunikation wäre ein Beispiel dafür, das Fehlen von Hinweisen auf allgemeine Semantik ein anderes. Das vorliegende Buch kann aber nicht mehr als eine Einführung in die Pragmatik der menschlichen Kommunikation sein (die bisher fast keinerlei wissenschaftliche Beachtung gefunden hat) und daher nicht die vielen bestehenden Zusammenhänge mit anderen Forschungsgebieten aufzeigen, ohne im schlechten Sinn des Wortes enzyklopädisch zu werden. Aus demselben Grund mußte der Erwähnung vieler anderer Werke über menschliche Kommunikation eine enge Grenze gesetzt werden, besonders wenn diese Werke die Phänomene der Kommunikation zu einer «Einbahnstraße» (also ausschließlich von Sprecher zu Zuhörer, Versuchsleiter zu Versuchsperson, Psychiater zu Patienten) reduzieren und so die Kreisförmigkeit und die Wechselwirkungen von Kommunikationsprozessen unberücksichtigt lassen.

Die interdisziplinären Bezüge des Themas spiegeln sich in ihrer Darstellung wider. Beispiele und Analogien wurden aus einem möglichst weiten Rahmen gewählt, obwohl der Schwerpunkt auf dem Gebiet der Psychopathologie verblieb. Mathematische Analogien werden dort verwendet, wo die Mathematik sich als die geeignetste *Sprache* zum Ausdruck komplizierter Beziehungen anbietet; dies bedeutet aber nicht, daß das dargelegte Material etwa einen Grad der Ordnung besitzt, der mathematische Quantifizierung zulassen würde. Andererseits kann der häufige Gebrauch literarischer Beispiele wissenschaftlich anfechtbar erscheinen, denn Beweise, die sich auf die Schöpfungen künstlerischer Phantasie stützen, können schwerlich als Beweise gelten. Diese Beispiele sind aber nicht als Beweis gedacht, sondern als *Veranschaulichungen* des betreffenden theoretischen Postulats in einer allgemeineren und daher verständlicheren Sprache; an und für sich haben sie natürlich keine *Beweis*kraft.

An verschiedenen Stellen dieses Buches müssen Begriffe aus anderen Wissensgebieten definiert werden – Definitionen, die für den jeweiligen Fachmann überflüssig sind. Um ihn zu warnen, aber auch zur Orientierung des allgemeinen Lesers seien folgende kurze Hinweise auf die einzelnen Kapitel gegeben:

Kapitel 1 umreißt die begrifflichen Grundlagen. Außer der Anwendung kybernetischer Prinzipien auf zwischenmenschliche Beziehungen dürfte dieses Kapitel dem mit diesen Prinzipien vertrauten Leser wenig

Neues bieten. Es postuliert schließlich die Existenz eines pragmatischen Kalküls, dessen Axiome in erfolgreicher Kommunikation berücksichtigt, in gestörter Kommunikation dagegen verletzt werden.

Kapitel 2 entwickelt und definiert die uns derzeit bekannten Axiome dieses hypothetischen Kalküls, während die den Axiomen innewohnenden Pathologien menschlicher Kommunikation in *Kapitel 3* untersucht werden.

Kapitel 4 dehnt diese Untersuchungen auf die Organisation (oder Struktur) menschlicher Beziehungen aus, die als *Systeme* aufgefaßt werden. Es handelt daher hauptsächlich vom Wesen und der Anwendbarkeit der allgemeinen Systemtheorie auf zwischenmenschliches Verhalten.

Kapitel 5 ist in seiner Gesamtheit der Exemplifizierung des Systemcharakters menschlicher Beziehungen gewidmet.

Kapitel 6 handelt von den verhaltensmäßigen Wirkungen der Paradoxien. Das erfordert zunächst eine Definition des Begriffs (Abschnitt 6.1, 6.2 und 6.3 *), die der mit der Literatur über die Antinomien und besonders über die Russellsche Paradoxie vertraute Leser überspringen kann. Abschnitt 6.4 erörtert die wenig bekannten pragmatischen Paradoxien, vor allem die Doppelbindungstheorie und ihre Bedeutung für das Verstehen schizophrener Kommunikation.

Kapitel 7 ist den therapeutischen Wirkungen bestimmter Formen von Paradoxien gewidmet. Mit Ausnahme der theoretischen Überlegungen in Abschnitt 7.1 und 7.2 behandelt dieses Kapitel hauptsächlich die klinischen Anwendungen paradoxer Kommunikationen.

Der *Epilog* handelt von der Beziehung zwischen menschlicher Kommunikation und der den Menschen umgebenden Wirklichkeit im weiteren – nicht nur sozialen – Sinn und ist nicht mehr als ein Ausblick. Er postuliert, daß die der menschlichen Erfahrung zugängliche Welt eine Ordnung aufweist, die der Hierarchie der logischen Typen ähnlich ist und daher denselben Paradoxien der Selbstrückbezüglichkeit unterliegt, die zu den Paradoxien der Logik führen.

---

* Das Dezimalsystem der Kapiteleinteilung soll deren Sinnordnung klarer machen. Abschnitt 3.23 z. B. ist ein Teil von Abschnitt 3.2, während die Abschnitte 3.231, 3.232 usw. Ausführungen über 3.23 enthalten. Diese Einteilung erleichtert außerdem Querbezüge zwischen den einzelnen Kapiteln.

Die Verfasser sind den zahlreichen Personen zu Dank verpflichtet, die sich der Mühe unterzogen, das Manuskript oder Teile davon zu lesen, und sie mit Rat und Hilfe unterstützten; vor allem den Kollegen am Mental Research Institute, Dr. phil. Paul Achilles, Ing. John H. Weakland, Dr. med. Carlos E. Sluzki, Dr. med. A. Russell Lee, Dr. med. Richard Fisch und Dr. phil. Arthur Bodin; ferner Dr. med. Albert E. Scheflen, Eastern Pennsylvania Psychiatric Institute und Medizinische Fakultät der Temple-Universität; Dr. med. Karl H. Pribram, Dr. med. Ralph I. Jacobs und Dr. med. William C. Dement, Medizinische Fakultät der Stanford-Universität; Ing. Henry Longley †, Western Development Laboratories (Philco); Dr. med. Ing. Noel P. Thompson, Chef der Abteilung für Medizinische Elektronik, Palo Alto Medical Research Foundation; Dr. med. John P. Spiegel, Zentrum für Persönlichkeitsforschung, Harvard-Universität. Für alle Irrtümer und Fehler sowie für die im Buch ausgedrückten Stellungnahmen betrachten sich die Verfasser jedoch ausschließlich selbst verantwortlich.

Die diesem Buch zugrunde liegenden Arbeiten der Verfasser wurden vom National Institute of Mental Health (Grant MH 07459-01), von der Robert C. Wheeler-Stiftung, dem James McKeen Cattell-Fundus und der National Association for Mental Health unterstützt, deren Hilfe hier dankbar erwähnt sei.

VORWORT ZUR DEUTSCHEN AUSGABE

Die vorliegende Studie stellt eine Neubearbeitung des 1967 erschienenen englischsprachigen Originals *Pragmatics of Human Communication. A Study of Interactional Patterns, Pathologies, and Paradoxes* dar. Drei grundsätzliche Vorbemerkungen zur deutschsprachigen Ausgabe scheinen angebracht.

1. Der Begriff der Pragmatik, der dieser Arbeit zugrunde liegt, ist nicht gleichbedeutend mit dem Pragmatismus Jamesscher Prägung und schon gar nicht mit dem Behaviorismus Watsons. Er lehnt sich vielmehr an die von Morris und Carnap entwickelte Semiotik an und ist damit dem philosophischen Erbe James' nur in Form seiner Weiterentwicklung durch den Wiener Kreis verwandt. Der Versuch seiner Anwendung auf zwischenmenschliche Beziehungen, unter besonderer Berücksichtigung psychopathologischer Fragen, ist das wesentliche Anliegen dieses Buches.

2. Dieser Versuch wurzelt nicht – wie angenommen werden könnte – in der für uns Europäer fremden Hintansetzung des Individuums hinter die soziale Gruppe, sondern stützt sich auf die Prinzipien der Wechselwirkungen, der Systemlehre und der sogenannten Neubildungen, die in vielen anderen Wissenschaftszweigen schon längst Allgemeingut sind.

3. Die Übertragung des englischen Originals gestaltete sich in mancher Hinsicht schwierig, weil verschiedene grundlegende Begriffe der Kommunikationslehre keine semantisch einwandfreien deutschen Entsprechungen haben. Dies gilt ironischerweise vor allem für den Begriff *Kommunikation* selbst, der im Deutschen ungewohnt klingt. Weitere Beispiele sind *message* (dem das deutsche Wort «Mitteilung» auch nicht annähernd gerecht wird), *pattern, level* – ganz zu schweigen von Neologismen wie *double bind* und dergleichen. Wo immer möglich, habe ich versucht, dem sachlich zutreffenderen Ausdruck den Vorrang über den stilistisch besseren zu geben und hoffe auf das Verständnis des Lesers für diese Schwierigkeit.

Meinem Lehrer und Freund, Herrn Professor Dr. K. W. Bash, Psychiatrische Universitäts-Klinik Bern, möchte ich an dieser Stelle herzlich für seine Anregungen und seine Hilfe danken.

Warmbad Villach und Palo Alto, Sommer 1968

Paul Watzlawick

1. KAPITEL

DIE BEGRIFFLICHEN GRUNDLAGEN

Es gab bisher keine zweite Kultur, welche den Leistungen einer anderen, längst erloschenen so viel Verehrung entgegentrug und wissenschaftlich so viel Einfluß gestattete, wie die abendländische der antiken. Er dauerte lange, bevor wir den Mut fanden, unser eigenes Denken zu denken. Auf dem Grunde lag der beständige Wunsch, es der Antike gleichzutun. Trotzdem war jeder Schritt in diesem Sinne eine tatsächliche Entfernung von dem erstrebten Ideal. Deshalb ist die Geschichte des abendländischen Wissens die einer fortschreitenden Emanzipation vom antiken Denken, einer Befreiung, die nicht einmal gewollt, die in den Tiefen des Unbewußten erzwungen wurde.
Oswald Spengler: Der Untergang des Abendlandes.

1.1 Einleitung

In einer bestimmten Gegend Nordkanadas zeigt die Fuchsbevölkerung eine auffallende Regelmäßigkeit in der Zu- und Abnahme ihrer Dichte. Im Laufe von vier Jahren steigt sie zunächst zu einem Höchstwert an, beginnt dann abzusinken, erreicht einen kritischen Tiefpunkt und beginnt schließlich wieder anzusteigen. Ein Grund für diese Periodizität ist weder im Einzeltier noch in der sozialen Organisation der Gattung zu finden. Erst wenn – wie es heute selbstverständlich ist – die unmittelbare Umwelt einbezogen wird, zeigt es sich, daß die in derselben Gegend lebenden wilden Kaninchen identische Phasen durchlaufen, die allerdings gegenüber denen der Füchse um zwei Jahre verschoben sind: Dem Höchststand der Fuchsbevölkerung entspricht der Tiefstand der Kaninchen und umgekehrt. Da die Füchse fast ausschließlich von Kaninchen leben und diese kaum einen anderen natürlichen Feind haben als die Füchse, erweist sich der Vierjahreszyklus als eine Interferenzerscheinung des Zusammenlebens dieser beiden Gattungen: Je zahlreicher die Füchse, desto mehr Kaninchen werden gefressen; je weniger Kaninchen, desto weniger Nahrung ist für die Füchse vorhanden, und desto weniger Füchse überleben und pflanzen sich fort, was für die Kaninchen eine Schonzeit bedeutet und ihre Zahl rasch wieder ansteigen läßt.

Unter den während des Krieges in England stationierten amerikanischen Soldaten war die Ansicht weit verbreitet, die englischen Mädchen seien sexuell überaus leicht zugänglich. Merkwürdigerweise behaupteten die Mädchen ihrerseits, die amerikanischen Soldaten seien übertrieben stürmisch. Eine Untersuchung, an der u. a. Margaret Mead teilnahm, führte zu einer interessanten Lösung dieses Widerspruchs. Es stellte sich heraus, daß das Paarungsverhalten *(courtship pattern)* – vom Kennenlernen der Partner bis zum Geschlechtsverkehr – in England wie in Amerika ungefähr dreißig verschiedene Verhaltensformen durchläuft, daß aber die Reihenfolge dieser Verhaltensformen in den beiden Kulturbereichen verschieden ist. Während z. B. das Küssen in Amerika relativ früh kommt, etwa auf Stufe 5, tritt es im typischen Paarungsverhalten der Engländer relativ spät auf, etwa auf Stufe 25. Praktisch bedeutet dies, daß eine Engländerin, die von ihrem Soldaten geküßt wurde, sich nicht nur um einen Großteil des für sie intuitiv «richtigen» Paarungsverhaltens (Stufe 5–24) betrogen fühlte, sondern zu entscheiden hatte, ob sie die Beziehung an diesem Punkt abbrechen oder sich dem Partner sexuell hingeben sollte. Entschied sie sich für die letztere Alternative, so fand sich der Amerikaner einem Verhalten gegenüber, das für ihn durchaus nicht in dieses Frühstadium der Beziehung paßte und nur als schamlos zu bezeichnen war. Die Lösung eines solchen Beziehungskonflikts durch die beiden Partner selbst ist natürlich deswegen praktisch unmöglich, weil derartige kulturbedingte Verhaltensformen und -abläufe meist völlig außerbewußt sind. Ins Bewußtsein dringt nur das undeutliche Gefühl: der *andere* benimmt sich falsch.

In seinen Untersuchungen über den Einfluß von Gruppen auf Einzelindividuen verwendete Asch [3] eine Versuchsanordnung von eleganter Einfachheit. Er arbeitete mit Gruppen von acht Studenten, die im Halbkreis um den Versuchsleiter herumsaßen und von denen einer nach dem andern anzugeben hatte, welche von mehreren parallelen Linien (allen zugleich auf einer Reihe von Tafeln sichtbar gemacht) gleich lang waren. Sieben der Teilnehmer waren jedoch vorher instruiert worden, bei jeder Tafel einstimmig dieselbe falsche Antwort zu geben. Nur *ein* Student, die eigentliche Versuchsperson, war nicht eingeweiht und saß so, daß er als vorletzter an die Reihe kam, nachdem also sechs andere Studenten bereits mit großer Selbstverständlichkeit dieselbe falsche Antwort gegeben hatten. Asch fand, daß unter diesen Umständen nur 25 Prozent der Versuchspersonen ihren eigenen Wahrnehmungen trauten, während 75 Prozent sich in einem kleineren oder größeren Grad der Mehrheitsmeinung unterwarfen, einige blindlings, andere mit beträchtlichen Angstgefühlen.

Diese drei scheinbar wahllos aus der Ethologie, der Kulturanthropologie und der Experimentalpsychologie herausgegriffenen Beispiele haben einen gemeinsamen Nenner: Sie zeigen, daß bestimmte Phänomene unerklärlich bleiben, solange sie nicht in genügend weitem Kontext gesehen werden, oder daß in diesem Fall dem betreffenden Organismus Eigenschaften zugeschrieben werden müssen, die er nicht besitzt. Die Zu- und Abnahme der Füchse würde unerklärlich bleiben, wenn man sie isoliert untersuchte – es sei denn, man wollte den Füchsen zu gewissen Zeiten einen «Todestrieb» zuschreiben. In derselben monadisch beschränkten Sicht ließe sich eine Engländerin unschwer als «hysterisch» oder «nymphomanisch» diagnostizieren (je nachdem, ob sie die Beziehung zum Partner nach dem ersten, für ihn harmlosen Kuß überstürzt abbricht oder sich praktisch zum Geschlechtsverkehr vorbereitet). In den Asch-Experimenten wird offenkundig, daß das Außerachtlassen des zwischenmenschlichen Kontextes der Versuchsanordnung dem Beobachter keine andere Wahl ließe, als der Versuchsperson eine mehr oder weniger schwere Störung ihrer Wirklichkeitswahrnehmung zuzuschreiben und eine psychiatrische Diagnose zu stellen.

Die Phänomene, die in den Wechselbeziehungen zwischen Organismen im weitesten Sinn des Wortes (Zellen, Organe, Organsysteme, komplexe elektronische Netze, Tiere, Personen, Familien, wirtschaftliche oder politische Systeme, Kulturen, Nationen usw.) auftreten, unterscheiden sich grundsätzlich und wesentlich von den Eigenschaften der beteiligten Einzelorganismen. Während diese Tatsache in der Biologie und den ihr verwandten Disziplinen unbestritten akzeptiert wird, fußt die menschliche Verhaltensforschung noch weitgehend auf monadischen Auffassungen vom Individuum und auf der ehrwürdigen wissenschaftlichen Methode der Isolierung von Variablen. Dies wird besonders augenfällig, wenn ein sogenanntes gestörtes (psychopathologisches) Verhalten zum Gegenstand der Untersuchung wird. Werden solche Verhaltensformen in künstlicher Isolierung gesehen, so steht zwangsläufig die Frage nach der *Natur* dieser Zustände und damit im weiteren Sinn nach dem *Wesen* der menschlichen Seele im Vordergrund. Wenn aber die Grenzen dieser Untersuchung weit genug gesteckt werden, um die Wirkungen eines solchen Verhaltens auf andere, die Reaktionen dieser anderen und den Kontext, in dem all dies stattfindet, zu berücksichtigen, so verschiebt sich der Blickpunkt von der künstlich isolierten Monade auf die *Beziehung* zwischen den Einzelelementen größerer Systeme. Das Studium menschlichen Verhaltens wendet sich dann von unbeweisbaren Annahmen über die Natur des Psychischen den beobachtbaren Manifestationen menschlicher Beziehungen zu.

Das Medium dieser Manifestationen ist die menschliche Kommunikation.

Wir werden in der Folge dieselbe Dreiteilung auf das Gebiet der menschlichen Kommunikation übertragen, die Morris [104] und nach ihm Carnap [30, S. 9] für das Studium der Semiotik (der allgemeinen Lehre von den Zeichen und Sprachen) vorgeschlagen haben, nämlich Syntaktik, Semantik und Pragmatik. Auf die menschliche Kommunikation angewendet, ist das erste dieser drei Gebiete das Anliegen des Informationstheoretikers, der sich mit Problemen der Nachrichtenübermittlung (Code, Kanälen, Kapazität, Rauschen, Redundanz und anderen statistischen Eigenschaften der Sprache usw.) zu befassen hat. Diese Probleme sind vor allem *syntaktischer* Natur und haben praktisch nichts mit der *Bedeutung* der verwendeten Symbole zu tun. Bedeutung ist vielmehr das Hauptanliegen der *Semantik*. Während es durchaus möglich ist, Symbolserien mit syntaktischer Genauigkeit zu übermitteln, so würden sie doch sinnlos bleiben, wenn Sender und Empfänger sich nicht im voraus über ihre Bedeutung geeinigt hätten. In diesem Sinn setzt jede Nachricht ein semantisches Übereinkommen voraus. Schließlich beeinflußt jede Kommunikation das Verhalten aller Teilnehmer, und dies ist ihr *pragmatischer* Aspekt. Theoretisch ist somit eine klare begriffliche Trennung der drei Gebiete möglich; praktisch jedoch sind sie natürlich wechselseitig voneinander abhängig. Wie George

Kommunikat. = Verhalten

aufzeigt, ist es «in vieler Hinsicht zutreffend, zu sagen, die Syntax entspreche der mathematischen Logik, die Semantik der Philosophie oder der Wisssenschaftslehre und die Pragmatik der Psychologie, doch sind diese Gebiete nicht klar voneinander abgrenzbar» [51, S. 41].

Insofern wird das vorliegende Buch alle drei genannten Gebiete berühren, obwohl es hauptsächlich die Pragmatik, d. h. die verhaltensmäßigen Wirkungen der Kommunikation, zum Thema hat. In diesem Zusammenhang sei von Anfang an darauf verwiesen, daß wir die beiden Begriffe Kommunikation und Verhalten hier als praktisch gleichbedeutend verwenden. Denn das Material der Pragmatik sind nicht nur Worte, ihre Konfigurationen (Anordnung) und ihre Bedeutungen – also die Daten der Syntaktik und der Semantik –, sondern auch alle nichtverbalen Begleiterscheinungen, die sogenannte Körpersprache inbegriffen. Und schließlich ist die die kommunikativen Abläufe mitbestimmende Rolle des Kontextes, also der «Umwelt» jeder Kommunikation, in Betracht zu ziehen. In dieser pragmatischen Sicht ist demnach nicht nur die Sprache, sondern alles Verhalten Kommunikation, und jede Kommunikation – selbst die kommunikativen Aspekte jedes Kontextes – beeinflußt das Verhalten (vgl. Abschnitt 2.2 und 3.2).

Dies aber bedeutet, daß wird uns nicht nur im allgemeinen Sinn der Pragmatik mit der Wirkung einer Kommunikationshandlung auf den Empfänger (den Perzipienten) dieser Handlung beschränken, sondern daß wir die damit untrennbar verbundene Wirkung der Reaktion des Perzipienten auf den Sender mitberücksichtigen müssen. Wir ziehen es also vor, weniger Gewicht auf die traditionellen Sender-Zeichen- und Zeichen-Empfänger-Relationen zu legen, sondern vielmehr die zwischenmenschliche *Sender-Empfänger-Beziehung auf der Basis der Kommunikation* zu unserem Anliegen zu machen.

So aufgefaßt, gründet sich die Pragmatik auf die beobachtbaren Wechselwirkungen menschlicher Beziehungen im weitesten Sinn und ist damit der traditionellen Psychologie viel weniger verwandt als der Mathematik, die sich ja von allen Disziplinen am unmittelbarsten mit den *Beziehungen zwischen* und nicht der *Natur von* Entitäten befaßt. Die Psychologie hat in ihrer langen Geschichte stets einen starken Hang zur monadischen Auffassung vom Menschen gezeigt und daher zur Reifikation (Verdinglichung) dessen, was sich nun mehr und mehr als komplexe Strukturen[1] von Beziehungen und Wechselwirkungen erweist.

Die Verwandtschaft unserer Hypothesen mit der Mathematik soll aufgezeigt werden, wo immer sie zutreffend erscheint. Dies soll den Leser ohne besondere Kenntnisse der Mathematik aber nicht entmutigen, denn er wird weder vor Formeln noch vor andere mathematische Symbole gestellt. Obwohl menschliches Verhalten vielleicht eines Tages seinen adäquaten Ausdruck in mathematischer Formelsprache finden mag, ist es nicht unsere Absicht (und schon gar nicht unsere Kompetenz), eine solche Quantifizierung auch nur zu versuchen. Wir werden uns auf gewisse Gebiete der Mathematik nur dann beziehen, wenn sie eine nützliche *Sprache* für die Beschreibung bestimmter Phänomene der menschlichen Kommunikation darstellen.

1.2 Funktion und Beziehung

Der Hauptgrund für die Verwendung von mathematischen Analogien und Vergleichen liegt in der großen Nützlichkeit des mathematischen Begriffs der *Funktion*. Um dies zu erklären, ist eine kurze Abschweifung in die Zahlentheorie erforderlich.

Die Wissenschaftsphilosophen scheinen sich darüber einig zu sein, daß der bedeutsamste Fortschritt des modernen mathematischen Denkens in der Entwicklung eines neuen Zahlenbegriffs besteht, die mit Descartes begann und bis in unsere Tage hinein reicht. Für die griechischen Mathematiker waren Zahlen konkrete, reale, wahrnehmbare Größen, die ihrerseits Eigenschaften ebenso realer Objekte darstellten. So-

[1] Wir haben den Ausdruck «Struktur» als bestmögliche Übertragung des an sich unübersetzbaren englischen «*pattern*» gewählt. Seine semantische Bedeutung ist damit leider nur ungenügend wiedergegeben, obwohl z. B. im Französischen der Ausdruck «*structure*» (und, damit verbunden, *structuralisme*) in den letzten Jahren weitgehende Annahme gefunden hat (vgl. hierzu vor allem die Werke von Lévi-Strauss). Um es gleich hier vorwegzunehmen: der Ausdruck «Struktur» wird in diesem Buch zur Bezeichnung von Ganzheiten verwendet, die ihrer eigenen Gesetzmäßigkeit folgen und nicht einfach Summen individueller Eigenschaften sind. Der Ausdruck «Gestalt» wäre auf sie anwendbar, wenn er in Wertheimers ursprünglichem Sinn als dynamischer Ablauf und nicht rein statisch verstanden würde.

mit war die Geometrie gleichbedeutend mit Messen, die Arithmetik mit Zählen. In seinem Kapitel «Vom Sinn der Zahlen» zeigt Oswald Spengler [139], daß nicht nur die Null als Zahlbegriff für die antiken Mathematiker undenkbar war, sondern daß auch negative Größen keinen Platz in der Wirklichkeit der klassischen Welt hatten: «Negative Größen gibt es nicht. Der Ausdruck $-2 \cdot -3 = +6$ ist weder anschaulich noch eine Größenvorstellung» (S. 89). Die Auffassung, daß die Zahlen Größen ausdrücken, blieb zwei Jahrtausende lang unangefochten. Die entscheidende Wandlung wurde 1591 durch Vieta herbeigeführt, der Buchstaben statt Zahlen zu verwenden begann. Damit wurde die Zahl als Größenvorstellung auf einen zweitrangigen Platz verdrängt und der wichtige Begriff der *Variablen* geschaffen – ein Begriff, der für die antiken Mathematiker ebenso unwirklich gewesen wäre wie eine Halluzination. Denn im Gegensatz zur Zahl als Ausdruck einer wahrnehmbaren Größe haben die Variablen keine ihnen innewohnende Bedeutung; sie sind nur *in Beziehung zueinander* sinnvoll. Eine solche Beziehung zwischen Variablen (meist, aber nicht unbedingt in Form einer Gleichung ausgedrückt) stellt den Begriff der *Funktion* dar. Funktionen, um Spengler nochmals zu erwähnen,

> sind überhaupt keine Zahlen im plastischen Sinne, sondern Zeichen für einen Zusammenhang, dem die Merkmale der Größe, Gestalt und Eindeutigkeit fehlen, für eine Unendlichkeit möglicher Lagen von gleichem Charakter, die als Einheit begriffen erst die Zahl sind. Die ganze Gleichung ist, in einer Zeichenschrift, die leider viele und irreführende Zeichen verwendet, tatsächlich eine einzige Zahl, und x, y, z sind es so wenig, als + und = Zahlen sind (S. 103).

So enthält z. B. die Gleichung $y^2 = 4ax$ durch die Herstellung einer eindeutigen Beziehung zwischen x und y alle Eigenschaften einer bestimmten Kurve [2].

---

[2] Wie täuschend die Bedeutung von Zahlen als Größenangaben selbst dort sein kann, wo sie primär als solche beabsichtigt sind, geht z. B. aus einem kürzlich erschienenen Artikel J. David Sterns [142] hervor. Stern befaßt sich mit der Staatsschuld der USA und zeigt, daß diese Schuld für sich und daher als absoluter Wert betrachtet, von 257 Milliarden Dollar im Jahre 1947 auf 304 Milliarden Dollar im Jahre 1962 anstieg. Wird dieser Betrag jedoch im richtigen Kontext gesehen, d. h. in Beziehung zum Volkseinkommen, so ergibt sich eine Verminderung von 151 Prozent auf 80 Prozent im selben Zeitraum. Laien und Politiker neigen ganz besonders zu derartigen Trugschlüssen, während Wirtschaftsfachleute längst in Begriffen von Systemen wirtschaftlicher Variablen und nicht von isolierten oder absoluten Größen denken.

Wozu diese Begriffserweiterung im modernen wissenschaftlichen Denken geführt hat, umreißt Susanne Langer mit eindrucksvoller Klarheit:

Hinter diesen Symbolen liegen die kühnsten, reinsten, kühlsten Abstraktionen, zu denen die Menschheit vorgedrungen ist. Kein über Wesen und Attribute spekulierendes scholastisches Denken hat auch nur annähernd den Abstraktionsgrad der Algebra erreicht. Aber dieselben Wissenschaftler, deren ganzer Stolz ihr konkretes Tatsachenwissen war, die keinen Beweis, der nicht auf empirischer Evidenz beruhte, gelten lassen wollten, haben die Demonstrationen und Kalkulationen, die körperlosen, manchmal zugegebenermaßen «fiktiven» Entitäten der Mathematik ohne Zögern akzeptiert. Null und Unendlichkeit, Quadratwurzeln aus negativen Zahlen, Primzahlen und vierte Dimension, alles dies wurde im Laboratorium ungefragt willkommen geheißen, während der nachdenkende Laie, der *noch gutgläubig an einer unsichtbaren Seelensubstanz festhielt, ihre logische Verläßlichkeit in Zweifel zog* ...

Das Geheimnis liegt darin, daß ein Mathematiker nicht den Anspruch erhebt, irgend etwas über Existenz, Realität oder Wirksamkeit von Dingen auszusagen. Ihn beschäftigt die Möglichkeit, Dinge und die Beziehungen, in die sie zueinander eintreten können, zu symbolisieren. Seine «Entitäten» sind keine «Daten», sondern Begriffe. Weshalb auch Wissenschaftler, für die unsichtbare Mächte, Gewalten und «Prinzipien» Anathema sind, Elemente wie «imaginäre Zahlen» und «unendliche Dezimalbrüche» bereitwillig hinnehmen. Mathematische Konstruktionen sind nur Symbole; *sie haben Bedeutungen im Bereich der Relationen, nicht der Substanzen* [90, S. 27].

Nun besteht ein eindrucksvoller Parallelismus zwischen der Ausbildung des Funktionsbegriffs in der Mathematik und dem Erwachen der Psychologie zum Begriff der Beziehung. Seit ältester Zeit – in gewissem Sinn seit Aristoteles – stellte man sich die Seele als aus gewissen Eigenschaften oder Teilen zusammengesetzt vor, mit denen der einzelne zu einem größeren oder kleineren Teil begabt ist – nicht anders, als ihm von Natur ein schwerer oder schmächtiger Körperbau, rotes oder blondes Haar usw. mit auf den Weg gegeben wurde. Mit dem Ende des letzten Jahrhunderts begann dann in der Psychologie die Experimentalära und mit ihr das Entstehen eines weitaus verfeinerten Vokabulars, das aber in einem wichtigen Sinn trotzdem nicht wesentlich anders war: Es bestand weiterhin aus mehr oder weniger nicht aufeinander bezogenen Einzelbegriffen. Diese Begriffe nannte man psychische Funktionen, was insofern bedauerlich ist, als sie mit dem Begriff der mathematischen Funktion keinerlei Ähnlichkeit haben und auch keine solche Übereinstimmung beabsichtigt war. Bekanntlich wurden Begriffe wie Empfindung, Wahrnehmung, Apperzeption, Gedächtnis und viele andere als derartige Funktionen bezeichnet, und eine gewaltige Arbeit wurde und wird noch weiter geleistet, um sie in künstlicher Isolierung zu studieren. Demgegenüber hat Ashby z. B. darauf verwiesen, wie die Notwendigkeit der Annahme eines *Gedächtnisses* in direkter Beziehung zur Beobachtbarkeit eines bestimmten Systems steht. Er stellt fest, daß für einen Beobachter, der im Besitz aller notwendigen Informationen ist, jeder Bezug auf die Vergangenheit (und damit auf die Existenz eines Gedächtnisses im System) unnötig ist. Für den Beobachter ist das Verhalten des Systems durch den *derzeitigen* Zustand gegeben. Ashby führt hierzu folgendes Beispiel an:

> ... Angenommen, ich bin im Hause eines Freundes und beim Vorbeifahren eines Wagens draußen rennt sein Hund in eine Zimmerecke und duckt sich angstvoll. Für mich ist dieses Verhalten grundlos und unerklärbar. Dann sagt mein Freund: «Er wurde vor sechs Monaten von einem Auto überfahren.» Mit diesem Hinweis auf ein sechs Monate zurückliegendes Ereignis ist das Verhalten des Hundes erklärt. Wenn wir sagen, der Hund zeige ein «Gedächtnis», so beziehen wir uns weitgehend auf dieselbe Tatsache – daß sich sein Verhalten nicht durch seinen augenblicklichen Zustand, sondern durch den vor sechs Monaten erklären läßt. Wenn man nicht vorsichtig ist, könnte man sagen, der Hund «habe» ein Gedächtnis, und dann etwa denken, der Hund *habe* ein *Ding*, so wie er vielleicht einen schwarzen Fleck auf seinem Fell hat. Das könnte einen dazu verleiten, nach dem Ding zu suchen; und unter Umständen entdeckt man dann, daß dieses «Ding» gewisse sehr merkwürdige Eigenschaften hat.
>
> Offensichtlich ist «Gedächtnis» nicht ein objektives Etwas, das ein System besitzt oder nicht besitzt; es ist ein *Begriff*, den der Beobachter anwendet, um die Lücke zu füllen, die die Nichtbeobachtbarkeit des Systems verursacht. Je weniger Variablen der Beobachtung zugänglich sind, desto mehr wird der Beobachter gezwungen sein, die Wirkung vergangener Ereignisse im Verhalten des Systems zu berücksichtigen. Daher ist «Gedächtnis» im Gehirn nur teilweise objektiv. Kein Wunder, daß seine Eigenschaften sich oft als ungewöhnlich oder sogar paradox erweisen. Es besteht wohl kein Zweifel, daß dieser ganze Fragenkomplex einer Überprüfung von Grund auf bedarf [5, S. 117].

So wie wir diese Ausführungen verstehen, verneinen sie keineswegs die eindrucksvollen Fortschritte der neurophysiologischen Forschung über die Informationsspeicherung im Gehirn. Zweifellos ist der Zustand des Hundes seit dem Unfall ein anderer; irgendeine molekulare Veränderung muß stattgefunden, irgendeine neue synaptische Verbindung sich ausgebildet haben – kurz, «etwas» muß dazugekommen sein, das der Hund jetzt «hat». Ashby indessen nimmt ganz offensichtlich Stellung gegen den Begriff und seine Reifikation.

Eine andere Analogie, die von Bateson [17] stammt, ist die einer

Schachpartie. Zu jedem beliebigen Zeitpunkt ist es möglich, den Stand des Spiels aus der augenblicklichen Stellung der Figuren abzuleiten (Schach ist ja ein sogenanntes Spiel mit vollständiger Information), ohne daß dazu irgendeine «Erinnerung» an die vorangegangenen Züge notwendig wäre. Selbst wenn man die augenblickliche Stellung aller Schachfiguren als das «Gedächtnis des Spiels» auffassen wollte, so wäre dies dennoch eine rein auf die Gegenwart und die direkte Beobachtbarkeit des Spiels bezogene Auslegung des Begriffs.

Als das Vokabular der Experimentalpsychologie schließlich auf zwischenmenschliche Kontexte ausgedehnt wurde, blieb die Sprache der Psychologie dennoch eine rein monadische. Begriffe wie Einstellung, Abhängigkeit, Extraversion, Introversion und viele andere wurden zum Gegenstand ausgedehnter Untersuchungen. Die allen diesen Begriffen anhaftende Gefahr ist, daß sie, wenn sie nur lange genug gedacht und wiederholt werden, eine Scheinwirklichkeit annehmen, so daß schließlich «Einstellung» z. B. von einem bloßen Begriff unversehens zu einer meßbaren Dimension der Seele wird, die in dieser monadischen Sicht selbst ein isoliertes Einzelphänomen ist. Wo diese Reifikation einmal stattgefunden hat, besteht meist keine Einsicht mehr dafür, daß die Bezeichnung ja nur eine sprachliche Abkürzung für eine ganz bestimmte menschliche Beziehungsstruktur darstellt.

Jedes Kind lernt in der Schule, daß Bewegung etwas Relatives ist und nur in Relation auf einen Bezugspunkt wahrgenommen werden kann. Was man dagegen leicht übersieht, ist, daß dasselbe Prinzip für alle Wahrnehmungen gilt und daher letzthin unser Erleben der äußeren Wirklichkeit bestimmt. Auf dem Gebiet der Hirn- und der Wahrnehmungsforschung liegen schlüssige Beweise vor, daß nur Beziehungen und Beziehungsstrukturen wahrgenommen werden können. Wird z. B. durch eine komplizierte Vorrichtung die Bewegung der Augäpfel unmöglich gemacht, so daß dasselbe Bild längere Zeit vom selben Teil der Netzhaut empfangen wird, so ist eine klare visuelle Wahrnehmung nicht mehr möglich. In ähnlicher Weise kann bekanntlich ein anhaltender gleichbleibender Ton schließlich subjektiv unhörbar werden. Und wenn man die Beschaffenheit einer Oberfläche erforschen will, berührt man sie nicht einfach mit dem Finger, sondern bewegt den Finger auf ihr hin und her. Hielte man den Finger still, so wäre es schwierig, Rückschlüsse auf die Beschaffenheit der Fläche zu ziehen, von Temperaturwahrnehmungen abgesehen, die aber ihrerseits wieder ihre Ursache in dem Temperaturunterschied zwischen Oberfläche und Finger (also einer Relation) hätten. Die Reihe dieser Beispiele ließe sich beliebig fortsetzen, und alle würden darauf hinauslaufen, daß jede Wahrnehmung auf Bewegung, Abtasten oder Scanning beruht. Mit anderen Worten, eine Beziehung wird hergestellt, dann über einen möglichst weiten Bereich geprüft, und von dieser Prüfung wird dann eine Abstraktion gewonnen, die unserer Ansicht nach dem mathematischen Begriff der Funktion analog ist. Nicht «Dinge», sondern Funktionen machen demnach das Wesen unserer Wahrnehmungen aus; und Funktionen sind, wie wir gesehen haben, nicht isolierte Größenbegriffe, sondern «Zeichen für einen Zusammenhang ... für eine Unendlichkeit möglicher Lagen von gleichem Charakter ...» Wenn dem aber so ist, dann sollte es uns nicht länger überraschen, daß auch die Selbsterfahrung des Menschen im wesentlichen auf der Erfahrung von Funktionen beruht, von Beziehungen, in die er einbezogen ist, mag er diese Beziehungen rein subjektiv auch noch so sehr ihres Funktionscharakters entkleiden und verabsolutieren oder verdinglichen (also reifizieren).

1.3 *Information und Rückkopplung*

Freud hat mit vielen Reifikationen der traditionellen Psychologie gebrochen, als er seine psychodynamische Theorie des menschlichen Verhaltens postulierte. Während seine Verdienste hier keiner Betonung bedürfen, soll doch auf einen Aspekt seiner Lehre verwiesen werden, der von besonderer Bedeutung für unser Thema ist.

Die Psychoanalyse wurzelt im wissenschaftlichen Weltbild ihrer Gründungszeit. Sie postuliert, daß Verhalten weitgehend durch ein hypothetisches Zusammenspiel intrapsychischer Kräfte bedingt ist; diese Kräfte folgen denselben Gesetzen der Erhaltung und Umwandlung von Energie wie in der Physik, und dort hatte, um einen Ausspruch Norbert Wieners über diese Epoche zu wiederholen, «der Materialismus seine eigene Grammatik in Ordnung gebracht, und diese Grammatik wurde vom Energiebegriff beherrscht» [161, S. 199]. In diesem Sinn blieb die klassische Psychoanalyse primär eine Theorie intrapsychischer Energetik. Selbst dort, wo ein Zusammenspiel mit den Gegebenheiten der Außenwelt augenfällig war, wurde diese Wechselwirkung als sekundär betrachtet, wie dies z. B. der Begriff des «sekundären Krankheitsgewinns» erhellt[3]. Im wesentlichen blieb die wechselseitige Abhängigkeit des Individuums und seiner Umwelt ein eher vernachlässigtes Gebiet der Psychoanalyse, und gerade auf diesem Gebiet ist es unerläßlich, den Begriff des *Informationsaustausches*, also der Kommunikation, zu berücksichtigen. Zwischen dem psychodynamischen (psychoanalytischen) Denkmodell und jeder begrifflichen Formulierung der Wechselbeziehung zwischen Organismus und Umwelt besteht ein grundsätzlicher Unterschied, der vielleicht durch die folgende Analogie klarer umrissen werden kann [12]: Wenn man beim Gehen gegen einen Stein stößt, so wird Energie vom Fuß auf den Stein übertragen; der Stein wird dadurch ins Rollen gebracht und schließlich an einer Stelle liegen bleiben, die durch die übertragene Energiemenge, die Form und das Gewicht des Steins, die Oberflächenbeschaffenheit usw. vollkommen determiniert ist. Angenommen dagegen, es handle sich um einen Hund, so könnte dieser aufspringen und zubeißen. In diesem Fall wäre die Beziehung zwischen dem Stoß und dem Biß eine wesentlich andere, denn zweifellos würde sich der Hund der Energie seines eigenen Körperhaushalts und nicht der des Tritts bedienen. Was hier übertragen wird, ist nicht mehr Energie, sondern *Information*. Mit anderen Worten, der Tritt wäre eine Verhaltensform, die dem Hund etwas mitteilt, und der Hund reagiert darauf mit einer entsprechenden anderen Verhaltensform. Dieser Unterschied zwischen Energie und Information trennt die Freudsche Psychodynamik von der Kommunikationstheorie als Erklärung menschlichen Verhaltens. Wie man sieht, läßt sich die eine nicht in die andere einbauen noch die andere von der einen ableiten. Sie stehen zueinander in einer Beziehung begrifflicher Diskontinuität.

Diese Begriffsverschiebung von Energie zu Information ist verantwortlich für die fast schwindelerregende Entwicklung der Wissenschaftslehre und der Technologie seit dem Ende des Zweiten Welt-

3 Die sogenannten Neo-Freudianer schenken bekanntlich den Wechselbeziehungen zwischen Organismus und Umwelt erheblich größere Aufmerksamkeit.

kriegs, und sie hat auch das Bild vom Menschen neu bestimmt. Die Erkenntnis, daß Information über einen Effekt, die dem Effektor in geeigneter Weise zugeführt wird, die Umweltanpassung und innere Stabilität des Effektors sichert, hat nicht nur die Konstruktion von selbstregulierenden und zielstrebigen Maschinen (also Maschinen höherer Ordnung) ermöglicht, sondern auch völlig neue Einsichten in das Wirken sehr komplexer Systeme eröffnet, wie man sie in der Biologie, Psychologie, Soziologie, Ökonomie und vielen anderen Gebieten findet. Während zurzeit die Bedeutung der Kybernetik, d. h. der Lehre von der Steuerung solcher Systeme, noch nicht annähernd abzuschätzen ist, sind ihre Grundprinzipien überraschend einfach.

Solange sich die Wissenschaft nur mit dem Studium linearer und progressiver Kausalitätsabläufe befaßte, verblieben gewisse hochwichtige Phänomene außerhalb des ungeheuren Gebiets, das die Wissenschaft während der letzten vier Jahrhunderte erschlossen hat. Es ist vielleicht eine übertriebene, aber doch nützliche Vereinfachung, diesen Phänomenen den gemeinsamen Nenner der miteinander verwandten Begriffe des «Werdens» und «Wachsens» zuzuordnen. Um diese Phänomene in ein geeintes wissenschaftliches Weltbild einzubeziehen, mußte die Wissenschaft seit den Tagen der Antike zu verschiedentlich definierten, doch immer nebulosen und unbefriedigenden Hilfsbegriffen Zuflucht nehmen, die einen «Zweck» im Ablauf der Ereignisse annahmen und postulierten, daß das Endergebnis «irgendwie» die zu ihm hinführenden Stufen bedinge. Oft wurde diesen Phänomenen auch ein innewohnender «Vitalismus» zugeschrieben – Ansichten, deren Wissenschaftlichkeit meist als fragwürdig empfunden wurde. Damit entflammte sich schon vor über 2500 Jahren eine Kontroverse, die bis in unsere Tage herein dauert: der Streit zwischen Determinismus und Teleologie.

Die Kybernetik hat hier eine entscheidende Änderung gebracht, indem sie zeigte, daß die beiden Prinzipien sich zwanglos in einen größer angelegten Begriffsrahmen einbauen lassen. Dieser neue Aspekt wurde durch die Erkenntnis des Prinzips der *Rückkopplung (feedback)* möglich. Eine Kausalkette, in der Ereignis *a* Ereignis *b* bewirkt, *b* dann *c* verursacht und *c* seinerseits *d* usw., würde die Eigenschaften eines deterministischen, linearen Systems haben. Wenn aber *d* auf *a* zurückwirkt, so ist das System zirkulär und funktioniert auf völlig andere Weise: Es zeigt ein Verhalten, das im wesentlichen dem jener Phänomene entspricht, die sich bisher der streng linearen, deterministischen Auffassung entzogen.

Rückkopplungen können bekanntlich positiv oder negativ sein. Die negative Form wird in diesem Buch viel häufiger erwähnt werden, da sie eng mit dem Begriff der Homöostasis (des Ruhezustandes) verbunden ist und so eine wichtige Rolle bei der Herstellung und Erhaltung des Gleichgewichtes in Systemen und daher auch in menschlichen Beziehungen spielt. Positive Rückkopplungen dagegen führen zu Änderungen im System, d.h. zum Verlust der Stabilität oder des Gleichgewichts. In beiden Fällen wird ein Teil der Ausgabe *(output)* des Systems diesem als Information über die Ausgabe erneut zugeführt. Der Unterschied zwischen den beiden Formen liegt darin, daß im Fall von negativer Rückkopplung diese Information zur Verminderung der Ausgabeabweichungen von einem bestimmten Sollwert verwendet wird – daher die Bezeichnung «negativ» –, während dieselbe Information bei positiver Rückkopplung als Maß der Verstärkung der Ausgabeabweichung dient und daher einen positiven, amplifizierenden Einfluß auf eine schon bestehende Neigung ausübt.

Während der Begriff der Homöostasis in menschlichen Beziehungen im Abschnitt 4.4 näher behandelt wird, soll jetzt schon in aller Klarheit herausgestellt werden, daß es voreilig und unrichtig wäre, von dem eben Gesagten darauf zu schließen, daß negative Rückkopplung wünschenswert, positive dagegen zerstörend sei. Unsere These ist, daß zwischenmenschliche Systeme – also Gruppen, Ehepaare, Familien, psychotherapeutische oder selbst internationale Beziehungen usw. – als Rückkopplungskreise angesehen werden können, da in ihnen das Verhalten jedes einzelnen Individuums das jeder anderen Person bedingt und seinerseits von dem Verhalten aller anderen bedingt wird. Eingaben *(input)* in ein solches System können entweder Änderungen der Homöostasis hervorrufen und amplifizieren oder aber homöostatisch absorbiert werden, je nachdem, ob die dabei beteiligten Rückkopplungskreise positiv oder negativ sind. Beobachtungen von Familien mit einem schizophrenen Mitglied lassen wenig Zweifel darüber, daß der Zustand des Patienten für die Stabilität des Familiensystems entscheidend ist und daß das System rasch und wirksam auf jeden Versuch reagiert, seine Organisation von innen oder außen zu ändern. Dies ist ganz offensichtlich eine unerwünschte Form der Stabilität. Da sowohl Wandel wie Stabilität zu den wichtigsten Manifestationen des Lebens gehören, ist anzunehmen, daß in ihnen positive und negative Rückkopplungsmechanismen in ganz spezifischen Formen von gegenseitiger Abhängigkeit und Komplementarität wirksam sind. Pribram [113] hat kürzlich nachgewiesen, daß jedes Erreichen von Stabilität neue, verfeinerte Sensitivitäten bedingt und daß sich neue Mechanismen ausbilden, um der veränderten Lage Rechnung zu tragen. Nicht einmal unter relativ konstanten Umweltbedingungen ist Stabilität also ein steriler Endzustand, sondern, um es in den bekannten Worten Claude Bernards auszudrücken, «die Konstanz des inneren Milieus ist die Voraussetzung für die Existenz freien Lebens».

Das Prinzip der Rückkopplung ist nicht zu Unrecht als das Geheimnis aller natürlichen Vorgänge genannt worden. Systeme mit Rückkopplung zeichnen sich nicht nur quantitativ durch höhere Komplexität aus – sie unterscheiden sich auch qualitativ von den Maschinen der klassischen Mechanik. Ihr Studium erfordert neue Grundbegriffe; ihre Logik und ihre Epistemologie weichen in vielem grundsätzlich von dem herkömmlichen Verfahren wissenschaftlicher Analyse ab, wie etwa dem Prinzip der jeweiligen Isolierung einer Variablen oder der Laplaceschen Überzeugung, daß die vollkommene Kenntnis aller Tatsachen zu einem gegebenen Zeitpunkt die Voraussage aller zukünftigen Entwicklungen ermögliche. In selbstregulierenden Systemen – Systemen mit Rückkopplung – sind die Begriffe der *Struktur,* der *Organisation* und der *Information* ebenso wichtig, wie es die Begriffe von Materie und Energie am Anfang unseres Jahrhunderts waren. Die Erforschung dieser Systeme ist, wenigstens zurzeit, durch die Tatsache sehr behindert, daß wir noch nicht einmal eine wissenschaftliche Sprache besitzen, die komplex genug wäre, um der Beschreibung dieser Systeme zu dienen. Nicht zu Unrecht hat z. B. Wieser [162, S. 33] festgestellt, daß diese Systeme ihre eigene beste Erklärung sind.

1.4 Redundanz

Unsere Betonung der begrifflichen Diskontinuität zwischen der Systemtheorie und den älteren monadischen oder linearen Theorien soll jedoch nicht nach Resignation klingen. Wenn wir die methodologischen Schwierigkeiten hier in den Vordergrund stellen, so nur, um darauf zu verweisen, daß neue Ausgangspunkte schon allein deswegen gewonnen werden müssen, weil die herkömmlichen Begriffsrahmen nicht mehr ausreichen. Auf der Suche nach solchen Ausgangspunkten zeigt sich, daß in anderen Wissensgebieten Fortschritte gemacht wurden, die von unmittelbarer Bedeutung für das Studium der menschlichen Kommunikation sind. Ashbys Homöostat [4, S. 93 ff.] stellt ein ausgezeichnetes Beispiel dar. Diese Vorrichtung besteht aus vier gleichartigen selbstregulierenden Teilsystemen, die untereinander so vollkommen verbunden sind, daß jede Störung in einem von ihnen alle anderen beeinflußt und jedes Teilsystem seinerseits wieder von den Reaktionen der anderen rückbeeinflußt wird. Das bedeutet, daß kein Teilsystem sein Gleichgewicht unabhängig vom Zustand der anderen zu erreichen vermag, und Ashby konnte so eine Reihe von höchst bemerkenswerten «Verhaltensformen» darstellen. Obwohl das Schaltschema des Homöostaten, verglichen mit dem menschlichen Gerhirn oder selbst mit anderen künstlichen Mechanismen, äußerst einfach ist, verfügt er doch über 390 625 Parameterwerte oder – um dieselbe Feststellung mehr anthropomorph zu formulieren – über diese Zahl von möglichen Einstellungen gegenüber Änderungen in seinem inneren oder äußeren «Milieu». Er erreicht seine Stabilität durch wahlloses Suchen, das er so lange fortsetzt, bis sich die notwendige innere Konfiguration auf einer Zufallsbasis ergibt. Dieser Vorgang ist identisch mit dem Versuch-und-Irrtum-Verhalten vieler Organismen in Stress-Situationen. Die vom Homöostaten hierfür benötigte Zeit kann von Sekunden bis zu Stunden dauern. Für lebende Organismen wäre diese Zeitspanne wohl unweigerlich zu lange und würde das Überleben ernsthaft in Frage stellen. Ashby führt diesen Gedanken zu seiner logischen Schlußfolgerung, indem er feststellt:

Wenn wir wie Homöostaten wären und warten müßten, bis uns eine bestimmte Einstellung auf einen Schlag unsere gesamte für das Erwachsensein typische Lebensanpassung vermittelte, so müßten wir ewig warten. Doch das Kind wartet nicht ewig; im Gegenteil, die Wahrscheinlichkeit, daß es diese Lebensanpassung innerhalb von zwanzig Jahren erreicht, ist fast vollkommen [4, S. 136].

Ashby verweist dann darauf, daß in natürlichen Organismen eine Erhaltung einmal gefundener Anpassungen stattfindet, so daß die Suche nach der bestmöglichen Anpassung nicht jedesmal erneut vorgenommen werden muß, als sei sie nie zuvor gefunden worden.

Was all dies mit der Pragmatik der menschlichen Kommunikation zu tun hat, ist folgendes: Wenn ein System mit der Fähigkeit ausgestattet ist, einmal geleistete Anpassungen für künftige Anwendung zu speichern, so bringt dies eine drastische Veränderung in der Wahrscheinlichkeit seiner Verhaltensabläufe mit sich. Während die Konfigurationen der Teilsysteme des Homöostaten sich regellos folgen (und die Wahrscheinlichkeit des Auftretens jeder möglichen Konfiguration daher immer gleich ist), verschiebt sich in einem solchen System die Wahrscheinlichkeit seines Verhaltens in dem Sinn, daß gewisse Verhaltensformen häufiger auftreten und damit wahrscheinlicher werden als andere. Es muß schon jetzt mit aller Klarheit festgestellt werden, daß keinerlei Notwendigkeit besteht, diesen Häufungen irgendeinen besonderen Sinn zuzuschreiben. Ein Ablauf von der eben erwähnten Art ist einer der Grundbegriffe der Informationstheorie und wird *stochastischer Prozeß* genannt. Dieser Begriff bezieht sich also auf die probabilistische Regelmäßigkeit, die einer Folge von Symbolen oder Geschehnissen innewohnt, mag diese Folge so einfach sein wie jene, die durch das Ziehen von schwarzen und weißen Kugeln aus einer Urne zustandekommt, oder so kompliziert wie die spezifischen Strukturen, die sich aus der Verwendung bestimmter tonaler und orchestraler Elemente durch einen bestimmten Komponisten ergeben. Im Sinn der Informationstheorie kann man auch sagen, daß stochastische Prozesse *Redundanz* zeigen – ein Begriff, der mit dem bereits häufiger verwendeten Begriff der Struktur praktisch gleichbedeutend ist. Auf die Gefahr übermäßiger Redundanz hin möchten wir nochmals darauf verweisen, daß diese Strukturen einen erklärbaren oder symbolischen Sinn weder haben noch zu haben brauchen. Dies schließt natürlich nicht die Möglichkeit aus, daß sie mit anderen Vorkommnissen oder Zuständen in Wechselbeziehung stehen können, wie dies z. B. zwischen dem Elektroenzephalogramm und gewissen Krankheitserscheinungen der Fall ist.

In zwei Bereichen der menschlichen Kommunikation, in der Syntaktik und der Semantik, ist das Phänomen der Redundanz bereits weitgehend untersucht worden; hierzu wäre die Pionierarbeit Shannons, Carnaps, Bar-Hillels und vieler anderer Wissenschaftler zu erwähnen. Eine der Schlußfolgerungen, die sich aus diesen Studien ziehen lassen, ist die, daß wir alle eine erstaunlich umfangreiche Kenntnis von der Regelmäßigkeit und der statistischen Wahrscheinlichkeit der Syntaktik und der Semantik mit uns herumtragen. Psychologisch ist diese Kenntnis sehr interessant – sie ist nämlich im Jasperschen Sinn fast völlig außerbewußt[4]. Niemand, außer vielleicht ein Sprachwissenschaftler, kann auf Anhieb die Wahrscheinlichkeit des Auftretens oder die Rangordnung von Buchstaben oder Wörtern in einer bestimmten Sprache angeben; wir alle aber können einen Druckfehler entdecken und korrigieren, ein fehlendes Wort ersetzen oder einen Stotterer zur Verzweiflung treiben, indem wir seine Sätze für ihn zu Ende sprechen. Eine Sprache zu beherrschen und etwas *über* diese Sprache zu wissen, sind zwei Wissensformen von sehr verschiedener Art. So ist es durchaus möglich, daß jemand seine Muttersprache fehlerfrei und fließend beherrscht, ohne irgend etwas von ihrer Grammatik und Syntax zu wissen, d. h. von den *Regeln,* die er beim Sprechen richtig anwendet. Wenn dieselbe Person eine andere Sprache lernen müßte – außer durch denselben

---

4 Jaspers verweist wiederholt auf diese Unterscheidung zwischen Unbewußtem und Außerbewußtem, so z. B.:

«... Es ist durchaus falsch, wenn dies Unbewußte, das durch Phänomenologie und verstehende Psychologie aus Unbemerktem zu Gewußtem gemacht wird, mit dem echten Unbewußten, dem prinzipiell Außerbewußten, nie Bemerkbaren zusammengeworfen wird.» [75, S. 254].

«... Bei kausalen Untersuchungen müssen wir immer den phänomenologischen Einheiten oder den verständlichen Zusammenhängen oder was wir sonst als Element verwenden etwas Außerbewußtes zugrundeliegend denken. So verwenden wir Begriffe von außerbewußten Dispositionen und außerbewußten Mechanismen ...» [75, S. 380].

Jaspers' Psychopathologie tritt allerdings über das Monadische nicht hinaus; das «Außen» wird dadurch zwangsläufig der Körper, nicht die Welt der Beziehungen: «Das Außerbewußte kann in der Welt nur als Körperliches gefunden werden» [75, S. 380 f.].

empirischen Lernvorgang wie bei der Muttersprache –, so müßte sie nicht nur *die* Sprache, sondern auch vieles *über die* Sprache *lernen* [5].

Was die Redundanz in der Pragmatik der menschlichen Kommunikation betrifft, so hat dieses Gebiet in der Literatur bisher nur sehr wenig Beachtung gefunden, besonders was die Pragmatik als *zwischenmenschliches* Phänomen angeht. Damit soll gesagt sein, daß die meisten der vorhandenen Studien sich mit den Wirkungen befassen, die Person *A* auf Person *B* ausübt, ohne aber in Betracht zu ziehen, daß, was immer *B* tut, auf *A* zurückwirkt und dessen nächsten «Zug» beeinflußt und daß beide dabei weitgehend von dem Kontext, in dem ihre Wechselbeziehung abläuft, beeinflußt sind und ihn ihrerseits beeinflussen.

Es läßt sich unschwer vergegenwärtigen, daß die pragmatische Redundanz im wesentlichen der syntaktischen und der semantischen ähnlich ist. Auch hier verfügen wir über ein umfangreiches Wissen, das es uns ermöglicht, Verhalten zu verstehen, zu beeinflussen und vorauszusehen. Ja, auf diesem Gebiet sind wir sogar besonders empfindlich gegen jede Ungereimtheit: Verhalten, das im Widerspruch mit seinem Kontext steht, das pragmatische Regeln verletzt oder dem ein Mindestmaß von Redundanz fehlt, erscheint uns als weitaus störender, als es bloß syntaktische oder semantische Regelverletzungen je sein können. Und doch fehlt uns gerade auf diesem Gebiet eine auch nur annähernde Bewußtheit der Regeln, die in normaler Kommunikation befolgt, in gestörter Kommunikation dagegen durchbrochen werden. Wir sind wie eingesponnen in Kommunikation; selbst unser Ichbewußtsein hängt, wie schon früher erwähnt, von Kommunikation ab. Diesen Sachverhalt hat Hora sehr präzis formuliert: «Um sich selbst zu verstehen, muß man von einem anderen verstanden werden. Um vom anderen verstanden zu werden, muß man den andern verstehen» [61, S. 237]. Wenn aber

---

5 Der berühmte Sprachwissenschaftler Benjamin Whorf hat immer wieder auf diese Tatsache verwiesen, so z. B. in seinem Essay «*Science and Linguistics*»:

Sprachwissenschaftlern ist seit langem bekannt, daß die Fähigkeit, eine Sprache fließend zu sprechen, nicht unbedingt auch ein linguistisches Wissen von dieser Sprache vermittelt, also ein Verstehen ihrer Hintergrundphänomene, ihrer Systematik und Struktur – ebenso wenig, wie die Fähigkeit, gut Billard zu spielen, eine Kenntnis der Gesetze der Mechanik voraussetzt oder vermittelt, denen das Billardspiel unterworfen ist [160, S. 123].

sprachliches Verstehen sich auf die Regeln der Grammatik, Syntax, Semantik usw. gründet, was sind dann die Regeln für das Verstehen, das Hora meint? Es hat auch hier den Anschein, als wüßten wir von ihnen, ohne zu wissen, daß wir von ihnen wissen. Wir sind wie eingesponnen in Kommunikation und sind doch – oder gerade *deshalb* – fast unfähig, *über Kommunikation zu kommunizieren.* Dieser Sachverhalt ist eines der Hauptthemen unseres Buches.

Die Suche nach Ordnung ist die Grundlage aller wissenschaftlichen Forschung – dieser Grundsatz gilt auch für die Erforschung zwischenmenschlicher Beziehungen. Sie wäre ein verhältnismäßig einfaches Unterfangen, wenn es genügte, die betreffenden Personen danach zu befragen, welche Kommunikationsweisen sie gewöhnlich anwenden, oder anders gesagt, welche Regeln sie für ihre Beziehung ausgearbeitet haben. Eine herkömmliche Anwendung dieser Technik stellt der Fragebogen dar. Wenn es aber einmal klar ist, daß solche Aussagen nicht immer wörtlich genommen werden dürfen (schon gar nicht auf dem Gebiet der Psychopathologie), daß Befragte sehr wohl etwas *sagen* und etwas ganz anderes *meinen* können und daß es schließlich (wie wir gerade sahen) Fragen gibt, zu denen das Bewußtsein über keine Antworten verfügt, dann wird die Notwendigkeit anderer Forschungsmethoden offensichtlich. Der Bewußtseinsgrad von Verhaltensregeln entspricht ungefähr jenem, den Freud für Fehlleistungen postulierte: 1) Sie können voll bewußt sein, so daß Fragebogen oder einfache Interviews verwendbar sind; 2) man kann ihrer unbewußt sein, sie aber erkennen, sobald man auf sie hingewiesen wird; 3) sie können so weit außerhalb unseres Bewußtseins liegen, daß wir sie selbst dann nicht zu erkennen vermögen, wenn andere uns auf sie verweisen. Wie noch zu zeigen sein wird, gehören die für unsere Studie wichtigen Regeln fast ausnahmslos der dritten Gruppe an. Bateson hat diese Bewußtseinsstufen einmal wie folgt beschrieben:

> Wenn wir die Skala der Lernvorgänge aufwärts verfolgen, stoßen wir auf immer abstraktere Strukturen, die immer weniger dem Bewußtseinsbereich angehören. Je abstrakter, je allgemeiner und formaler die Prämissen sind, auf denen sich diese Strukturen aufbauen, in desto tieferen neurologischen und psychologischen Bereichen wurzeln sie, und desto weniger sind sie dem Bewußtsein zugänglich.
>
> Die Tatsache, daß jemand sich *gewohnheitsmäßig* von anderen abhängig macht, ist für den Betreffenden unter Umständen viel schwerer zu begreifen als

der Umstand, daß er bei einer bestimmten Gelegenheit Hilfe erhalten hat. Dies kann er vielleicht noch einsehen, aber seine noch komplexere Verhaltensform einzusehen, daß er nämlich, sobald er Hilfe erhält, meistens die Hand beißt, die ihn füttert [6], das kann sich seiner Wahrnehmungsfähigkeit völlig entziehen [16].

Zum Glück für unser Verstehen zwischenmenschlicher Beziehungen ist diese Schwierigkeit für den außenstehenden Beobachter weniger groß. Er befindet sich in derselben Lage wie jemand, der einer Schachpartie zusieht, aber weder die Regeln noch das Ziel des Spiels kennt. Ersetzen wir in dieser Analogie die Unbewußtheit der «Spieler» in wirklichen Lebensbeziehungen durch die vereinfachte Annahme, der Beobachter kenne die Sprache der Spieler nicht und sei daher außerstande, sie um Erklärung zu fragen. Es wird ihm nun bald klar werden, daß das Verhalten der Spieler verschiedene Grade von Wiederholungen zeigt, von Redundanz, aus denen er seine ersten vorläufigen Schlüsse ziehen kann. Er wird z. B. feststellen, daß fast immer auf den Zug des einen Spielers ein Zug des anderen folgt. Daraus läßt sich unschwer schließen, daß die Spieler einer Regel von abwechselnden Zügen folgen. Die Regeln, die die Bewegung der einzelnen Figuren betreffen, lassen sich nicht so leicht ableiten – teils wegen ihrer Komplexität und teils wegen der verschiedenen Häufigkeit dieser Züge. So wird es z. B. einfacher sein, die Regel für die Bewegungen der Läufer abzuleiten, als die der ungewöhnlichen und seltenen Rochade. Dazu kommt, daß bei der Rochade derselbe Spieler zwei Züge hintereinander macht und damit die Alternationsregel der Züge zu verletzen scheint. Dennoch wird die ungleich höhere Häufigkeit des Zugwechsels bei der Theoriebildung des Beobachters von größerem Einfluß sein, und selbst wenn der scheinbare Widerspruch ungelöst bleibt, so wird der Beobachter doch seine bislang formulierten Hypothesen nicht aufzugeben brauchen. Es darf also angenommen werden, daß er nach Beobachtung einer Reihe von Schachpartien die Spielregeln mit weitgehender Genauigkeit formulieren kann, und es muß nochmals betont werden, daß er dieses Ergebnis ohne die Möglichkeit direkter Befragung zu erreichen vermochte.

Bedeutet dies nun, daß der Beobachter das Verhalten der Spieler «erklärt» hat? Wir ziehen es vor, zu sagen, daß er komplexe Redundanz-

---

6 Gebräuchliche Metapher der englischen Sprache.

strukturen identifiziert hat[7]. Wäre ihm daran gelegen, so könnte er natürlich jeder Figur und jeder Spielregel eine bestimmte Bedeutung zuschreiben. Ja, er könnte sogar eine spitzfindige Mythologie über das Spiel und seinen «tieferen» oder «wirklichen» Sinn ausklügeln, verbunden mit phantasievollen Vorstellungen über den Ursprung des Spiels. Doch all dies wäre für das Verstehen des Spiels unnötig, und eine solche Erklärung oder Mythologie hätte dieselbe Beziehung zum Schachspiel, wie sie die Astrologie zur Astronomie hat[8].

Eine Schlußbemerkung soll diesen Abriß des Begriffs der Redundanz in der Pragmatik der menschlichen Kommunikation nochmals illustrieren. Bekanntlich besteht das Programmieren eines Rechenautomaten darin, daß man eine verhältnismäßig kleine Zahl spezifischer Regeln aufstellt (eben das Programm). Diese Regeln steuern dann den Automaten durch eine beliebig große Zahl sehr flexibler Rechenoperationen. Genau das Umgekehrte findet statt, wenn man – wie oben beschrieben – menschliches Verhalten auf seine Redundanz hin beobachtet. Von der Beobachtung der mannigfachen Abläufe in einem bestimmten Bezugssystem versucht man so auf die dem System eigenen Regeln, also auf seine pragmatische Redundanz, rückzuschließen.

---

7 Scheflen [132] hat solche komplexen Strukturen und Strukturen von Strukturen in menschlichen Wechselbeziehungen (in einer Reihe psychotherapeutischer Sitzungen) eingehend studiert. Seine bahnbrechenden Untersuchungen zeigen nicht nur, daß es diese Strukturen tatsächlich gibt, sondern auch, daß sie unglaublich redundant und geordnet sind.

8 Bavelas [20] hat kürzlich in einem Experiment nachgewiesen, daß zwischen Sachverhalt und Erklärung nicht unbedingt eine Beziehung zu bestehen braucht. In diesem Versuch wurde jedem Teilnehmer gesagt, daß er an einer experimentellen Untersuchung von «Begriffsbildungen» teilnehmen werde, und jeder erhielt eine Kartontafel mit demselben grauen Zufallsmuster. Die Anweisung bestand darin, über dieses neutrale Muster «Begriffe zu bilden». Von je zwei Versuchspersonen, die einzeln, aber zur selben Zeit den Test ablegten, wurden der ersten acht von je zehn ihrer Antworten als richtig bezeichnet, während der zweiten nur die Hälfte ihrer Deutungen als richtig bestätigt wurde. (Die Musterung der Tafel hatte keinerlei «wirkliche» Bedeutung; die «Richtigerklärung» der Antworten erfolgte durch den Versuchsleiter rein willkürlich.) Die Deutungen derjenigen Versuchsperson, die mit einer Frequenz von 80 Prozent für ihre Antworten «belohnt» wurde, blieben verhältnismäßig einfach, während die zweite (nur mit 50 Prozent «belohnte») Versuchsperson komplizierte, subtile und abstruse Theorien über die Tafel entwickelte und häufig auch kleinste Details des Musters in die Deutungen einbezog. Wurden die beiden Versuchs-

1.5 Metakommunikation und pragmatischer Kalkül

Die Kenntnisse, die unser theoretischer Beobachter beim Studium der pragmatischen Redundanz der Verhaltensform «Schachspielen» gewonnen hat, haben eine augenfällige Ähnlichkeit mit dem mathematischen Begriff des *Kalküls*. Laut Boole ist ein Kalkül «eine Methode, die auf der Verwendung von Symbolen beruht, deren kombinatorische Gesetze bekannt und allgemein sind und deren Resultate eine eindeutige Auslegung gestatten» [28, S. 14].

Wenn Mathematiker die Mathematik nicht mehr ausschließlich für Berechnungen verwenden, sondern sie selbst zum Gegenstand ihrer Forschung machen – wie sie es z. B. tun, wenn sie die Folgerichtigkeit und Geschlossenheit der Arithmetik als Denksystem überprüfen –, so müssen sie eine Sprache verwenden, die nicht mehr ein Teil der Mathematik selbst ist, sondern sozusagen *über* ihr steht. Nach David Hilbert [60] heißt diese Sprache Metamathematik. Die formale Struktur der Mathematik ist ein Kalkül; die Metamathematik die sprachliche Formulierung dieses Kalküls. Nagel und Newman haben diesen Unterschied mit aller wünschenswerten Klarheit herausgestellt:

> Die Bedeutung, die eine klare Unterscheidung zwischen Mathematik und Metamathematik für unser Thema hat, kann gar nicht überschätzt werden. *Ihre Nichtbeachtung hat Paradoxien und Verwirrung erzeugt.* Das Verstehen der Bedeutung hat es dagegen ermöglicht, die logische Struktur mathematischen Denkens in klarem Licht darzulegen. Der Wert der Unterscheidung liegt darin, daß sie eine sorgfältige Kodifizierung der verschiedenen Zeichen erfordert, die für die Aufstellung eines formalen Kalküls verwendet werden, *frei von allen unbewiesenen Annahmen und irrelevanten Sinnbezügen.* Darüber hinaus zwingt sie zu einer genauen Definition der Operationen und logischen Gesetze mathematischer Konstruktion und Deduktion, von denen Mathematiker viele angewendet hatten, ohne sich darüber im klaren zu sein, was sie eigentlich verwendeten [106, S. 32].

Wenn wir Kommunikation nicht mehr ausschließlich zur Kommunikation verwenden, sondern um *über* die Kommunikation selbst zu kommunizieren (wie wir es in der Kommunikationsforschung unweigerlich tun müssen), so verwenden wir Begriffe, die nicht mehr *Teil* der Kom-

---

personen dann zusammengebracht und gebeten, die von ihnen gebildeten «Begriffe» zu besprechen, so unterwarf sich die Versuchsperson mit den einfacheren Deutungen sofort der «Brillanz» der Deutungen der anderen und war überzeugt, diese habe die Karte «richtig» interpretiert.

munikation sind, sondern (im Sinne des griechischen Präfix *meta) von* ihr handeln. In Analogie zum Begriff der Metamathematik wird dies Metakommunikation genannt, und unserer Meinung nach ist das obige Zitat auf diesen Begriff sinngemäß anwendbar. Im Vergleich zur Metamathematik steht die Erforschung der Metakommunikation jedoch vor zwei gewaltigen Nachteilen. Erstens besteht auf dem Gebiet der menschlichen Kommunikation noch kein Begriffssystem, das sich auch nur annähernd mit einem Kalkül vergleichen ließe; dies beeinträchtigt allerdings nicht, wie noch gezeigt werden soll, die heuristische Nützlichkeit des Begriffs. Der zweite Nachteil ist mit dem ersten eng verbunden: Während nämlich die Mathematiker über zwei Sprachen verfügen (Zahlen und algebraische Symbole für die Mathematik, die natürliche Sprache zum Ausdruck der Metamathematik), besitzt die menschliche Kommunikationsforschung nur die natürliche Sprache als Medium der Kommunikation *und* der Metakommunikation. Dieses Problem wird im Laufe unserer Überlegungen immer wieder auftauchen.

Was für einen Zweck aber hat es, den Begriff eines pragmatischen Kalküls zu postulieren, wenn seine spezifische Erstellung zugegebenerweise eine Sache der fernen Zukunft ist? Unserer Ansicht nach liegt die unmittelbare Nützlichkeit darin, daß dieser Begriff ein wirkungsvolles Modell des Wesens und des Abstraktionsgrades jener Phänomene darstellt, die wir erforschen wollen. Um unser Anliegen kurz zu wiederholen: Wir forschen nach Erscheinungen pragmatischer Redundanz; wir wissen, daß diese nicht einfache, statitische Größen oder Eigenschaften sind, sondern dem mathematischen Begriff der Funktion analoge Strukturen; und wir erwarten, daß diese Strukturen die allgemeinen Merkmale von rückgekoppelten, zielstrebigen Systemen haben. Wenn wir von diesen Gesichtspunkten aus an Kommunikationsabläufe zwischen zwei oder mehreren Teilnehmern herangehen, so dürfen wir annehmen, schließlich bei gewissen Resultaten anzukommen, die zwar noch keinen Anspruch darauf erheben können, ein formales Begriffssystem darzustellen, die aber ihrem Wesen nach zumindest weitgehend den Axiomen und Lehrsätzen eines Kalküls entsprechen.

In ihrem oben erwähnten Werk beschreiben Nagel und Newman die Analogie zwischen einem Spiel wie Schach und einem formalen mathematischen Kalkül. Sie zeigen dabei, wie die Stellungen der Schachfiguren als solche «bedeutungslos» sind, während Aussagen *über* diese Stellungen sehr wohl einen Sinn haben. Sie führen u. a. aus, daß

> allgemeine «Metaschach»-Theoreme erstellt werden können, deren Nachweis nur eine endliche Zahl erlaubter Positionen auf dem Schachbrett erfordert. Das «Metaschach»-Theorem von der Zahl der möglichen Eröffnungszüge von Weiß kann auf diese Weise konstruiert werden; und ebenso das «Metaschach»-Theorem, daß Weiß ein Schachmatt nicht erzwingen kann, wenn es nur seine zwei Türme und den König und Schwarz nur seinen König hat [106, S. 35].

Wir haben etwas länger bei dieser Analogie verweilt, weil sie den Begriff des Kalküls nicht nur in der Metamathematik, sondern auch in der Metakommunikation veranschaulicht. Wenn wir nämlich die beiden Spieler selbst in die Analogie einbeziehen, haben wir es nicht mehr mit einem abstrakten Spiel zu tun, sondern mit den Abläufen einer menschlichen Wechselbeziehung, die einer strengen, komplexen Gesetzmäßigkeit folgen. Der einzige Unterschied ist der, daß wir den Ausdruck «formal unentscheidbar» dem von Nagel und Newman verwendeten «bedeutungslos» vorziehen, wenn wir von einer *einzelnen* Verhaltensform (einem «Zug» in der Schachanalogie) sprechen. Eine solche Verhaltensform, *a*, mag ihre Ursache in einem Lotterietreffer, dem Ödipuskonflikt, im Alkohol oder in einem Gewitter haben – jede Debatte darüber, was ihr «wirklicher» Grund ist, kann nur einer scholastischen Disputation über das Geschlecht der Engel ähneln. Solange sich das Psychische nicht von außen her rein objektiv erforschen läßt, müssen wir uns mit Rückschlüssen und Selbstschilderungen begnügen – und beide sind bekanntlich von geringer Verläßlichkeit. Wenn wir aber feststellen können, daß einem Verhalten *a* – was immer seine «Ursachen» sein mögen – stets ein Verhalten *b, c* oder *d* des Partners folgt, während es anscheinend ein Verhalten *x, y* oder *z* ausschließt, so kann davon auf eine metakommunikative Regel geschlossen werden. Was wir damit im weiteren Sinn vorschlagen, ist, daß sich alle Wechselbeziehungen in Begriffen der Spielanalogie verstehen lassen, also als Folgen von «Zügen», die festen Regeln unterworfen sind; Regeln, bei denen es letztlich belanglos ist, ob sie den aufeinander bezogenen Individuen bewußt oder unbewußt sind, aber über die sinnvolle metakommunikative Aussagen gemacht werden können. Damit postulieren wir, wie bereits in Abschnitt 1.4 angedeutet, daß hinter den myriadenfachen Erscheinungen der menschlichen Kommunikation ein noch nicht interpretierter pragmatischer

Kalkül steht, dessen Axiome in erfolgreicher Kommunikation berücksichtigt, in pathologischer Kommunikation dagegen gebrochen werden. Das Vorhandensein eines solchen Kalküls läßt sich beim gegenwärtigen Stand unseres Wissens mit dem eines Sterns vergleichen, dessen Existenz und Position von der theoretischen Astronomie postuliert wird, von den Sternwarten jedoch noch nicht nachgewiesen ist.

Philosophisch gesehen, scheint die hier dargelegte Art der Erforschung von Zusammenhängen einen Extremfall des von Jaspers definierten *Erklärens* darzustellen. Jaspers hat bekanntlich in allen Erforschungen des Seelischen eine methodologische Dichotomie aufgezeigt, die auf Verstehen und Erklären beruht:

> Durch Hineinversetzen in Seelisches *verstehen wir genetisch,* wie Seelisches aus Seelischem hervorgeht. Durch objektive Verknüpfung mehrerer Tatbestände zu Regelmäßigkeiten auf Grund wiederholter Erfahrungen *erklären wir kausal* ... Man hat die verständlichen Zusammenhänge des Seelischen auch *Kausalität von innen* genannt und damit den unüberbrückbaren Abgrund bezeichnet, der zwischen diesen nur gleichnisweise kausal zu nennenden und den echten kausalen Zusammenhängen, der Kausalität von außen, besteht [75, S. 250].

In der Folge unserer Ausführungen wird indessen deutlicher werden, daß sich das Denken in Strukturen und damit auch unsere Darlegungen nicht völlig in diesen Begriff des Erklärens einfügen lassen. Wenn wir auch, wie Jaspers beschreibt, «durch Beobachtungen, durch Experimente oder durch Sammeln vieler Fälle *Regeln* des Geschehens zu finden» trachten (S. 251), so ist unser Anliegen doch nicht ein Erklären, schon gar nicht ein kausal-genetisches. Die Regeln der menschlichen Kommunikation «erklären» nichts, sie sind vielmehr evident durch ihr Sosein, sind ihre eigene beste Erklärung – ähnlich wie die Primzahlen *sind,* aber nichts im eigentlichen Sinn erklären (vgl. Abschnitt 4.411).

Auf keinen Fall aber sollten unsere Ausführungen dahin mißverstanden werden, daß wir mit ihnen die Realität des Intrapsychischen oder die Berechtigung genetischer, hereditärer, metabolischer und anderer menschlicher Verhaltenstheorien leugnen wollten. Die vorliegende Studie ist ein Beitrag: Sie ist als Erhellung einer zusätzlichen Dimension gedacht, deren Nützlichkeit für Klinik und Therapie in den folgenden Kapiteln dargestellt werden soll.

1.6 Schlußfolgerungen

Wenn man mit den oben genannten Kriterien an die Phänomene menschlichen Verhaltens herangeht, so eröffnen sich gewisse neue Perspektiven, die im Rahmen der Psychopathologie kurz erwähnt werden sollen. Das heißt aber nicht, daß sie nur dort Gültigkeit hätten, sondern lediglich, daß sie in diesem Rahmen besonders wichtig und relevant sind.

1.61 *Der Begriff der Black Box.* Während besonders radikale Denker die Existenz der Seele leugnen, ist es der Fachwelt allgemein nur zu gut bekannt, daß das Fehlen eines archimedischen Punktes außerhalb der Seele die Erforschung ihrer Phänomene äußerst schwierig macht. Mehr als irgendeine andere Disziplin sind Psychologie und Psychiatrie letztlich selbstreflexiv: Subjekt und Objekt der Untersuchung sind identisch, die Seele erforscht sich selbst, und alle Annahmen haben die unvermeidliche Tendenz, sich selbst zu bestätigen. Die Unmöglichkeit, die Seele «an der Arbeit» zu sehen, führte in den letzten Jahren zur Übernahme des Begriffs der *Black Box* aus dem Gebiet der Fernmeldetechnik. Er wurde im Krieg zunächst auf erbeutetes Feindmaterial angewendet, das wegen der möglicherweise darin enthaltenen Sprengladungen nicht zur Untersuchung geöffnet werden konnte. In einem allgemeineren Sinn wird dieser Begriff heute für elektronische Systeme verwendet, deren Komplexität es nahelegt, ihre Beschaffenheit praktisch außer acht zu lassen und sich auf die Messungen ihrer Ein- und Ausgaberelationen *(input-output relations)* zu beschränken. Zwar trifft es zweifellos zu, daß diese Relationen oft Schlußfolgerungen darauf erlauben, was innerhalb des Geräts «wirklich» vorgeht; für die Untersuchung der *Funktion* jedoch, die das Gerät als Teil eines größeren Systems erfüllt, ist dieses Wissen nicht wesentlich. Auf psychologische und psychiatrische Zusammenhänge angewandt, hat dieser Begriff den heuristischen Vorteil, daß keine letztlich unbeweisbaren intrapsychischen Hypothesen herangezogen werden müssen. Die Untersuchungen können sich vielmehr auf die direkt beobachtbaren Ein- und Ausgaberelationen menschlicher Beziehungen, also auf die Kommunikation, beschränken. Wir halten dies für eine wichtige Neuorientierung, die es erlaubt, Symptome als Eingabe in das System der Beziehung statt als Ausdruck intrapsychischer Konflikte zu sehen (vgl. Abschnitt 3.234).

1.62 *Bewußtes und Unbewußtes.* In dieser Sicht menschlichen Verhaltens läßt sich die Ausgabe einer Black Box als die Eingabe in eine andere auffassen. Die Frage, ob ein solcher Informationsaustausch bewußt oder unbewußt ist, verliert dabei ihre überragende Bedeutung, die sie in der Psychodynamik hat. Damit soll nicht gesagt sein, daß es gleichgültig ist, ob Verhaltensformen subjektiv als bewußt oder unbewußt, absichtlich oder unabsichtlich oder symptomatisch empfunden werden. Für den, dem jemand auf die Zehen tritt, ist es bestimmt nicht dasselbe, ob der andere es absichtlich oder unabsichtlich getan hat. Diese Entscheidung aber beruht auf *seiner* Beurteilung der Motive des anderen und daher auf *seiner* Annahme hinsichtlich dessen, was im Kopf des anderen vorging. Selbst wenn er den anderen über dessen Motive befragen würde, ließe sich diese Frage nicht eindeutig klären, denn der andere könnte den Zwischenfall als unbeabsichtigt hinstellen, während er ihn bewußt herbeigeführt hat, oder sogar umgekehrt Absicht vortäuschen, wo in Wirklichkeit nur Zufall vorlag. All dies führt uns wiederum zu dem schwierigen Problem der Zumessung von «Bedeutung», eines Begriffs, der für das subjektive Erleben des Kommunizierens mit anderen unerläßlich, in der Kommunikationsforschung jedoch objektiv unentscheidbar ist.

1.63 *Gegenwart und Vergangenheit.* Während es außer Frage steht, daß jedes Verhalten von früheren Erlebnissen weitgehend mitbestimmt wird, ist die Erforschung von Ursachen im Vorleben eines Menschen bekanntlich höchst unzuverlässig. Ashbys Hinweise auf die merkwürdigen Eigenschaften des «Gedächtnisses» als Hilfsbegriff wurden bereits erwähnt (vgl. Abschnitt 1.2). Nicht nur die Tatsache, daß sich diese Untersuchungen hauptsächlich auf subjektive Angaben stützen müssen, die denselben Verzerrungen unterliegen, deren Ausschaltung der erklärte Zweck der Untersuchung ist, spielt eine Rolle – hinzu kommt, daß, was immer Person *A* über ihre Vergangenheit Person *B* mitteilt, untrennbar mit der gegenwärtigen Beziehung zwischen den beiden verknüpft und von ihrem Wesen her beeinflußt ist. Wenn andererseits die Kommunikationen zwischen einem Individuum und den ihm am nächsten stehenden Menschen direkt beobachtet werden – wie wir es in der Schachanalogie annahmen und wie es in der gemeinsamen psychotherapeutischen Behandlung von Ehepaaren oder Familien geschieht –, so kann man schließlich Kommunikationsstrukturen identifizieren, die diagnostisch bedeutsam sind und das Planen des bestmöglichen psychotherapeutischen Vorgehens gestatten. Es handelt sich hierbei also um eine Suche nach Strukturen im Jetzt und Hier statt nach symbolischen Bedeutungen, Ursachen in der Vergangenheit oder intrapsychischen Motivationen.

1.64 *Ursache und Wirkung.* So gesehen, sinken die möglichen oder hypothetischen Ursachen von Verhalten zu zweitrangiger Bedeutung ab, während die zwischenmenschlichen Wirkungen allen Verhaltens zu einem Kriterium erster Wichtigkeit werden. Es läßt sich z. B. immer wieder feststellen, daß ein Symptom, das trotz intensiver Analyse seiner Genese refraktär blieb, plötzlich eine völlig neue Dimension annimmt, wenn es statt im Zusammenhang mit dem Vorleben des Patienten im Kontext seiner gegenwärtigen Ehebeziehung gesehen wird. Das Symptom kann sich dann als eine der Regeln des zwischenmenschlichen «Spiels» [9] der beiden Ehepartner erweisen und nicht als äußere Erscheinungsform eines ungelösten Konflikts zwischen hypothetischen innerseelischen Kräften. Im allgemeinen sehen wir im Symptom eine Verhaltensform, die eine nachhaltige Wirkung auf die menschliche Umgebung des Patienten ausübt und damit weitaus mehr ist als nur ein sekundärer Krankheitsgewinn. Daher kann in all jenen Fällen, in denen das *Warum?* einer Verhaltensform ungeklärt bleibt, die Frage: *Wozu?* trotzdem noch eine vollgültige Antwort ergeben.

1.65 *Die Kreisförmigkeit der Kommunikationsabläufe*

> Alle Teile des Organismus bilden einen Kreis. Daher ist jeder Teil sowohl Anfang als auch Ende.
> Hippokrates

Während es bei linearen, progressiven Kausalketten durchaus sinnvoll ist, von Anfang und Ende der Kette zu sprechen, sind diese Begriffe in Systemen mit Rückkopplung bedeutungslos. Ein Kreis hat weder Anfang noch Ende. Das Denken in Begriffen solcher Systeme zwingt dazu,

---

9 Es kann nicht nachdrücklich genug darauf verwiesen werden, daß in diesem Buch der Begriff «Spiel» ohne jede spielerische oder verspielte Bedeutung zu verstehen ist, sondern seinem Sinn nach von der mathematischen Spieltheorie übernommen wurde und sich auf zwischenmenschliche Verhaltensabläufe bezieht, die regelgebunden sind.

die Auffassung abzulegen, daß z. B. Ereignis *a* vor Ereignis *b* stattfindet und daher dessen Eintreten bedingt, denn mit derselben fehlerhaften Logik könnte man annehmen, daß Ereignis *b* vor Ereignis *a* kommt – je nachdem, wo man willkürlich die Kontinuität des Kreises bricht und diesen Punkt «Anfang» oder «Ursache» nennt. Aber eben diese Logik wird, wie im nächsten Kapitel gezeigt werden soll, in menschlichen Beziehungen immer dann angewandt, wenn sowohl Person *A* als auch Person *B* behaupten, nur auf das Verhalten des anderen zu reagieren, ohne einzusehen, daß sie mit dieser Reaktion den anderen genauso beeinflussen wie er sie. Nicht anders steht es mit der hoffnungslosen Streitfrage, ob die Kommunikationsformen einer bestimmten Familie pathologisch sind, weil ein Familienmitglied psychotisch ist, oder ob dieses Individuum psychotisch ist, weil die Kommunikationen pathologisch sind. Wie noch zu beweisen sein wird, haben Kommunikationsstrukturen, sobald sie einmal zustande gekommen sind, ein Eigenleben, demgegenüber die einzelnen Individuen weitgehend machtlos sind.

1.66 *Die Relativität von «normal» und «abnormal»*. In der Frühzeit der modernen Psychiatrie wurde Forschung fast ausschließlich in Anstalten betrieben und befaßte sich vor allem mit der Klassifizierung von Patienten. Dies führte zu bedeutsamen Erfolgen, wie z. B. zur Entdekkung der progressiven Paralyse und ihrer Behandlung. Einer der nächsten Schritte war die Übernahme moderner Unterscheidungen zwischen «normal» und «abnormal» in die Rechtssprache, und zwar in Form der Begriffe «zurechnungsfähig» oder «unzurechnungsfähig». Bekanntlich unterliegt der Sinn all dieser Begriffe und Unterscheidungen heute zunehmender Kritik, deren stichhaltigstes Argument zweifellos dies ist, daß in Ermangelung einer brauchbaren Definition psychischer Normalität auch der Begriff der Abnormität undefinierbar ist. Es mehren sich die Stimmen, die die Übernahme des medizinischen Krankheitsmodells in den Kreis der funktionellen seelischen Störungen für grundsätzlich verfehlt halten. Wie dem auch sei, vom Standpunkt der Kommunikationsforschung ist die Einsicht unvermeidbar, daß jede Verhaltensform nur in ihrem zwischenmenschlichen Kontext verstanden werden kann und daß damit die Begriffe von Normalität oder Abnormalität ihren Sinn als Eigenschaften von Individuen verlieren. Wer sich je mit der Psychotherapie der funktionellen Psychosen befaßt hat, weiß, daß der sogenannte Geisteszustand des Patienten durchaus nicht statisch ist, sondern sich mit der zwischenpersönlichen Situation ändert und daher auch weitgehend von der Haltung des Therapeuten oder Forschers abhängig ist. Psychiatrische Symptome *müssen* in monadisch isolierter Sicht abnormal erscheinen; im weiteren Kontext der zwischenmenschlichen Beziehungen des Patienten gesehen, erweisen sie sich jedoch als adäquate Verhaltensweisen, die in diesem Kontext sogar die bestmöglichen sein können. Die Bedeutung der Einbeziehung des Zwischenmenschlichen kann kaum überschätzt werden. «Schizophrenie», als unheilbare schleichende Geisteskrankheit eines Individuums definiert, und «Schizophrenie», als die *einzig* mögliche Reaktion auf einen absurden und unhaltbaren zwischenmenschlichen Kontext verstanden (eine Reaktion, die den Regeln dieses Kontextes folgt und ihn daher zu verewigen hilft), sind zwar ein und dasselbe Wort und beziehen sich auf ein und dasselbe klinische Bild – die ihnen zurgrundeliegenden Krankheitsauffassungen aber könnten kaum unterschiedlicher sein. Nicht weniger unterschiedlich sind die sich daraus ergebenden Implikationen für Ätiologie und Therapie.

2. KAPITEL

PRAGMATISCHE AXIOME – EIN DEFINITIONSVERSUCH

2.1 Einleitung

Die im 1. Kapitel gezogenen Schlußfolgerungen haben ganz allgemein die Anwendbarkeit vieler herkömmlicher Begriffe der Psychiatrie auf das von uns gewählte Begriffssystem in Frage gestellt und dabei offensichtlich wenig übrig gelassen, worauf sich eine Untersuchung der Pragmatik der menschlichen Kommunikation gründen könnte. Wir möchten im folgenden zeigen, daß dem nicht so ist. Dazu wird es allerdings notwendig sein, mit den einfachsten Eigenschaften der Kommunikation zu beginnen, die im Bereich des Zwischenmenschlichen wirksam sind. Ob diese Grundeigenschaften wirklich als Axiome des von uns postulierten pragmatischen Kalküls angesprochen werden dürfen, ist beim gegenwärtigen Stand unseres Wissens eine offene Frage. In diesem Sinne handelt das vorliegende Kapitel also von provisorischen Formulierungen, die weder Anspruch auf Vollständigkeit noch auf Endgültigkeit erheben können. Ihrer theoretischen Schwäche können wir aber ihre praktische Nützlichkeit gegenüberstellen.

2.2 Die Unmöglichkeit, nicht zu kommunizieren

2.21 Bisher haben wir den Ausdruck «Kommunikation» in zwei verschiedenen Bedeutungen verwendet: als allgemeine Bezeichnung eines Wissensgebietes und als Name für eine noch nicht näher begrenzte Verhaltenseinheit. Für den pragmatischen Aspekt der menschlichen Kommunikationstheorie werden wir einfach den Ausdruck «Kommunikation» beibehalten. Die zweite Bedeutung dagegen bedarf einer Unterteilung. Eine einzelne Kommunikation heißt Mitteilung *(message)* oder, sofern keine Verwechslung möglich ist, *eine* Kommunikation. Ein wechselseitiger Ablauf von Mitteilungen zwischen zwei oder mehreren

Personen wird als *Interaktion* bezeichnet. (Dem an genauerer Quantifizierung interessierten Leser können wir nur sagen, daß eine Interaktion mehr als eine einzelne Mitteilung, aber nicht unbegrenzt ist.) In den Kapiteln 4 bis 7 sollen schließlich *Strukturen von Interaktionen (patterns of interaction)* beschrieben werden, die noch komplexere Einheiten menschlicher Kommunikation darstellen.

Es muß ferner daran erinnert werden, daß das «Material» jeglicher Kommunikation keineswegs nur Worte sind, sondern auch alle paralinguistischen Phänomene (wie z. B. Tonfall, Schnelligkeit oder Langsamkeit der Sprache, Pausen, Lachen und Seufzen), Körperhaltung, Ausdrucksbewegungen (Körpersprache) usw. innerhalb eines bestimmten Kontextes umfaßt – kurz, Verhalten jeder Art.

2.22 Verhalten hat vor allem eine Eigenschaft, die so grundlegend ist, daß sie oft übersehen wird: Verhalten hat kein Gegenteil, oder um dieselbe Tatsache noch simpler auszudrücken: Man kann sich nicht *nicht* verhalten. Wenn man also akzeptiert, daß alles Verhalten in einer zwischenpersönlichen Situation [1] Mitteilungscharakter hat, d. h. Kommunikation ist, so folgt daraus, daß man, wie immer man es auch versuchen mag, nicht *nicht* kommunizieren kann. Handeln oder Nichthandeln, Worte oder Schweigen haben alle Mitteilungscharakter: Sie beeinflussen andere, und diese anderen können ihrerseits nicht *nicht* auf diese Kommunikationen reagieren und kommunizieren damit selbst. Es muß betont werden, daß Nichtbeachtung oder Schweigen seitens des anderen dem eben Gesagten nicht widerspricht. Der Mann im überfüllten Wartesaal, der vor sich auf den Boden starrt oder mit geschlossenen Augen dasitzt, teilt den anderen mit, daß er weder sprechen noch angesprochen werden will, und gewöhnlich reagieren seine Nachbarn richtig darauf, indem sie ihn in Ruhe lassen. Dies ist nicht weniger ein Kommunikationsaustausch als ein angeregtes Gespräch [2].

---

[1] Hierzu wäre noch zu bemerken, daß man Dialoge auch in seiner Phantasie (also mit seinen Introjekten) haben kann, mit seinen Halluzinationen [15] oder mit seiner Existenz (vgl. Abschnitt 8.3). Möglicherweise gehorchen diese inneren Kommunikationsabläufe denselben Regeln, denen die zwischenmenschliche Kommunikation unterworfen ist; solche objektiv unbeobachtbare Phänomene liegen aber außerhalb unseres Definitionsrahmens.

[2] Luft [97] hat in diesem Zusammenhang hochinteressante Untersuchungen darüber ausgeführt, was er «soziale Reizeinschränkung» *(«social stimulus depri-*

Man kann auch nicht sagen, daß Kommunikation nur dann stattfindet, wenn sie absichtlich, bewußt und erfolgreich ist, d. h., wenn gegenseitiges Verständnis zustande kommt. Die Frage, ob eine empfangene Mitteilung der ausgesandten entspricht, gehört, so wichtig sie an sich ist, nicht hierher: Letzten Endes könnte sie ja nur auf der Grundlage spezifisch introspektiver oder subjektiver Angaben beantwortet werden – also einer Form von Daten, die (wie schon mehrfach betont) in einer auf beobachtbarem Verhalten beruhenden Kommunikationstheorie unberücksichtigt gelassen werden müssen.

2.23 Die Unmöglichkeit, nicht zu kommunizieren, ist eine Tatsache von mehr als nur theoretischem Interesse. Sie ist z. B. ein wesentlicher Teil des schizophrenen Dilemmas. Wenn schizophrenes Verhalten unabhängig von ätiologischen Überlegungen beobachtet wird, so hat es den Anschein, als versuche der Patient, *nicht zu kommunizieren*. Da aber selbst Unsinn, Schweigen, Absonderung, Regungslosigkeit (Haltungsschweigen) oder irgendeine andere Form der Verneinung oder Vermeidung von Kommunikation selbst eine Kommunikation ist, steht der Schizophrene vor der fast unmöglichen Aufgabe, jede Mitteilung zu vermeiden und gleichzeitig zu verneinen, daß sein Verneinen selbst eine Mitteilung ist (vgl. Abschnitt 6.444). Das Verständnis dieses grundsätzlichen Dilemmas ist ein Schlüssel zu so manchen Erscheinungsformen schizophrener Kommunikation, die sonst unverständlich bleiben würden. Da jede Kommunikation, wie noch gezeigt werden soll, eine

---

vation») nennt. Er ließ zwei einander unbekannte Personen in einem Zimmer Platz nehmen, so daß sie sich gegenseitig sahen, und wies sie an, nicht miteinander zu sprechen oder in irgendeiner Weise zu kommunizieren. Die anschließenden Befragungen ergaben, daß die Versuchspersonen diese Situation als große Belastung empfunden hatten. Jeder von ihnen hatte, so führt Luft aus, ... vor sich den anderen Menschen und dessen ununterbrochenes, wenn auch stark eingeschränktes Verhalten. Unserer Ansicht nach findet in dieser Situation eine wirkliche zwischenmenschliche Auseinandersetzung statt, und nur ein Teil dieser Auseinandersetzung dürfte sich bewußt abspielen. So z. B., wie reagiert der andere auf die eigene Gegenwart und die kleinen Ausdrucksbewegungen, die man ihm gegenüber zeigt? Findet ein fragender Blick eine Antwort, oder wird er kalt abgewiesen? Verrät die Körperhaltung des anderen Spannung und damit Unbehagen über die Konfrontierung? Wird er zusehends entspannter und drückt damit Wohlwollen aus, oder behandelt er einen, als existierte man gar nicht? Diese und viele andere Verhaltensformen lassen sich beobachten ...

Stellungnahme bedeutet und der jeweilige Sender damit *seine* Definition der Beziehung zwischen sich und dem Empfänger zum Ausdruck bringt, darf angenommen werden, daß der Schizophrene eben diese Stellungnahme dadurch zu vermeiden trachtet, daß er versucht, nicht zu kommunizieren. Ob dies in einem kausalen Sinn sein Grund ist, bleibt natürlich unbeweisbar; daß es die Wirkung schizophrenen Verhaltens ist, soll in Abschnitt 3.2 behandelt werden.

2.24 Aus dem oben Gesagten ergibt sich ein metakommunikatives Axiom: *Man kann nicht* nicht *kommunizieren.*

2.3 Die Inhalts- und Beziehungsaspekte der Kommunikation

2.31 Wenn man untersucht, *was* jede Mitteilung enthält, so erweist sich ihr Inhalt vor allem als Information. Dabei ist es gleichgültig, ob diese Information wahr oder falsch, gültig oder ungültig oder unentscheidbar ist. Gleichzeitig aber enthält jede Mitteilung einen weiteren Aspekt, der viel weniger augenfällig, doch ebenso wichtig ist – nämlich einen Hinweis darauf, wie ihr Sender sie vom Empfänger verstanden haben möchte. Sie definiert also, wie der Sender die Beziehung zwischen sich und dem Empfänger sieht, und ist in diesem Sinn seine persönliche Stellungnahme zum anderen. Wir finden somit in jeder Kommunikation einen *Inhalts- und einen Beziehungs*aspekt.

Einige Beispiele mögen zum besseren Verständnis dieser Aspekte beitragen. In abstrakter Form sind sie die Grundlage folgender Denkaufgabe:

> Ein Mann wird von zwei Wachen in einem Raum gefangengehalten, der zwei Ausgänge hat. Beide Türen sind geschlossen, aber nur eine ist zugesperrt. Der Gefangene weiß ferner, daß einer seiner Wächter stets die Wahrheit sagt, der andere dagegen immer lügt. Welcher der beiden aber der Lügner ist, weiß er nicht. Seine Aufgabe, von deren Lösung seine Freilassung abhängt, besteht darin, durch eine *einzige* Frage an *einen* der beiden Wächter herauszufinden, welche der beiden Türen nicht versperrt ist[3].

---

[3] Lösung: Der Mann deutet auf eine Tür und fragt eine der Wachen (wobei es gleichgültig ist, auf welche Tür er zeigt und welche Wache er fragt): «Wenn ich Ihren Kameraden fragen würde, ob diese Tür offen ist, was würde er sagen?» Lautet die Antwort «nein», so ist diese Tür offen, wenn «ja», so ist sie zugesperrt.

Das Bemerkenswerte an dieser unwahrscheinlichen Geschichte ist nicht nur, daß eine Gleichung mit zwei Unbekannten (die Türen und die Wachen) mit Hilfe eines einfachen Entscheidungsverfahrens elegant gelöst wird, sondern auch, daß diese Lösung ausschließlich unter Berücksichtigung des Inhalts- und des Beziehungsaspektes aller menschlicher Kommunikation möglich ist. Der Gefangene besitzt zwei grundsätzlich verschiedene Arten von Information. Die eine betrifft unpersönliche Objekte (die Türen) und wäre für die Lösung ausreichend, wenn der Gefangene die Türen selbst untersuchen könnte. Da dies nicht der Fall ist, muß er die zweite ihm zur Verfügung stehende Information einbeziehen, nämlich die über die Wachen und die typische Art und Weise, mit der diese mit anderen Menschen kommunizieren, d. h. wahrheitsgetreu oder lügnerisch. Der Gefangene leitet also den objektiven Zustand der Türen über das Medium der spezifischen Beziehungsform zwischen sich und den Wachen ab, d. h., er verwendet *Objektinformation* (die Türen und deren Offen- oder Geschlossensein) und *Information über diese Information* (die für die Wachen typischen zwischenmenschlichen Beziehungsformen).

Nehmen wir nun denselben Sachverhalt in einem lebensnaheren Beispiel: Wenn Frau *A* auf Frau *B's* Halskette deutet und fragt: «Sind das echte Perlen?», so ist der Inhalt ihrer Frage ein Ersuchen um Information über ein Objekt. Gleichzeitig aber definiert sie damit auch – und kann es nicht *nicht* tun – ihre Beziehung zu Frau B. Die Art, wie sie fragt (der Ton ihrer Stimme, ihr Gesichtsausdruck, der Kontext usw.), wird entweder wohlwollende Freundlichkeit, Neid, Bewunderung oder irgendeine andere Einstellung zu Frau *B* ausdrücken. *B* kann ihrerseits nun diese Beziehungsdefinition akzeptieren, ablehnen oder eine andere Definition geben, aber sie kann unter keinen Umständen – nicht einmal durch Schweigen – nicht auf *A's* Kommunikation antworten. Für unsere Überlegungen wichtig ist die Tatsache, daß dieser Aspekt der Interaktion zwischen den beiden nichts mit der Echtheit von Perlen zu tun hat (oder überhaupt mit Perlen), sondern mit den gegenseitigen Definitionen ihrer Beziehung, mögen sie sich auch weiter über Perlen unterhalten.

Oder betrachten wir kurz die folgenden beiden Mitteilungen: «Es ist wichtig, die Kupplung langsam und weich zu betätigen» und «Laß das

Kupplungspedal einfach aus, das tut dem Getriebe sehr gut». Beide Mitteilungen haben ungefähr denselben Informationsinhalt (Inhaltsaspekt), definieren aber offensichtlich zwei grundverschiedene Beziehungen zwischen Fahrlehrer und Schüler.

Um Mißverständnisse hinsichtlich des eben Gesagten zu vermeiden, muß klargestellt werden, daß Beziehungen verhältnismäßig selten bewußt und ausdrücklich definiert werden. Im allgemeinen ist es so, daß die Definition der Beziehung um so mehr in den Hintergrund rückt, je spontaner und «gesunder» die Beziehung ist, während «kranke» (d. h. konfliktreiche) Beziehungen u. a. durch wechselseitiges Ringen um ihre Definition gekennzeichnet sind, wobei der Inhaltsaspekt fast völlig an Bedeutung verliert.

2.32 Lange bevor Verhaltenswissenschaftler diese Aspekte der menschlichen Kommunikation zu untersuchen begannen, waren die Konstrukteure von Elektronenrechnern bereits demselben Problem begegnet. Will man nämlich mit einem solchen künstlichen Organismus kommunizieren, so müssen die Mitteilungen sowohl Daten als auch Instruktionen enthalten. Wennn z. B. zwei Zahlen multipliziert werden sollen, so braucht der Computer eine Eingabe, die sowohl die beiden Zahlen enthält (also die Daten) als auch Information über diese Information, nämlich die Instruktion «multiplizieren».

Die logische Relation zwischen diesen beiden Arten von Information ist für unsere Betrachtungen von Wichtigkeit. Im Sinne der logischen Typenlehre gehört Information über Information einem höheren logischen Typus an als die Daten. Es handelt sich dabei um *Metainformation,* und jede Vermischung dieser Art von Information mit den Daten würde sinnlose Resultate ergeben.

2.33 In der menschlichen Kommunikation besteht dieselbe Relation zwischen Inhalts- und Beziehungsaspekt: Der Inhaltsaspekt vermittelt die «Daten», der Beziehungsaspekt weist an, wie diese Daten aufzufassen sind.

Da der Beziehungsaspekt eine Kommunikation über eine Kommunikation darstellt, ist unschwer zu erkennen, daß er mit dem im 1. Kapitel definierten Begriff der Metakommunikation identisch ist. Dort wurde dieser Ausdruck für den Begriffsrahmen unserer Untersuchung und für die Sprache verwendet, die der Kommunikationsforscher gebrauchen muß, wenn er mit anderen über Kommunikation kommunizieren will. Nun sehen wir, daß nicht nur er, sondern grundsätzlich jedermann Metakommunikationen verwenden muß. Die Fähigkeit zur Metakommunikation ist nicht nur eine Conditio sine qua non aller erfolgreichen Kommunikation, sie ist überdies für jeden Menschen eng mit dem enormen Problem hinlänglichen Bewußtseins seiner selbst und der anderen verknüpft. Dieser Punkt soll in Abschnitt 3.3 näher behandelt werden; hier wollen wir zur Illustration des eben Gesagten nur darauf verweisen, daß sprachliche Mitteilungen geformt werden können, denen eine eindeutige metakommunikative Verstehensanweisung fehlt. Wie Cherry [32, S. 169] gezeigt hat, kann der Satz «Glauben Sie, daß das genügt?» fünf verschiedene Bedeutungen haben, je nachdem welches Wort betont wird – eine Verstehensanweisung, die in der geschriebenen Sprache meist fehlt. Mehrdeutige Verstehensanweisungen sind aber nicht die einzigen Komplikationen, die ihren Grund in der hierarchischen Struktur der Kommunikationen haben. Ein Schild mit der Aufschrift «Bitte, dieses Schild nicht beachten!» und die im 6. Kapitel behandelten Kommunikationsformen beruhen auf einer Vermengung von Kommunikation und Metakommunikation und führen damit zu Beziehungsproblemen, die ihrer Struktur nach den bekannten Paradoxien der Logik gleichen.

2.34 Vorläufig wollen wir das oben Gesagte zu einem weiteren Axiom unseres hypothetischen Kalküls zusammenfassen: *Jede Kommunikation hat einen Inhalts- und einen Beziehungsaspekt, derart, daß letzterer den ersteren bestimmt und daher eine Metakommunikation ist*[4].

---

4 In diesem Definitionsversuch nehmen wir etwas arbiträr an, daß der Beziehungsaspekt den Inhalt determiniert oder subsumiert, obwohl es logisch ebenso richtig wäre, zu sagen, daß eine Klasse (Menge) von ihren Elementen – und daher die Beziehung vom Inhaltsaspekt – bestimmt wird. Da unser Hauptinteresse aber die metakommunikativen Aspekte der Pragmatik und weniger die Eigenschaften des Informationsaustausches sind, ziehen wir die oben genannte Formulierung vor.

2.4 *Die Interpunktion von Ereignisfolgen*

2.41 Als nächste grundlegende Eigenschaft der Kommunikation wollen wir Interaktionen untersuchen, also die Phänomene des Mitteilungsaustausches zwischen Kommunikationsteilnehmern. Dem unvoreingenommenen Beobachter erscheint eine Folge von Kommunikationen *als ein ununterbrochener Austausch von Mitteilungen.* Jeder Teilnehmer an dieser Interaktion muß ihr jedoch unvermeidlich eine Struktur zugrunde legen, die Bateson und Jackson in Analogie zu Whorf [160] die «Interpunktion von Ereignisfolgen» genannt haben. Sie führen aus:

> Der Reiz-Reaktions-Psychologe beschränkt seine Aufmerksamkeit gewöhnlich auf wechselseitige Verhaltensketten, die so kurz sind, daß er ein Ereignis als Reiz, ein anderes als Verstärkung und das, was das Versuchstier zwischen diesen beiden Ereignissen tut, als Reaktion bezeichnen kann. Innerhalb dieses eng begrenzten Ablaufs ist es möglich, von der «Psychologie» des Versuchstiers zu sprechen. Im Gegensatz dazu sind die Abläufe, mit denen wir es zu tun haben, viel länger und unterscheiden sich durch die Tatsache, daß in ihnen jedes Ereignis gleichzeitig Reiz, Reaktion und Verstärkung ist. Ein bestimmtes Verhalten von *A* ist insofern ein Reiz, als ihm ein bestimmtes Verhalten von *B* folgt und diesem wiederum ein bestimmtes Verhalten von *A*. Doch *A's* Verhalten ist insofern auch eine Reaktion, als es zwischen zwei Verhaltensformen von *B* eingebettet ist. Ähnlich ist das Verhalten von *A* außerdem auch eine Verstärkung, da es auf ein Verhalten von *B* folgt. Die hier vorliegende Interaktion ist also eine Kette von triadischen Gliedern, von denen jedes einzelne eine Folge von Reiz, Reaktion und Verstärkung ist. Wir können jede beliebige Trias dieser Kette für sich als ein einzelnes Reiz-Reaktions-Lernexperiment ansehen.
>
> Wenn wir die üblichen Lernexperimente in dieser Sicht betrachten, so bemerken wir sofort, daß ihre Wiederholungen zu einer Differenzierung der Beziehung zwischen den beiden daran teilnehmenden Organismen führen – dem Versuchsleiter und seinem Subjekt. Der Versuchsablauf wird so interpunktiert, daß es immer der Versuchsleiter zu sein scheint, der den «Reiz» und die «Verstärkung» liefert, während die «Reaktionen» vom Versuchstier kommen. Diese Worte sind hier absichtlich in Anführungszeichen gesetzt, da die Definition der Rollen in Wirklichkeit nur durch die Bereitwilligkeit der Teilnehmer entsteht, diese Interpunktionsform anzunehmen. Die «Wirklichkeit» der Rollendefinitionen hat denselben Wirklichkeitsgrad wie eine Fledermaus auf einer Rorschachtafel – ein mehr oder weniger überdeterminiertes Resultat des Wahrnehmungsprozesses. Die Versuchsratte, die sagte: «Ich habe meinen Versuchsleiter so abgerichtet, daß er jedesmal, wenn ich den Hebel drücke, mir zu fressen gibt», weigerte sich, die Interpunktion anzunehmen, die der Versuchsleiter ihr aufzuzwingen versuchte.
>
> Dennoch trifft es zu, daß in langen Verhaltensketten die daran beteiligten Organismen – besonders, wenn es sich um Personen handelt – den Ablauf so zu interpunktieren pflegen, daß es tatsächlich aussieht, als habe der eine oder

der andere die Initiative, als sei er dominant, abhängig oder dergleichen. Mit anderen Worten, sie stellen zwischen sich Beziehungsstrukturen her (über die sie Übereinstimmung erreichen oder auch nicht), und diese Strukturen sind praktisch Regeln für wechselseitige Verhaltensverstärkungen. Während Ratten zu nett sind, um Regeln auf den Kopf zu stellen, sind es manche psychiatrischen Patienten nicht und traumatisieren so den Therapeuten [19, S. 273 f.].

Ob die Interpunktion gut oder schlecht ist, steht hier nicht zur Debatte, da es ohne weiteres klar sein sollte, daß sie Verhalten *organisiert* und daher ein wesentlicher Bestandteil jeder menschlichen Beziehung ist. So bringt z. B. die Zugehörigkeit zu einer bestimmten Kultur auch ganz bestimmte, ihr eigene Interpunktionsweisen mit sich, die zur Regulierung dessen dienen, was – aus welchen Gründen auch immer – als «richtiges» Verhalten betrachtet wird. (Die im 1. Kapitel erwähnte Diskrepanz im Paarungsverhalten der Engländer und Amerikaner bietet hierfür ein Beispiel.) Nimmt man diese Überlegungen in einem noch weiteren Sinn, so wird die Relativität aller Rollen offensichtlich; so werden bestimmte Verhaltensweisen einem sogenannten «Führertypus» zugeschrieben, gewisse andere dagegen dem Typus der «Geführten», obwohl es bei einigem Nachdenken schwer sein dürfte, zu entscheiden, was hier zuerst kommt und was aus dem einen «Typus» ohne dem anderen würde.

2.42 Diskrepanzen auf dem Gebiet der Interpunktion sind die Wurzel vieler Beziehungskonflikte. Ein oft zu beobachtendes Eheproblem besteht z. B. darin, daß der Mann eine im wesentlichen passiv-zurückgezogene Haltung an den Tag legt, während seine Frau zu übertriebenem Nörgeln neigt. Im gemeinsamen Interview beschreibt der Mann seine Haltung typischerweise als einzig mögliche *Verteidigung gegen* ihr Nörgeln, während dies für sie eine krasse und absichtliche Entstellung dessen ist, was in ihrer Ehe «wirklich» vorgeht: daß nämlich der einzige *Grund für* ihre Kritik seine Absonderung von ihr ist. Im wesentlichen erweisen sich ihre Streitereien als monotones Hin und Her der gegenseitigen Vorwürfe und Selbstverteidigungen: «Ich meide dich, weil du nörgelst» und «Ich nörgle, weil du mich meidest». Diese Form der Interaktion wurde in Abschnitt 1.65 kurz erwähnt. Graphisch dargestellt, wobei der Anfangspunkt (den eine wirkliche Beziehung auf Grund ihrer Kreisförmigkeit nicht hat) willkürlich gewählt ist, sieht diese Interaktion so aus:

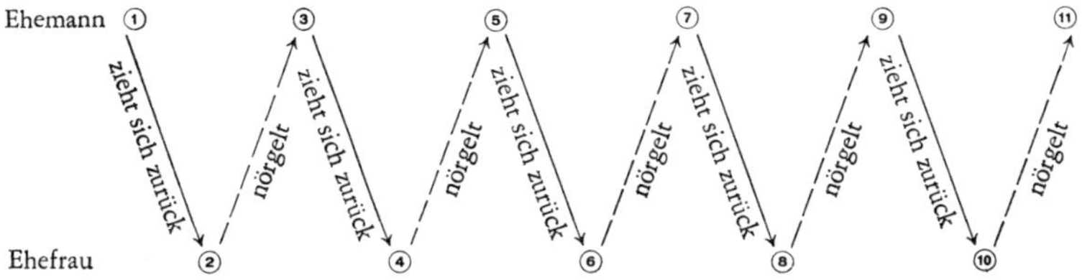

Wie man sieht, nimmt der Mann nur die Triaden 2–3–4, 4–5–6, 6–7–8 usw. wahr, in denen sein Verhalten (die ausgezogenen Pfeile) «nur» die Reaktion auf ihr Verhalten (die gestrichelten Pfeile) ist. Sie dagegen sieht es genau umgekehrt: Sie interpunktiert die Kommunikationsabläufe auf der Basis der Triaden 1–2–3, 3–4–5, 5–6–7 usw. und nimmt ihr Verhalten nur als Reaktion auf, aber nicht als Ursache für die Haltung ihres Mannes wahr.

In der gemeinsamen Psychotherapie von Ehepaaren kann man oft nur darüber staunen, welch weitgehende Unstimmigkeiten über viele Einzelheiten gemeinsamer Erlebnisse zwischen den beiden Partnern herrschen können, so daß manchmal der Eindruck entsteht, als lebten sie in zwei verschiedenen Welten. Und doch liegt ihr Problem hauptsächlich in der schon mehrfach erwähnten Unfähigkeit, über ihre individuellen Definitionen der Beziehung zu metakommunizieren. Dies macht ihre Interaktion zu einer Ja-nein-ja-nein-ja-nein-Oszillation, die theoretisch ad infinitum andauern kann, praktisch aber fast unweigerlich zu den typischen gegenseitigen Vorwürfen von Böswilligkeit oder Verrücktheit führt.

Internationale Beziehungen haben nur zu oft dieselbe Struktur; so schreibt z. B. Joad in seiner Analyse über das Wettrüsten zwischen den Großmächten:

> ... wenn, wie behauptet wird, die Vorbereitung auf den Krieg das beste Mittel zur Erhaltung des Friedens ist, so ist es keineswegs klar, weshalb dann alle Nationen im Rüsten anderer Nationen eine Bedrohung des Friedens sehen. Aber eben dies sehen sie darin, und infolgedessen fühlen sie sich veranlaßt, durch eigene Aufrüstung jene Rüstungen zu übertreffen, durch die sie sich bedroht fühlen ... Diese Aufrüstung bedeutet umgekehrt eine Bedrohung für Nation *A*, deren angeblich defensive Rüstungen sie ursprünglich auslösten, und dient nun Nation *A* zum Vorwand, sich zum Schutz gegen diese Bedrohung noch stärker zu bewaffnen. Diese zusätzlichen Aufrüstungen aber werden von den Nachbarstaaten ihrerseits als Bedrohung aufgefaßt usw. ... [76, S. 69].

2.43 Auch für das Phänomen der Interpunktion besteht eine mathematische Analogie: der Begriff der «unendlichen oszillierenden Reihen». Während der Ausdruck selbst erst viel später aufkam, wurden Reihen dieser Art zum erstenmal von dem österreichischen Priester Bernard Bolzano kurz vor seinem Tod im Jahre 1848 studiert, als er sich anscheinend gründlich mit dem Problem der Unendlichkeit auseinanderzusetzen suchte. Seine Gedanken wurden posthum in einem kleinen Buch mit dem Titel Paradoxien des Unendlichen [27] veröffentlicht, das zu den klassischen Werken des mathematischen Schrifttums zählt. Bolzano untersucht darin verschiedene mathematische Reihen, von denen die einfachste vielleicht die folgende ist:

$$R = a - a + a - a + a - a + a - a + a - \dots$$

Für unsere Zwecke läßt sich diese Reihe als ein Kommunikationsablauf betrachten, der aus der abwechselnden Behauptung und Verneinung der Mitteilung *a* besteht. Wie Bolzano gezeigt hat, kann diese Reihe auf drei verschiedene Arten gegliedert oder – wie wir sagen würden – interpunktiert werden[5]. Daraus ergeben sich aber drei verschiedene Werte, eine Tatsache, die verschiedene Mathematiker, einschließlich Leibniz, bestützte. Leider läßt sich die von Bolzano ausgearbeitete Lösung dieser mathematischen Trugschlüsse nicht auch auf das entsprechende Kommunikationsdilemma anwenden. Laut Bateson [17] ergibt sich hier das Dilemma aus der falschen Interpunktion der Reihe, näm-

[5] Die erste dieser drei verschiedenen Gliederungen («Interpunktionen») ist:

$$R = (a - a) + (a - a) + (a - a) + (a - a) + \dots$$
$$= 0 + 0 + 0 + \dots$$
$$= 0$$

Die zweite mögliche Gliederung ist:

$$R = a - (a - a) - (a - a) - (a - a) - \dots$$
$$= a - 0 - 0 - 0 - \dots$$
$$= a$$

Und schließlich ist noch die folgende Gliederung möglich:

$$R = a - (a - a + a - a + a - a + a - \dots)$$

und da die Elemente zwischen den Klammern nichts anderes sind als die Reihe selbst, so scheint daraus zu folgen, daß

$$R = a - R;\ 2R = a;\ R = \frac{a}{2}$$ [27, S. 49 f.].

lich aus der Annahme, sie habe einen Anfang. Rein historisch hat sie natürlich einen Anfang, doch ist dieser Ausgangspunkt meist allen Partnern längst nicht mehr erinnerlich. (Man vergleiche hierzu das Koestler-Zitat in Abschnitt 3.31.)

2.44 Aus dem oben Gesagten läßt sich ein drittes metakommunikatives Axiom formulieren: *Die Natur einer Beziehung ist durch die Interpunktion der Kommunikationsabläufe seitens der Partner bedingt.*

2.5 *Digitale und analoge Kommunikation*

2.51 Im Nervensystem werden Signale grundsätzlich auf zwei verschiedene Arten übermittelt: durch die Neuronen mit dem ihnen eigenen Alles-oder-nichts-Charakter ihrer Entladungen und durch die Aktivität der innersekretorischen Drüsen, die Hormone als Informationsträger in den Blutkreislauf einführen. Bekanntlich existieren diese beiden intraorganismischen Kommunikationsformen nicht nur nebeneinander, sondern ergänzen und durchdringen einander in oft sehr komplexer Form.

Dieselben beiden grundsätzlichen Kommunikationsmodalitäten finden sich auch in künstlichen Organismen[6]. Es gibt Elektronenrechner, in denen das Alles-oder-nichts-Prinzip von Elektronenröhren oder Transistoren verwendet wird und die *Digital*rechner heißen, weil sie insofern wirkliche Rechenmaschinen sind, als sie mit Zahlen (englisch *digits*) arbeiten. In diesen Rechnern werden sowohl die Daten als auch

---

6 Interessanterweise scheint die Elektronik diese beiden Modalitäten unabhängig davon entwickelt zu haben, was den Physiologen damals bereits bekannt war. Diese Tatsache stellt ein gutes Beispiel für die von Von Bertalanffy [24] postulierte eigene Gesetzmäßigkeit komplexer Systeme dar, die sich unabhängig von dem Wesen des Systems auf verschiedenen Stufen (z. B. der atomaren, molekularen, zellularen, organismischen, persönlichen, gesellschaftlichen usw.) nachweisen läßt. Auf einer interdisziplinären Tagung von Wissenschaftlern, die sich für Rückkopplungsphänomene interessierten, soll dem großen Histologen von Bonin das Schaltschema eines elektronischen Leseautomaten gezeigt worden sein, worauf er bemerkte: «Aber das ist ja ein Schema der dritten Schicht der Sehrinde.» Die Wahrheit dieser Geschichte ist nicht verbürgt, aber sie hat ihre Berechtigung im Sinne des italienischen Sprichworts: «*Se non è vero, è ben trovato*» («Wenn es nicht wahr ist, ist es wenigstens gut erfunden»).

die Instruktionen in Form von Zahlen verarbeitet, wobei oft nur eine rein willkürliche Entsprechung zwischen einer bestimmten Information und der ihr zugeordneten Zahl besteht. Mit anderen Worten, diese Zahlen sind willkürlich festgelegte Kodifizierungen, die ebenso wenig Ähnlichkeit mit den Daten zu haben brauchen wie Telephonnummern mit Fernsprechteilnehmern. Neben den Digitalrechnern gibt es noch eine andere Art von Maschinen, die reale positive physische Größen in ihren Operationen verwenden und die eine Analogie der Daten darstellen. Diese sogenannten Analogierechner arbeiten z. B. mit den Drehungen von Rotoren, Differentialgetrieben, Kurvenkörpern und natürlich vor allem mit der Stärke und Spannung elektrischer Ströme.

2.52 Auf dem Gebiet der menschlichen Kommunikation liegen die Dinge nicht wesentlich anders. Es gibt zwei grundsätzlich verschiedene Weisen, in denen Objekte dargestellt und damit zum Gegenstand von Kommunikation werden können. Sie lassen sich entweder durch eine Analogie (z. B. eine Zeichnung) ausdrücken oder durch einen Namen. Diese beiden Ausdrucksmöglichkeiten entsprechenden den oben erwähnten analogen und digitalen Kommunikationsformen in natürlichen und künstlichen Organismen. Namen sind Worte, deren Beziehung zu dem damit ausgedrückten Gegenstand eine rein zufällige oder willkürliche ist. Es gibt letztlich keinen zwingenden Grund, weshalb die fünf Buchstaben k, a, t, z und e in dieser Reihenfolge ein bestimmtes Tier benennen sollen – es besteht lediglich ein semantisches Übereinkommen für diese Beziehung zwischen Wort und Objekt *(designatum),* aber außerhalb dieses Übereinkommens ergibt sich keinerlei weitere Beziehung, mit Ausnahme der sogenannten onomatopoetischen Wörter. Wie Bateson und Jackson feststellen, «hat die Zahl fünf nichts besonders Fünfartiges an sich und das Wort ‚Tisch' nichts besonders Tischähnliches» [19, S. 271].

In der analogen Kommunikation dagegen finden wir etwas besonders Dingartiges in dem zur Kennzeichnung des Dings verwendeten Ausdruck; schließlich liegt es ja im Wesen einer Analogie, daß sie eine grundsätzliche Ähnlichkeitsbeziehung zu dem Gegenstand hat, für den sie steht. Der Unterschied zwischen digitaler und analoger Kommunikation wird vielleicht etwas klarer, wenn man sich vor Augen hält, daß bloßes Hören einer unbekannten Sprache, z. B. im Radio, niemals zum Verstehen dieser Sprache führen kann, während sich oft recht weitgehende Informationen relativ leicht aus der Beobachtung von Zeichensprachen und allgemeinen Ausdrucksgebärden ableiten lassen, selbst wenn die sie verwendende Person einer fremden Kultur angehört. Analoge Kommunikation hat ihre Wurzeln offensichtlich in viel archaischeren Entwicklungsperioden und besitzt daher eine weitaus allgemeinere Gültigkeit als die viel jüngere und abstraktere digitale Kommunikationsweise.

2.53 Nur im menschlichen Bereich finden beide Kommunikationsformen Anwendung[7]. Die volle Bedeutung dieser Tatsache ist derzeit nur ungenügend geklärt, kann aber kaum überbetont werden. Es besteht kein Zweifel, daß die meisten, wenn nicht alle menschlichen Errungenschaften ohne die Entwicklung digitaler Kommunikation undenkbar wären. Dies gilt ganz besonders für die Übermittlung von Wissen von einer Person zur anderen und von einer Generation zur nächsten. Andererseits aber gibt es ein weites Gebiet, auf dem wir uns fast ausschließlich nur der analogen Kommunikationsformen bedienen, die wir von unseren tierischen Vorfahren übernommen haben. Dies ist das Gebiet der *Beziehung*. Im Anschluß an Tinbergen [148] und Lorenz [95] konnte Bateson [8] nachweisen, daß Vokalisierungen, Ausdrucksbewegungen und Stimmungssignale von Tieren analoge Kommunikationen darstellen, die nicht denotative Aussagen sind (und daher nicht auf Dinge verweisen, wie das in der digitalen Kommunikation der Fall ist), sondern vielmehr die Beziehung zu anderen Tieren definieren. Wenn ich – um eines der von Bateson angeführten Beispiele zu verwenden – den Kühlschrank öffne und meine Katze herbeikommt, sich an meine Beine schmiegt und miaut, so bedeutet das nicht: «Ich will Milch!» (wie es ein Mensch ausdrücken würde), sondern appelliert an eine ganz bestimmte Beziehungsform zwischen ihr und mir, nämlich: «Sei meine Mutter!», da dieses Verhalten nur zwischen Jungtieren und ihren Eltern, aber nicht zwischen erwachsenen Tieren vorkommt. Tierbesitzer sind oft überzeugt, daß ihre Tiere die menschliche Sprache «verstehen». Was das Tier versteht, ist offensichtlich nicht die Bedeutung der Worte, son-

[7] Die Annahme, daß auch Wale und Delphine außer der analogen zusätzlich digitale Kommunikationen verwenden, wird durch neuere Forschungsergebnisse mehr und mehr in Zweifel gestellt.

dern die zahlreichen Analogiekommunikationen, die im Ton der Sprache und der sie begleitenden Gestik enthalten sind. Überall, wo die Beziehung zum zentralen Thema der Kommunikation wird, erweist sich die digitale Kommunikation als fast bedeutungslos. Das ist nicht nur, wie wir eben sahen, zwischen Mensch und Tier der Fall, sondern in zahllosen Situationen des menschlichen Lebens, z. B. in Liebesbeziehungen, Empathie, Feindschaft, Sorge und vor allem im Umgang mit sehr kleinen Kindern oder schwer gestörten Patienten. Kindern, Narren und Tieren wird ja seit alters eine besondere Intuition für die Aufrichtigkeit oder Falschheit menschlicher Haltungen zugeschrieben; denn es ist leicht, etwas mit Worten zu beteuern, aber schwer, eine Unaufrichtigkeit auch analogisch glaubhaft zu kommunizieren. Eine Geste oder eine Miene sagt uns mehr darüber, wie ein anderer über uns denkt, als hundert Worte [8].

Wenn wir uns nun erinnern, daß jede Kommunikation einen Inhalts- und einen Beziehungsaspekt hat, so wird deutlich, daß die digitalen und die analogen Kommunikationsweisen nicht nur nebeneinander bestehen, sondern sich in jeder Mitteilung gegenseitig ergänzen. Wir dürfen ferner vermuten, daß der Inhaltsaspekt digital übermittelt wird, der Beziehungsaspekt dagegen vorwiegend analoger Natur ist.

---

8 Die auf den Bahnen der Analogiekommunikation übermittelten Beziehungsdefinitionen und ihre pragmatischen Auswirkungen auf Sender und Empfänger werden in Abschnitt 3.3 ausführlich behandelt. An dieser Stelle scheint es uns indessen unerläßlich, wenigstens in ganz großen Zügen auf die bahnbrechenden Forschungsergebnisse Robert Rosenthals und seiner Mitarbeiter an der Harvard-Universität einzugehen. Rosenthals Untersuchungen betreffen den Einfluß der Erwartungen des Versuchsleiters auf den Ausgang psychologischer Experimente und die offensichtlich rein analoge, außerbewußte Kommunikation dieser Erwartungen. Seine Untersuchungen haben einen kuriosen Vorläufer in der psychologischen Literatur, den Rosenthal [124, S. 137 f.] ausführlich würdigt. Es handelt sich um den Klugen Hans, das Pferd des Herrn von Osten, das vor etwa sechzig Jahren durch seine verblüffenden Kopfrechenleistungen Berühmtheit erlangte. Der Kluge Hans klopfte die Lösung jeder an ihn entweder von seinem stets anwesenden Herrn oder einer anderen Person gestellten Rechenaufgabe mit seinem Huf auf den Boden. Der deutsche Psychologe Pfungst, den die rührende Annahme eines Pferdegenies nicht befriedigte, sagte sich sehr richtig, daß Herr von Osten, dessen Ehrlichkeit außer Frage stand, seinem Pferd irgendwie signalisieren mußte, wann es oft genug geklopft hatte und daher aufhören sollte. Pfungst gelang schließlich der Nachweis, daß das Pferd nicht zu klopfen begann, bevor ihm sein Herr nicht erwartungsvoll auf den Huf sah, und daß von Osten

2.54 In diesem Sachverhalt liegt die pragmatische Bedeutung gewisser Unterschiede zwischen den beiden Modalitäten, die wir jetzt näher untersuchen wollen. Zu diesem Zweck ist es notwendig, nochmals auf diese Modalitäten in künstlichen Kommunikationssystemen zurückzugreifen.

Die Leistung, Genauigkeit und Vielseitigkeit der beiden Arten von Elektronenrechnern – den digitalen und den analogen – ist sehr verschieden. Die von den Analogierechnern anstelle der wirklichen Größen verwendeten Analogien können nie mehr als Annäherungswerte sein, und die dadurch verursachten Ungenauigkeiten werden im Laufe der Rechenoperation meist noch vergrößert. Zahnräder, Getriebe und andere Übertragungen können niemals fehlerlos funktionieren, und selbst jene Rechner, die heutzutage ausschließlich mit elektrischen Strömen, Widerständen, Rheostaten und dergleichen arbeiten, unterliegen praktisch unkontrollierbaren Schwankungen. Vom Digitalrechner ließe sich andererseits sagen, daß er mit perfekter Genauigkeit arbeitete, wenn in ihm der Raum für die Speicherung von Zahlen nicht unweigerlich beschränkt wäre, so daß es notwendig wird, jene Zahlen auf- oder abzurunden, deren Stellenwert den für die Zahlenspeicherung verfügbaren Raum überschreitet. Wer mit einem Rechenschieber (dem klassischen Beispiel eines Analogierechners) umgehen kann, weiß, daß er nur annähernde Resultate erwarten darf, während jede Bürorechenmaschine

---

beim Erreichen der richtigen Zahl seinen Kopf fast unmerklich hob und nach oben blickte. Die nie ausbleibende Verblüffung und der Stolz seines Herrn dürften für den Klugen Hans höchst wirksame Verhaltensverstärkungen gewesen sein. Wie tief von Osten seinerseits mit seinem Pferd gefühlsmäßig verbunden gewesen sein muß, erhellt daraus, daß er bald nach Abklärung des Sachverhalts buchstäblich an gebrochenem Herzen gestorben sein soll.

In seinen eigenen Arbeiten replizierte Rosenthal dieses Phänomen sowohl mit Tieren als auch mit Menschen. Er konnte unter anderem nachweisen, daß Laborratten, von denen die Versuchsleiter annahmen, daß es sich um besonders intelligente Tiere handelte, wesentlich bessere Lernleistungen erzielten als Tiere derselben Gattung unter identischen Versuchsbedingungen, wenn den Versuchsleitern vorher glaubhaft gemacht wurde, daß es sich um «dumme» Tiere handle. Geradezu beunruhigend sind Rosenthals Versuche mit Menschen, da auch hier subtilste, jedoch höchst wirkungsvolle Kommunikationen mitspielen, deren Übermittlung Sendern wie Empfängern zwar nicht bewußt ist, das Verhalten der Empfänger aber nachdrücklich beeinflußt. Die Bedeutung dieser Ergebnisse für die Erziehung, die Dynamik des Familienlebens und anderer menschlicher Beziehungen, besonders auch für die Psychotherapie, sind noch nicht abzusehen.

genaue Resultate liefert, solange die Zahlen das Maximum der Stellenwerte nicht überschreiten, für die die Maschine gebaut ist.

Abgesehen von seiner Präzision, hat der Digitalrechner den unschätzbaren Vorteil, daß er nicht nur eine arithmetische, sondern auch eine logische Maschine ist. McCulloch und Pitts [99] haben gezeigt, daß die sechzehn Wahrheitsfunktionen des logischen Kalküls (und damit die Elemente aller logischen Denkvorgänge) durch Kombinationen von Alles-oder-nichts-Impulsen dargestellt werden können, so daß z. B. die Summierung von zwei Impulsen dem logischen «und», die gegenseitige Ausschließlichkeit zweier Impulse dem logischen «oder», ein Impuls, der die Entladung eines Schaltelements blockiert, dem logischen «nicht» entspricht usw. Da die Analogierechner mit tatsächlichen, positiven Größen arbeiten, ist es äußerst schwierig, wenn nicht unmöglich, ähnliche logische Operationen durchzuführen, da sich besonders das Prinzip der Negation infolge des Fehlens negativer Größen einer direkten analogen Darstellung entzieht.

Einige dieser Charakteristika sind auch in der menschlichen Kommunikation anzutreffen. Digitales Mitteilungsmaterial ist weitaus komplexer, vielseitiger und abstrakter als analoges. Vor allem finden wir in der Analogiekommunikation nichts, das sich mit der logischen Syntax der digitalen Sprache vergleichen ließe. Dies bedeutet, daß die Analogiesprache so grundlegende Sinnelemente wie «wenn – dann», «entweder – oder» und viele andere nicht besitzt und daß ferner der Ausdruck abstrakter Begriffe in ihr so schwierig oder unmöglich ist wie in der primitiven Bilderschrift, in der jeder Begriff nur durch eine Abbildung dargestellt werden kann. Außerdem teilt die Analogiekommunikation mit den Analogierechnern das Fehlen der einfachen Negation, d. h. eines Ausdrucks für «nicht».

Um dies näher darzulegen, sei daran erinnert, daß es Tränen des Schmerzes und Tränen der Freude gibt, daß die geballte Faust Drohung oder Selbstbeherrschung bedeuten, ein Lächeln Sympathie oder Verachtung ausdrücken, Zurückhaltung als Takt oder Gleichgültigkeit ausgelegt werden kann. Und es fragt sich, ob nicht vielleicht alle analogen Mitteilungen diese merkwürdige Doppelbedeutung haben, die uns an Freuds *Gegensinn der Urworte* gemahnt. Analogiekommunikationen enthalten keine Hinweise darauf, welche von zwei widersprüchlichen

Bedeutungen gemeint ist, noch irgendwelche andere Hinweise, die eine klare Unterscheidung zwischen Vergangenheit, Gegenwart und Zukunft erlaubten[9]. Diese Unterscheidungen müssen vom Kommunikationsempfänger mehr oder weniger intuitiv beigesteuert werden, während sie in digitaler Kommunikation direkt enthalten sind. Dafür aber besitzt, wie wir noch sehen werden, die digitale Kommunikation ihrerseits kein ausreichendes Vokabular zur klaren Definition von Beziehungen.

Für uns Menschen, sei es in unserer Rolle als Sender oder Empfänger von Kommunikationen, bringt diese ständige Notwendigkeit, von der einen in die andere «Sprache» zu «übersetzen», merkwürdige Probleme mit sich, die in Abschnitt 3.5 näher behandelt werden sollen. Die Notwendigkeit des Übersetzens besteht in beiden Richtungen. Nicht nur bringt jede Übersetzung vom Digitalen ins Analoge einen wesentlichen Verlust von Information mit sich (vgl. Abschnitt 3.55), sondern auch der umgekehrte Prozeß, d. h. jede sprachliche (also digitale) Auseinandersetzung über eine menschliche Beziehung, ist deswegen überaus schwierig, weil sie eine Digitalisierung praktisch rein analoger Phänomene erfordert. Und schließlich kann man sich unschwer vorstellen, daß zusätzliche Probleme dort auftauchen werden, wo die beiden Modalitäten sich überlagern, wie Haley dies in seinem ausgezeichneten Kapitel über Ehetherapie formuliert hat:

> Wenn ein Mann und eine Frau sich entscheiden, ihre Beziehung durch Heirat zu legalisieren, so werfen sie damit eine Frage auf, die sie für die Dauer ihrer Ehe beschäftigen wird: Behalten sie die Ehebeziehung bei, weil sie es wollen oder weil sie müssen [56, S. 119]?

Mit anderen Worten, wenn zum vorwiegend analogen Teil ihrer vorehelichen Beziehung eine Digitalisierung (der Ehekontrakt) hinzutritt,

---

9 Dem Leser dürfte die Ähnlichkeit zwischen den analogen und digitalen Kommunikationsweisen und den psychoanalytischen Begriffen der *primären* und *sekundären Prozesse* nicht entgangen sein. Wenn man Freuds Beschreibung des Es vom intrapsychischen in den zwischenmenschlichen Bezugsrahmen überträgt, wird sie praktisch zu einer Definition der Analogiekommunikation:

Für die Vorgänge im Es gelten die logischen Denkgesetze nicht, vor allem nicht der Satz des Widerspruchs. Gegensätzliche Regungen bestehen nebeneinander, ohne einander aufzuheben oder sich von einander abzuziehen ...

Es gibt im Es nichts, was man der Negation gleichstellen könnte, auch nimmt man mit Überraschung die Ausnahme vom Satz der Philosophen wahr, daß Raum und Zeit notwendige Formen unserer seelischen Akte seien [47, S. 103 f.].

wird eine eindeutige Definition ihrer Beziehung äußerst problematisch[10].

2.55 Zusammenfassend ergibt sich als viertes metakommunikatives Axiom: *Menschliche Kommunikation bedient sich digitaler und analoger Modalitäten. Digitale Kommunikationen haben eine komplexe und vielseitige logische Syntax, aber eine auf dem Gebiet der Beziehungen unzulängliche Semantik. Analoge Kommunikationen dagegen besitzen dieses semantische Potential, ermangeln aber die für eindeutige Kommunikationen erforderliche logische Syntax.*

2.6 Symmetrische und komplementäre Interaktionen

2.61 Im Jahre 1935 berichtete Bateson [6] über ein Beziehungsphänomen, das er während seines Aufenthalts bei den Jatmuls auf Neuguinea beobachtet hatte, und in seinem ein Jahr später veröffentlichten Buch *Naven* referierte er darüber in größerem Rahmen. Er nannte dieses Phänomen *Schismogenese* und definierte es als einen durch die Wechselbeziehungen zwischen Individuen verursachten Differenzierungsprozeß der Normen individuellen Verhaltens. Im Jahre 1939 wandte Richardson [121] diesen Begriff auf seine Analysen über Krieg und Außenpolitik an, und seit 1952 haben Bateson und andere die Nützlichkeit dieses Begriffs auf dem Gebiet der psychiatrischen Forschung dargelegt (vgl. 152, S. 7 ff., ferner 136). Diesen Begriff, dessen heuristischer Wert sich also nicht auf Einzeldisziplinen beschränkt, beschreibt Bateson in seinem Buch *Naven* wie folgt:

> Wenn sich unsere Untersuchungen mit den Reaktionen eines Individuums auf die Reaktionen anderer Individuen befassen, so wird offensichtlich, daß sich die Beziehung zwischen zwei Individuen im Laufe der Zeit auch ohne Einflüsse von außen verändert. Dabei müssen wir nicht nur *A's* Reaktionen auf *B's* Verhalten in Betracht ziehen, sondern darüber hinaus deren Einfluß auf *B's* Verhalten und die Wirkung, die dieses wiederum auf *A* hat.
>
> Es ist ohne weiteres klar, daß viele Beziehungssysteme, die sich entweder aus

---

[10] Aus demselben Grund scheint die Annahme durchaus sinnvoll, daß die Endgültigkeit einer Ehescheidung gefühlsmäßig viel eindrucksvoller empfunden würde, wenn man die gewöhnlich sehr trockene und banale Aushändigung des Scheidungsdekrets durch irgendeine Form von analogem Scheidungsritual (ähnlich der Hochzeitszeremonie) ergänzte.

Individuen oder aus Gruppen zusammensetzen, eine Tendenz zu fortschreitender Veränderung haben. Wenn z. B. das Verhalten des Individuums *A* in der betreffenden Kultur für dominant gilt und als kulturbedingtes Verhalten von *B* darauf Unterwerfung erwartet wird, so ist es wahrscheinlich, daß diese Unterwerfung ein weiteres Dominanzverhalten auslöst, das seinerseits weitere Unterwerfung erfordert. Wir haben es also mit einer potentiellen Progression zu tun, und wenn nicht andere Faktoren mitspielen und diesem Übermaß an Dominanz und Unterwerfung Grenzen setzen, so muß *A* unweigerlich immer dominanter und *B* immer unterwürfiger werden. Diese Progression wird eintreten, gleichgültig ob *A* und *B* Einzelindividuen oder Mitglieder komplementärer Gruppen sind.

Progressive Veränderungen dieser Art kann man als *komplementäre* Schismogenese bezeichnen. Es gibt aber noch eine zweite Beziehungsform zwischen Individuen oder Gruppen, die den Keim zu progressiver Veränderung in sich trägt. Wenn z. B. Prahlen das kulturbedingte Verhalten einer Gruppe ist und die andere Gruppe darauf ebenfalls mit Prahlen antwortet, so kann sich daraus ein Wettstreit entwickeln, in dem Prahlen zu mehr Prahlen führt und so fort. Diese Form von fortschreitender Änderung kann *symmetrische* Schismogenese genannt werden [10, S. 176 f.].

2.62 Die beiden so beschriebenen Beziehungsformen werden heute allgemein als symmetrische und komplementäre Interaktion bezeichnet. Sie stehen für Beziehungen, die entweder auf Gleichheit oder auf Unterschiedlichkeit beruhen. Im ersten Fall ist das Verhalten der beiden Partner sozusagen spiegelbildlich und ihre Interaktion daher *symmetrisch.* Dabei ist es gleichgültig, worin dieses Verhalten im Einzelfall besteht, da die Partner sowohl in Stärke wie Schwäche, Härte wie Güte und jedem anderen Verhalten ebenbürtig sein können. Im zweiten Fall dagegen ergänzt das Verhalten des einen Partners das des anderen, wodurch sich eine grundsätzlich andere Art von verhaltensmäßiger Gestalt ergibt, die *komplementär* ist. Symmetrische Beziehungen zeichnen sich also durch Streben nach Gleichheit und Verminderung von Unterschieden zwischen den Partnern aus, während komplementäre Interaktionen auf sich gegenseitig ergänzenden Unterschiedlichkeiten basieren.

In der komplementären Beziehung gibt es zwei verschiedene Positionen: Ein Partner nimmt die sogenannte superiore, primäre Stellung ein, der andere die entsprechende inferiore, sekundäre. Diese Begriffe dürfen jedoch nicht mit «stark» und «schwach», «gut» und «schlecht» oder ähnlichen Gegensatzpaaren verquickt werden. Komplementäre Beziehungen beruhen auf gesellschaftlichen oder kulturellen Kontexten (wie z. B. im Fall von Mutter und Kind, Arzt und Patient, Lehrer und

Schüler), oder sie können die idiosynkratische Beziehungsform einer ganz bestimmten Dyas sein. In beiden Fällen muß jedoch die ineinander verzahnte Natur der Beziehung hervorgehoben werden, wobei unterschiedliche, aber einander ergänzenden Verhaltensweisen sich gegenseitig auslösen. Es ist nicht etwa so, daß ein Partner dem anderen eine komplementäre Beziehung aufzwingt; vielmehr verhalten sich beide in einer Weise, die das bestimmte Verhalten des anderen voraussetzt, es gleichzeitig aber auch bedingt. Im Sinne von Abschnitt 2.3 kann man sagen, daß sich die beiderseitigen Beziehungsdefinitionen einander entsprechen.

2.63 Rein theoretisch könnte man allerdings eine dritte Beziehungsform postulieren, nämlich die der Metakomplementarität, in der Partner *A* den Partner *B* die superiore Position einnehmen *läßt* oder ihn sogar dazu *zwingt*. In ähnlicher Weise ließe sich auch von Pseudosymmetrie sprechen, wenn *A* seinem Partner eine symmetrische Beziehung einzunehmen gestattet oder ihm eine solche aufzwingt. Die Nützlichkeit derartiger terminologischer Verfeinerungen ist aber fraglich – besonders, wenn wir uns an den Unterschied erinnern, der zwischen der reinen Beobachtung verhaltensmäßiger Redundanzen und den ihnen zugeschriebenen Gründen oder Mythologien (vgl. Abschnitt 1.4) besteht. Mit anderen Worten, wir beschränken unsere Aufmerksamkeit darauf, *wie* sich die beiden Partner verhalten, ohne darauf einzugehen, *warum* sie sich (unserer oder ihrer eigenen Meinung nach) so verhalten.

2.64 Aus dem oben Gesagten postulieren wir ein fünftes Axiom: *Zwischenmenschliche Kommunikationsabläufe sind entweder symmetrisch oder komplementär, je nachdem, ob die Beziehung zwischen den Partnern auf Gleichheit oder Unterschiedlichkeit beruht.*

2.7 *Zusammenfassung*

In bezug auf die oben erwähnten Axiome möchten wir nochmals folgendes betonen: Erstens sollte es klar sein, daß diese Axiome nicht mehr als versuchsweise getroffene Formulierungen sein können. Zweitens sind sie insofern heterogen, als sie von Beobachtungen sehr verschiedenen Abstraktionsgrades abgeleitet sind. Ihr gemeinsamer Nenner ist also nicht ihr Ursprung, sondern die ihnen allen eigene pragmatische Bedeutung, die ihrerseits nicht monadischer, sondern zwischenmenschlicher Natur ist. So macht die Unmöglichkeit, *nicht* zu kommunizieren, alle Zwei-oder-mehr-Personen-Situationen zu zwischenpersönlichen, kommunikativen; der Beziehungsaspekt solcher Kommunikationen umreißt diesen Umstand noch enger. Die pragmatische zwischenmenschliche Bedeutung der digitalen und analogen Kommunikationsmodalitäten liegt nicht nur in ihrer weitgehenden Isomorphie mit dem Inhalts- und Beziehungsaspekt jeder Mitteilung, sondern darüber hinaus in der unvermeidlichen, aber wichtigen Doppeldeutigkeit, mit der sich Sender wie Empfänger beim Übersetzen von der einen in die andere Modalität auseinanderzusetzen haben. Der Begriff der Interpunktion beruht auf einer Weiterentwicklung des klassischen Aktion-Reaktion-Modells und seiner Anpassung an die Wechselseitigkeit menschlicher Beziehungen. Und schließlich kommen die Begriffe der Symmetrie und der Komplementarität am nächsten an den mathematischen Begriff der Funktion heran, da die Positionen der Partner nur Variable mit einer unbegrenzten Anzahl von Werten darstellen, deren Sinn nicht absolut ist, sondern sich nur aus der gegenseitigen Beziehung ergibt.

3. KAPITEL

GESTÖRTE KOMMUNIKATION

3.1 Einleitung

Bisher haben wir axiomatische Eigenschaften der Kommunikation behandelt. Unsere nächste Aufgabe ist es, die Pathologien zu untersuchen, die sich bei Eintreten bestimmter Umstände im Rahmen dieser Eigenschaften herausbilden können. Mit anderen Worten, es soll nun geprüft werden, wie und mit welchen Folgen die im 2. Kapitel dargestellten Prinzipien der menschlichen Kommunikation Störungen unterliegen können. Dabei wird sich zeigen, daß die verhaltensmäßigen Folgen solcher Phänomene oft einen neuen, erweiterten Sinnbezug für psychopathologische Manifestationen bieten, die traditionell dem Individuum und seinen intrapsychischen Prozessen zugeschrieben werden. Die sich auf die einzelnen Axiome beziehenden Pathologien sind in derselben Reihenfolge dargestellt wie im 2. Kapitel, mit Ausnahme gewisser Überschneidungen, die durch die zunehmende Komplexität unseres Materials unvermeidlich sind [1].

3.2 Die Unmöglichkeit, nicht zu kommunizieren

In Abschnitt 2.23 wurde bereits auf das Dilemma des Schizophrenen verwiesen, der mit seinem Verhalten ausdrücken zu wollen scheint, daß er nicht kommuniziert, und für den es dann notwendig wird, zu ver-

[1] Schriftliche Protokolle verbaler Interaktionen stellen zwar eine beträchtliche Vereinfachung des Materials dar, sind aber unbefriedigend, weil sie kaum mehr als den rein sprachlichen Inhalt vermitteln, den Großteil des analogen Materials dagegen (Volumen, Geschwindigkeit, Pausen und alle anderen akustischen Stimmungsmanifestationen wie Lachen, Seufzen usw.) unberücksichtigt lassen. Auch unsere Beispiele haben natürlich diesen Nachteil, obwohl sie fast alle sehr genaue Niederschriften von Tonbandaufnahmen sind. Für eine Sammlung zahlreicher Beispiele menschlicher Interaktion sowohl in Niederschrift als auch auf Tonband vgl. Watzlawick, *An Anthology of Human Communication. Text and Tape* [152].

neinen, daß auch diese Verneinung selbst eine Kommunikation ist. Andererseits ist es aber auch möglich, daß der Patient kommunizieren will, gleichzeitig jedoch die Verantwortung der Stellungnahme vermeiden möchte, die, wie wir gesehen haben, im Beziehungsaspekt jeder Kommunikation enthalten ist. Eine junge Schizophrene z. B. führte sich beim Psychiater mit der in heiterem Ton vorgebrachten Bemerkung ein: «Meine Mutter mußte heiraten, und deshalb bin ich hier.» Es dauerte Wochen, bis die hauptsächlichen Mitteilungen geklärt waren, die die Patientin in ihrer Aussage kondensiert und außerdem durch ihren kryptischen Stil und ihren Pseudohumor zu entwerten versucht hatte. Wie sich allmählich herausstellte, wollte sie mit dieser Einführung dem Therapeuten folgendes mitteilen:

1. Sie war das Resultat einer unehelichen Schwangerschaft.

2. Dieser Umstand war für ihre geistige Verfassung verantwortlich.

3. «Meine Mutter mußte heiraten» war ein Hinweis auf die überstürzte Heirat und bedeutete einerseits, daß ihre Mutter keine Schuld traf, da sie aus gesellschaftlichen Rücksichten in diese Ehe gedrängt worden war, und andererseits, daß die Mutter die ihr aufgezwungene Ehe innerlich ablehnte und die Patientin dafür verantwortlich machte.

4. «Hier» bezog sich sowohl auf das Konsultationszimmer des Psychiaters als auch auf die Existenz der Patientin auf Erden und sollte somit andeuten, daß die Mutter sie einerseits zum Wahnsinn getrieben hatte, daß sie aber andererseits ihrer Mutter ewig dankbar sein mußte, daß diese gesündigt und gelitten hatte, um sie zur Welt zu bringen.

3.21 «Schizophrenesisch» ist also eine Sprache, die es dem Gesprächspartner überläßt, seine eigene Wahl unter vielen möglichen Bedeutungen zu treffen, die nicht nur untereinander verschieden, sondern sogar unvereinbar sein können. Dies ermöglicht es, einige oder auch alle Bedeutungen einer Mitteilung zu dementieren. Hätte man die oben erwähnte Patientin zu einer Erklärung gezwungen, was sie mit ihrer Bemerkung gemeint habe, so hätte sie wahrscheinlich leichthin erwidert: «Oh, ich weiß selbst nicht – ich muß wohl verrückt sein.» Obwohl ihre Mitteilung fast bis zur Unverständlichkeit kondensiert ist, ist sie doch eine überaus zutreffende Beschreibung ihrer Lage, und die Bemerkung «Ich muß wohl verrückt sein» hätte die für ihr Überleben in einer paradoxen Welt nötige Selbsttäuschung nur zu gut charakterisiert. Für eine ausführliche Beschreibung dieser Formen der Verneinung bei Schizophrenie sei der Leser auf Haley [56, S. 89 ff.] verwiesen, wo ihre Beziehung zu den Untergruppen der Schizophrenie behandelt wird.

3.22 Die umgekehrte Situation existiert in *Alice hinter den Spiegeln*, wo Alices klare Mitteilungen durch die Gehirnwäsche der Schwarzen und der Weißen Königin verdreht werden. Sie beschuldigen Alice, etwas verneinen zu wollen, und schreiben diese Absicht ihrem Geisteszustand zu:

«Aber das sollte doch gar nicht bedeuten –», fing Alice an; die Schwarze Königin jedoch fiel ihr ins Wort:

«Das ist ja gerade das Traurige! Es hätte eben bedeuten sollen! Wozu, glaubst du denn, soll ein Kind gut sein, wenn es nichts bedeutet? Sogar ein Witz bedeutet irgend etwas – und ein Kind wird doch wohl noch mehr sein als ein Witz, will ich hoffen. Das könntest du nicht bestreiten, selbst wenn du beide Hände dazu nähmst.»

«Zum Bestreiten nehme ich doch nicht die Hände», wandte Alice ein.

«Das behauptet ja auch niemand», sagte die Schwarze Königin; «ich sagte nur, du könntest nicht, wenn du sie nähmst.»

«Sie ist in einer Verfassung», sagte die Weiße Königin, «in der sie gern irgend etwas bestreiten möchte – nur weiß sie nicht genau, was!»

«Ein schlimmer, bösartiger Charakter», bemerkte die Schwarze Königin, und darauf folgte eine längere, unbehagliche Stille [31, S. 232 f.].

Wer mit den Kommunikationseigenarten der Familien Schizophrener vertraut ist, dürfte beim Lesen dieses Zitats ein Déjà-vu-Erlebnis haben, und er wird die Intuition des Autors für die pragmatischen Wirkungen solcher unlogischer Kommunikationen bewundern, denn als die Königinnen die Gehirnwäsche fortsetzen, läßt er Alice in Ohnmacht fallen.

3.23 Dieses Phänomen beschränkt sich jedoch nicht auf Märchen und Schizophrenie, sondern kommt viel allgemeiner vor. Der Versuch, sich aus zwischenmenschlichen Auseinandersetzungen herauszuhalten, wird immer dort gemacht werden, wo der Wunsch besteht, die jeder Kommunikation innewohnende Stellungnahme zu vermeiden. Eine solche Situation ergibt sich z. B. zwischen zwei Flugpassagieren, von denen sich der eine, *A*, unterhalten will, der andere, *B*, aber nicht[2]. Da *B* weder der Situation physisch ausweichen noch *nicht* kommunizieren kann, ist die Zahl der für ihn möglichen Reaktionen sehr beschränkt:

---

[2] Wir möchten nochmals darauf verweisen, daß für die Zwecke einer Kommunikationsanalyse die *Motive* der beiden Partner nebensächlich sind.

3.231 *Abweisung.* Passagier B kann dem anderen in mehr oder minder unmißverständlicher Weise klarmachen, daß er an einem Gespräch nicht interessiert ist. Nach den Regeln guten Benehmens ist dies unhöflich; seine Haltung erfordert also einen gewissen persönlichen Mut und wird ein peinliches Schweigen zur Folge haben, so daß die Herstellung einer Beziehung zu *A* keineswegs vermieden wird.

3.232 *Annahme.* Passagier *B* kann aber auch nachgeben. Vermutlich wird er sich und den anderen für seine eigene Schwäche hassen, doch das soll uns hier nicht beschäftigen. Wichtig ist vielmehr, daß er sehr bald die Weisheit der militärischen Grundregel einsehen wird, wonach man im Fall einer Gefangennahme nur Namen und Dienstgrad angeben darf. Passagier *A* wird nämlich kaum auf halbem Weg stehen bleiben; er kann vielmehr entschlossen sein, sich die Langweile des Flugs damit zu vertreiben, alles über *B* herauszufinden, einschließlich dessen Gedanken, Gefühle und Überzeugungen. Und wenn *B* einmal zu antworten beginnt, wird es für ihn zunehmend schwieriger, sich weiterer Befragung zu entziehen – eine Tatsache, die «Gehirnwäschern» wohlbekannt ist.

3.233 *Entwertung (disconfirmation).* *B* könnte sich auch mittels einer wichtigen Technik schützen, die darin besteht, die eigenen Aussagen oder die des Partners zu entwerten, d. h., sie – absichtlich oder unabsichtlich – einer klaren Bedeutung berauben. Hierfür gibt es eine ganze Reihe semantischer Möglichkeiten, wie Widersprüchlichkeit, Ungereimtheiten, Themawechsel, unvollständige Sätze, absichtliches Mißverstehen, unklare oder idiosynkratische Sprachformen, Konkretisierung von Metaphern oder metaphorische Auslegung konkret gemeinter Bemerkungen und dergleichen mehr[3]. Ein glänzendes Beispiel dieser Kommunikationsform findet sich in der Eingangsszene des Films *Lolita,* wo Quilty von Humbert mit der Pistole bedroht wird und ein derartiges Feuerwerk von Unsinn von sich gibt, daß der andere mit seiner Todesdrohung einfach nicht ankommt. Oder nehmen wir das reizende

3 International sind hier die Italiener führend, mit ihrem unübertrefflichen «*ma* ...», das, genau genommen, «aber» bedeutet, jedoch als Ausruf Zweifel, Einverständnis, Unstimmigkeit, Erstaunen, Gleichgültigkeit, Kritik, Verachtung, Zorn, Resignation, Sarkasmus, Verneinung und vieles andere (und daher letzten Endes nichts) ausdrückt.

Beispiel logischen Unsinns, das Gedicht des Weißen Kaninchens in *Alice im Wunderland* [31, S. 121 f.]:

Er schrieb, du warst bei ihr zuhaus
Und gabst von mir Bericht
Und sprachst: «Mit dem kommt jeder aus,
Nur schwimmen kann er nicht.»

Sie sagten ihm, ich sei noch hier
(Ihr wißt ja, das trifft zu) –
Wenn sie sich nun drauf kaprizier',
Sagt sie, was machst dann du?

Ich gab ihr eins, sie gab ihm zwei,
Und ihr gabt nur drei Stück;
Doch all das ist jetzt einerlei,
Du hast sie ja zurück.

Und so geht es noch drei Strophen weiter. Wenn wir dies mit einem ungekürzten Ausschnitt aus dem Interview einer normalen Versuchsperson vergleichen, eines Ehemanns, der sich freiwillig für diese Befragung zur Verfügung stellte und nun einer peinlichen Frage gern ausweichen möchte, andererseits aber glaubt, sie beantworten zu müssen, so finden wir, daß seine Äußerungen, was ihre Form und ihre Informationsarmut betrifft, dem Gedicht des Weißen Kaninchens auffallend ähnlich sind:

Frage: Und wie macht sich der Umstand bemerkbar, Herr R., daß sowohl Ihre Eltern als auch Sie mit Ihrer Familie hier in derselben Stadt leben?

Antwort: Ja, wir versuchen, ah, ganz persönlich, ich meine ... ah, ich ziehe es vor, daß Marie (seine Frau) da die Führung übernimmt, statt meiner oder dergleichen. Ich besuche sie gern, aber ich versuche, nicht zuviel daraus zu machen, oder daß sie ... sie wissen ganz genau, daß ... oh, das war schon immer so, schon bevor Marie und ich uns kennenlernten, und es war mehr oder weniger eine anerkannte Tatsache – in unserer Familie war ich das einzige Kind ... und sie legten Wert darauf, niemals, so gut sie es konnten, sich nicht, ah, einzumischen. Ich glaube nicht, daß ... ich glaube, daß in jeder Familie da immer eine Neigung vorhanden ist, gleichgültig, ob in unserer Familie oder in irgendeiner Familie. Und das ist etwas, das sogar Marie und ich bemerken, wenn wir ... wir sind beide ziemliche Perfektionisten. Und, ah, andererseits wiederum sind wir sehr ... sind wir ... wir sind starr und ... wir erwarten das von den Kindern, und wir glauben, daß, wenn man aufpassen muß – ich meine, wenn, ah ... man kann Schwierigkeiten mit den Schwiegereltern haben, glauben wir, wir haben es bei anderen gesehen, und wir haben halt ... es ist etwas, wogegen sich meine eigene Familie in acht zu nehmen trachtete, aber, ah ... und, ah, wie hier – ja, wir haben ... ich würde nicht sagen, daß wir ablehnend gegenüber den alten Leutchen sind [152, S. 20 f.].

Praktisch jeder, der sich in einer Situation befindet, in der er einerseits auf die Fragen des anderen antworten soll, andererseits sich dem andern aber nicht eröffnen möchte, wird in dieser oder einer ähnlichen Form reagieren. Im Hinblick auf die dabei verwendeten Kommunikationsformen besteht hier wenig Unterschied zwischen einer sogenannten normalen Person, die einem geschickten Befrager in die Hände fiel, und einem sogenannten Geisteskranken in demselben Dilemma. Beide können sich der Situation nicht entziehen, beide können nicht *nicht* kommunizieren, und beide haben gute Gründe, sich nicht festlegen zu wollen. In beiden Fällen ist das Resultat ein Kauderwelsch – mit dem einen Unterschied, daß im Fall des Patienten die Äußerungen gewöhnlich seinem zerrütteten Geisteszustand zugeschrieben werden, was sich aus der traditionellen Außerachtlassung des zwischenmenschlichen Kontextes einer derartigen Situation fast zwanglos ergibt[4]. Es sei nochmals betont, daß am klinischen Ende des Verhaltensspektrums sogenannte verrückte Äußerungen nicht notwendigerweise die Manifestationen eines kranken Geistes zu sein brauchen, sondern viel eher die einzig mögliche Reaktion auf einen absurden oder untragbaren Kontext sind.

3.234 *Das Symptom als Kommunikation.* Schließlich gibt es eine vierte Reaktion, mit der sich Passagier *B* gegen *A's* Geschwätzigkeit zu schützen vermag: Er kann Schläfrigkeit, Taubheit, Trunkenheit, Unkenntnis der deutschen Sprache oder irgend eine andere Unfähigkeit vortäuschen, die ein Gespräch mit dem anderen entschuldbarerweise unmöglich macht. Alle diese Fälle sind Variationen des Grundthemas: «Ich hätte nichts dagegen, mit Ihnen zu sprechen, aber etwas, das stärker ist als ich und für das ich nicht verantwortlich gemacht werden kann, hindert mich daran.» Diese Anrufung einer Force majeure hat jedoch einen Schönheitsfehler: *B* weiß, daß er eine Ausrede verwendet. Einem Fremden gegenüber mag das noch angehen; bei nahestehenden Menschen aber kann man damit in einen Gewissenkonflikt kommen.

---

4 In diesem Zusammenhang sei auf eine Studie des psychoanalytischen Begriffs der Übertragung verwiesen, die in zwischenmenschlicher Sicht die einzig mögliche Reaktion auf eine höchst ungewöhnliche Situation ist. Vgl. Jackson und Haley [72] und die Zusammenfassung dieses Referats in Abschnitt 7.5, Beispiel 2.

Die engültige Lösung besteht darin, daß man *sich selbst* davon überzeugt, unkontrollierbaren Gegebenheiten unterworfen zu sein. Dies schützt einen vor dem Tadel der anderen und den Vorwürfen des eigenen Gewissens. All dies ist jedoch nichts anderes als eine etwas kompliziertere Umschreibung der Tatsache, daß man ein psychoneurotisches, psychosomatisches oder psychotisches Symptom hat. In einem Vergleich der Amerikaner und der Russen bemerkte Margaret Mead einmal, daß der Amerikaner Kopfschmerzen *vorschützen* würde, um einer gesellschaftlichen Verpflichtung nicht nachkommen zu müssen, während der Russe *tatsächlich* Kopfschmerzen haben würde. In einem ihrer weniger bekannten Artikel [48] beschrieb Frieda Fromm-Reichmann die Bedeutung katatoner Symptome als Kommunikationen, und im Jahre 1954 verwies Jackson auf die Rolle hysterischer Symptome in der Auseinandersetzung des Patienten mit seiner Familie [63] [5].

Diese Definition der pragmatischen Bedeutung des Symptoms scheint eine anfechtbare Annahme zu enthalten, nämlich die, daß man *sich selbst* in der beschriebenen Weise beeinflussen kann. Statt den nicht sehr plausiblen Hinweis zu strapazieren, daß alltägliche klinische Erfahrung diese Annahme voll bestätigt, sei auf die Untersuchungen von McGinnies über die sogenannte Wahrnehmungszensur *(perceptual defense)* [100] verwiesen. Die Versuchsperson sitzt vor einem Tachistoskop, einer Vorrichtung, mittels der Wörter für beliebig kurze Zeiträume sichtbar gemacht werden können. Zunächst wird die Wahrnehmungsschwelle der Versuchsperson mit Hilfe einer Reihe von neutralen Wörtern ermittelt. Im Anschluß daran wird ihr die eigentliche Testreihe vorgeführt, die sich aus neutralen und «kritischen», d. h. gefühlsbetonten Wörtern zusammensetzt, wie z. B. Hure, Dreck und dergleichen. Aufgabe der Versuchsperson ist es, jedes dieser nur für Sekundenbruchteile sichtbaren Wörter zu lesen und dem Versuchsleiter laut zu wiederholen. Ein Vergleich der Leistungen der Versuchsperson bei den neutralen und den kritischen Wörtern zeigt wesentlich höhere Schwellenwerte für die letzteren, d. h., die Versuchsperson «sieht» von diesen Wörtern viel weniger. Um nun aber bei den gesellschaftlich tabuierten Wörtern mehr Versager zu haben, muß die Versuchsperson sie zuerst

[5] Vgl. auch die Ausführungen von Szasz [145] und Artiss [2] über den Mitteilungscharakter des Symptoms.

als solche identifizieren und sich *dann* irgendwie überzeugen, daß sie sie nicht lesen konnte. Der unmittelbare zwischenmenschliche Vorteil dieser Versager ist also der, daß die Versuchsperson diese Wörter in Gegenwart eines andern (des Versuchsleiters) nicht auszusprechen braucht.

Die verhaltensmäßige Bedeutung eines Symptoms ist also die, daß es andere in einer Weise beeinflußt, die es dem Patienten ermöglicht, sich von der Verantwortung für diese Beeinflussung freizusprechen. In diesem Sinn wird das Symptom zu einem Phänomen von primärer zwischenmenschlicher Bedeutung, dem der Begriff des sekundären Krankheitsgewinns nicht gerecht wird.

3.3 Störungen auf dem Gebiet der Inhalts- und Beziehungsaspekte

Ein Ehepaar berichtet in seiner gemeinsamen Psychotherapiesitzung folgenden Vorfall. Als der Mann am Vortag allein daheim war, erhielt er den Anruf eines guten Freundes, der ihm mitteilte, daß er (der Freund) demnächst geschäftlich in jener Gegend zu tun habe. Der Ehemann bot ihm sofort das Gästezimmer in seinem Haus an, wie er und seine Frau es schon früher bei ähnlichen Gelegenheiten getan hatten. Als seine Frau jedoch bei Rückkehr von dieser Einladung erfuhr, kam es zu einem heftigen Ehestreit. In der Sitzung ergibt sich, daß sich die beiden über die Selbstverständlichkeit der Einladung des Freundes völlig einig sind und daß daher auch die Frau nicht anders gehandelt hätte, wenn sie zur Zeit des Anrufs daheim gewesen wäre. Die beiden sind überrascht, feststellen zu müssen, daß sie sowohl dieselbe Meinung als auch eine grundlegende Meinungsverschiedenheit über ein und denselben Sachverhalt haben.

3.31 In Wirklichkeit handelt es sich um zwei ganz verschiedene Sachverhalte. Der eine betrifft die Einladung als solche, und darüber können sie digital kommunizieren, der andere dagegen einen ganz spezifischen Aspekt ihrer *Beziehung* – nämlich die Frage, ob einer von ihnen das Recht hat, eine Initiative ohne Befragung des anderen zu ergreifen (selbst wenn die Reaktion des anderen auf Grund früherer Erfahrung vorauszusehen ist) – und darüber können sich die Partner nicht so leicht digital einigen, denn das würde die Fähigkeit voraussetzen, über ihre Beziehung sprechen zu können. In ihrem Versuch, den Konflikt beizulegen, begehen die beiden einen typischen Fehler: Während ihre Unstimmigkeit auf der Ebene des Beziehungsaspekts liegt, versuchen sie, die Lösung auf der Inhaltsebene zu erreichen, wo keine Unstimmigkeit herrscht. Dieser Fehler führt daher in einen für sie selbst unlösbaren Pseudokonflikt, der an den Witz von dem Betrunkenen erinnert, der seinen Hausschlüssel nicht dort sucht, wo er ihn wirklich verloren hat, sondern unter der Straßenlaterne, «weil es hier viel heller ist».

Einem anderen Ehemann gelang es, den Unterschied zwischen dem Inhalts- und dem Beziehungsaspekt selbst zu entdecken und treffend zu formulieren. Er und seine Frau gerieten häufig in symmetrische Eskalationen darüber, wer von ihnen in irgendeiner – gewöhnlich recht belanglosen – Streitfrage recht hatte. Eines Tages, als seine Frau ihm klipp und klar beweisen konnte, daß er unrecht hatte, erwiderte er: «Schön, du magst recht haben, aber du hast unrecht, *weil du mit mir streitest.*»

Jedem Psychotherapeuten, der dem Zwischenmenschlichen Aufmerksamkeit schenkt, sind diese Konfusionen zwischen dem Inhalts- und dem Beziehungsaspekt ebenso gut bekannt wie die große Schwierigkeit, hier therapeutisch zu intervenieren. Während ihm die monotone Redundanz dieser Pseudounstimmigkeiten bald klar wird, erleben die Partner selbst jede dieser Kontroversen als völlig neue, nie zuvor erlebte Krise, weil sie nur den immer wieder verschiedenen Inhalt, nicht aber die immer gleichbleibende Beziehungsstruktur dieser Krisen sehen. Koestler hat dies meisterhaft beschrieben:

> Familienbeziehungen gehören einer Sphäre an, in der die sonst üblichen Regeln des Urteils und des Handelns außer Kraft gesetzt sind. Sie sind ein Labyrinth von Spannungen, Streitereien und Versöhnungen, deren Logik widerspruchsvoll ist und deren Wertmaßstäbe und Kriterien oft so verbogen sind wie der gekrümmte Raum eines in sich geschlossenen Universums. Es ist ein von Erinnerungen gesättigtes Universum – Erinnerungen, aus denen man nichts lernt; saturiert mit einer Vergangenheit, die keine Ratschläge für die Zukunft gibt. Denn in diesem Universum beginnt die Zeitrechnung nach jedem Streit und jeder Versöhnung von neuem, und die Geschichte befindet sich immer im Jahre Null [84, S. 226].

Bevor wir auf die Beziehungsprobleme näher eingehen, die durch Störungen im Bereich des Inhalts- und des Beziehungsaspekts auftreten können, wollen wir uns rein schematisch vor Augen führen, welche Varianten hier bestehen:

1. *Der Idealfall ist dann gegeben, wenn sich die Partner sowohl über den Inhalt ihrer Kommunikationen als auch über die Definition ihrer Beziehung einig sind.*

2. *Im schlechtesten Fall liegt der umgekehrte Sachverhalt vor, d. h., die Partner sind sich sowohl auf der Inhalts- als auch auf der Beziehungsstufe uneinig.*

3. Zwischen diesen beiden Extremen liegen mehrere Mischformen:

a) *Die Partner sind sich auf der Inhaltsstufe uneins, doch diese Meinungsverschiedenheit beeinträchtigt ihre Beziehung nicht.* Dies erscheint uns als die menschlich reifste Form der Auseinandersetzung mit Unstimmigkeiten; die Partner sind sich sozusagen einig, uneins zu sein (vgl. Abschnitt 3.64, Beispiel 3).

b) *Die Partner sind sich auf der Inhaltsstufe einig, auf der Beziehungsstufe dagegen nicht* (vgl. Abschnitt 3.33 ff.). Dies bedeutet vor allem, daß bei Wegfallen des Einverständnisses auf der Inhaltsstufe die Tragfähigkeit der Beziehung ernsthaft gefährdet sein dürfte. Beispiele hierfür sind Legion. Bekanntlich zerbrechen viele Ehen gerade dann, wenn äußere Schwierigkeiten überwunden sind, die bisher die Gatten zu gemeinsamem Kampf und gegenseitiger Unterstützung zwangen. Dasselbe Phänomen läßt sich auf politischer Ebene beobachten, wenn Staaten mit verschiedenen Ideologien nach Aufhören einer gemeinsamen Gefahr zu Feinden werden (z. B. die USA und die UdSSR nach der Besiegung Deutschlands und Japans) oder wenn eine Koalitionsregierung zerbricht, da die äußere Notwendigkeit für die Koalition zwischen den verschieden orientierten Parteien nicht mehr besteht (Österreich 1966). Hierher gehört auch ein für das Verständnis der Familiendynamik hochwichtiger Mechanismus: die Sündenbockrolle eines Kinds, dessen «Problem» (Versagen in der Schule, Neurose, Psychose, Kriminalität) der Beziehung der Eltern durch die Notwendigkeit gemeinsamer Entscheidungen und dauernden gemeinsamen Eingreifens eine Pseudofestigkeit verleiht, die sie keineswegs hat. Fast mit mathematischer Sicherheit läßt sich voraussagen, daß auf eine Besserung des Patienten eine Ehekrise der Eltern folgt, die den Patienten dann sehr oft wieder in seine Pathologie zurückfallen läßt (vgl. Abschnitt 5.42).

c) Wie bereits erwähnt, sind ferner *Konfusionen zwischen den beiden Aspekten* (Inhalt und Beziehung) möglich. Dabei kann sowohl der Versuch gemacht werden, ein Beziehungsproblem auf der Inhaltsstufe zu lösen, als auch umgekehrt auf eine objektive Meinungsverschiedenheit mit einer Variante des grundsätzlichen Vorwurfs «Wenn du mich liebtest, würdest du mir nicht widersprechen» zu reagieren (vgl. Abschnitt 3.32).

d) Von besonderer klinischer Bedeutung sind schließlich alle jene *Situationen, in denen eine Person in der einen oder anderen Weise gezwungen wird, ihre Wahrnehmungen auf der Inhaltsstufe zu bezweifeln, um eine für sie wichtige Beziehung nicht zu gefährden.* Dies ist der Mechanismus, der den zu Beginn des 1. Kapitels erwähnten Asch-Experimenten zugrunde liegt; er führt ferner zu paradoxen Kommunikationsstrukturen, mit denen sich das 6. Kapitel auseinandersetzt.

3.32 *Meinungsverschiedenheiten.* Sie liefern gute Beispiele für Konflikte, die sich aus einer Konfusion zwischen Inhalts- und Beziehungsaspekt ergeben. Wie schon erwähnt, können sie sowohl auf der einen wie auf der anderen Stufe auftreten und sind voneinander abhängig. So kann z. B. eine Meinungsverschiedenheit zwischen zwei Personen über die Wahrhei der Aussage «Uran hat 92 Elektronen» nur scheinbar dadurch entschieden werden, daß man ein Lehrbuch der Kernphysik heranzieht. Dieser Beweis bestätigt zwar die objektive Richtigkeit der Aussage, zeigt aber außerdem, daß der eine Partner recht und der andere unrecht hat. Von diesen beiden Ergebnissen legt also das erste die Meinungsverschiedenheit auf der Inhaltsstufe bei, während das zweite ein Problem auf der Beziehungsstufe aufwirft. Um dieses neue Problem zu lösen, können die beiden Partner nicht weiterhin über Elektronen sprechen; sie müssen sich vielmehr über sich selbst und ihre Beziehung auseinandersetzen. Um das zuwege zu bringen, müssen sie sich darauf einigen, ihre Beziehung entweder als symmetrisch oder als komplementär zu definieren. Mit anderen Worten, der eine Gesprächspartner, der unrecht hatte, kann nun entweder den anderen wegen seines größeren Wissens bewundern oder aber sich aus Ärger über seine Niederlage vornehmen, dem anderen bei nächster Gelegenheit eins aufzutrumpfen und damit das intellektuelle Gleichgewicht (also die Symmetrie) wiederherzustellen. Wie sich alltäglich beobachten läßt, neigt diese Form der

Symmetrie zur Eskalation, wobei der Inhaltsaspekt immer mehr in den Hintergrund tritt. Ein vorzügliches Beispiel dieser Interaktion geben die sowjetischen und chinesischen Partei-Ideologen mit ihren haarspaltenden Exegesen dessen, was Marx «wirklich» meinte, um zu beweisen, welch schlechte Marxisten die anderen sind. In diesen Konflikten können Worte am Ende ihren letzten Rest semantischer Bedeutung verlieren und ausschließlich Werkzeuge des Auftrumpfens werden, wie Goggenmoggel das mit bewundernswerter Klarheit ausdrückt:

«Ich verstehe nicht, was Sie mit ,Glocke' meinen», sagte Alice.

Goggenmoggel lächelte verächtlich. «Wie solltest du auch – ich muß es dir doch zuerst sagen. Ich meinte: ,Wenn das kein einmalig schlagender Beweis ist!'»

«Aber ,Glocke' heißt doch gar nicht ein ,einmalig schlagender Beweis'», wandte Alice ein.

«Wenn *ich* ein Wort gebrauche», sagte Goggenmoggel in recht hochmütigem Ton, «dann heißt es genau, was ich für richtig halte – nicht mehr und nicht weniger.»

«Es fragt sich nur», sagte Alice, «ob man Wörter einfach etwas anderes heißen lassen kann.»

«Es fragt sich nur», sagte Goggenmoggel, «wer der Stärkere ist, weiter nichts» [31, S. 148].

3.33 *Ich- und Du-Definitionen.* Wenn dieselbe Aussage über die Elektronenzahl des Uranatoms von einem Physiker einem andern gegenüber gemacht wird, ergibt sich eine ganz andere Situation. Die Unstimmigkeit liegt dann nicht im Inhalt der Mitteilung, da seine Richtigkeit beiden Partnern bekannt und deshalb unbestritten ist. Gerade aber ihrer Selbstverständlichkeit wegen wird der andere Physiker die Mitteilung übelnehmen, denn sie übermittelt ihm ja keine Information, sondern vielmehr die impertinente Unterstellung, daß sein Kollege ihm nicht einmal die grundlegendsten beruflichen Kenntnisse zutraut. Wir haben es also nicht mit einer Meinungsverschiedenheit auf der Objektstufe (dem Inhaltsaspekt ihrer Kommunikation) zu tun, sondern mit einer Meinungsverschiedenheit auf der Beziehungsstufe. Dort aber haben Unstimmigkeiten eine weit größere pragmatische Bedeutung als auf der Inhaltsstufe. Wie wir bereits gesehen haben, setzen sich Menschen im Beziehungsaspekt ihrer Mitteilungen nicht über Tatsachen außerhalb ihrer Beziehung auseinander, sondern tauschen untereinander Definitionen ihrer Beziehung und damit implizite ihrer selbst aus[6].

---

[6] Cumming bemerkt hierzu: Ich bin der Meinung, daß vieles, was Langer «den reinen Ausdruck von Ideen» oder symbolische Tätigkeit um ihrer selbst willen

Diese Ich- und Du-Definitionen haben ihre eigene hierarchische Ordnung. Angenommen, *A* offeriert *B* eine Definition seiner selbst. *A* kann dies auf verschiedene Art und Weise tun, doch wie immer er seine Mitteilung auf der Inhaltsstufe formulieren mag, der Prototyp seiner Mitteilung wird auf der Beziehungsstufe immer auf die Aussage «*So* sehe ich mich selbst» hinauslaufen [7]. Es liegt in der Natur der menschlichen Kommunikation, daß *B* nunmehr drei Wege offenstehen, darauf zu reagieren, und alle drei sind von pragmatischer Bedeutung.

3.331 *Bestätigung. B* kann als erstes *A's* Selbstdefinition bestätigen, indem er *A* in der einen oder der anderen Weise mitteilt, daß auch er *A* so sieht. Diese Bestätigung oder Ratifizierung von *A's* Identität durch *B* stellt die wichtigste Voraussetzung für geistige Stabilität und Entwicklung dar, die sich bisher aus unseren Untersuchungen ergeben hat. Wir müssen annehmen, daß sich ohne diese das eigene Selbst oder das Selbst des anderen bestätigende Wirkung die menschliche Kommunikation kaum über den sehr engen Rahmen jener Mitteilungen hinausentwickelt hätte, die für Schutz und Überleben unerläßlich sind; es bestände kein Grund zur Kommunikation lediglich um der Kommunikation willen. Alltägliche Erfahrung läßt jedoch keinen Zweifel darüber, daß ein großer Teil unserer Kommunikationen gerade diesem Zwecke dient und nicht etwa nur dem Informationsaustausch. Die Vielfalt der Gefühle, die Menschen füreinander haben können, würde kaum existieren, und wir würden in einer Welt leben, in der es nichts außer reiner Zweckmäßigkeit gäbe, einer Welt ohne Schönheit, Poesie, Spiel und Humor. Es hat den Anschein, daß wir Menschen mit anderen zum Zweck der Erhaltung unseres Ichbewußtseins kommunizieren *müssen*. Diese Annahme wird in zunehmendem Maß durch Experimente auf

---

nennt, beim normalen Menschen der unablässigen Wiederherstellung des Selbstbegriffs dient und darin besteht, diesen Selbstbegriff anderen zum Zweck seiner Ratifizierung anzubieten und die Selbstbegriffe anderer anzunehmen oder zurückzuweisen.

Ich nehme ferner an, daß dieser Selbstbegriff immer wieder neu gebildet werden muß, wenn wir als Menschen und nicht als Objekte existieren wollen, und daß der Selbstbegriff hauptsächlich in kommunikativer Auseinandersetzung neu gebildet wird [33, S. 113].

7 Genaugenommen lautet die Aussage: «So sehe ich mich selbst *in Beziehung zu dir in dieser Situation*»; wir werden aber der Einfachheit halber im folgenden den kursiv gesetzten Teil weglassen.

dem Gebiet der Einschränkung des Sensoriums *(sensory deprivation)* unterbaut, die beweisen, daß es uns nicht möglich ist, unsere geistige Stabilität auf längere Dauer nur mittels Kommunikation mit uns selbst aufrechtzuerhalten. Was die Existentialisten die *Begegnung* nennen, gehört vermutlich hierher, so wie jene subjektiv unverkennbare Steigerung des Ichgefühls, die der Herstellung einer bedeutungsvollen Beziehung zu einem anderen Menschen folgt. Martin Buber schreibt:

> In allen Gesellschaftsschichten bestätigen Menschen einander ... in ihren menschlichen Eigenschaften und Fähigkeiten, und eine Gesellschaft kann in dem Maße menschlich genannt werden, in dem ihre Mitglieder einander bestätigen ...
>
> Die Grundlage menschlichen Zusammenlebens ist eine zweifache und doch eine einzige – der Wunsch jedes Menschen, von den anderen als das bestätigt zu werden, was er ist, oder sogar als das, was er werden kann; und die angeborene Fähigkeit des Menschen, seine Mitmenschen in dieser Weise zu bestätigen. Daß diese Fähigkeit so weitgehend brachliegt, macht die wahre Schwäche und Fragwürdigkeit der menschlichen Rasse aus: Wirkliche Menschlichkeit besteht nur dort, wo sich diese Fähigkeit entfaltet [29, S. 101 f.].

3.332 *Verwerfung.* Die zweite mögliche Reaktion von *B* auf *A's* Selbstdefinition ist, diese zu verwerfen. Verwerfung jedoch, wie schmerzhaft sie auch sein mag, setzt zumindest eine begrenzte Anerkennung dessen voraus, was verworfen wird, und negiert daher nicht notwendigerweise die Wirklichkeit des Bildes, das *A* von sich hat. Gewisse Formen der Verwerfung können sogar heilsam sein, wie etwa, wenn der Psychotherapeut sich weigert, die Selbstdefinition des Patienten in der Übertragungssituation anzunehmen, wenn der Patient typischerweise versucht, ihm sein «Beziehungsspiel» aufzuzwingen [8].

3.333 *Entwertung (disconfirmation).* Die dritte Möglichkeit dürfte sowohl vom pragmatischen als auch vom psychopathologischen Standpunkt aus die wichtigste sein. Es ist das Phänomen der Entwertung der Selbstdefinition des anderen, die sich wesentlich von der Verwerfung unterscheidet. Zusätzlich zu unseren eigenen Untersuchungen berufen wir uns hierbei auf die Arbeiten Laings [86] am Tavistock-Institut für Menschliche Beziehungen in London. Laing zitiert William James, der einmal bemerkte: «Eine unmenschlichere Strafe könnte nicht erfunden

---

8 Es sei hier auf zwei Autoren verwiesen, die in ihrem eigenen Bezugsrahmen ausführlich über dieses Thema geschrieben haben, nämlich Berne [22, 23] und Haley [56].

werden, als daß man – wenn dies möglich wäre – in der Gesellschaft losgelassen und von allen ihren Mitgliedern völlig unbeachtet bleiben würde» [86, S. 89]. Es ist wohl kaum zu bezweifeln, daß eine derartige Situation zum «Selbstverlust» führen würde. Die Entwertung, wie wir sie bei pathologischer Kommunikation finden, hat nichts mehr mit der Wahrheit oder Falschheit – sofern diese Begriffe hier überhaupt anwendbar sind – von *A's* Selbstdefinition zu tun; sie negiert vielmehr die menschliche Wirklichkeit von *A* als dem Autor dieser Definition. Mit anderen Worten, während eine Verwerfung letztlich auf die Mitteilung «Du hast in deiner Ansicht über dich unrecht» hinausläuftt, sagt die Entwertung de facto: «Du existierst nicht.» Oder um dies noch schärfer auszudrücken: Während die Bestätigung und Verwerfung der Selbstdefinition des anderen in der formalen Logik den Begriffen von Wahrheit und Falschheit entsprechen, entspricht die Entwertung dem Begriff der Unentscheidbarkeit[9].

Laing bemerkt hierzu:

Die charakteristische Familiensituation, die sich aus unseren Untersuchungen der Familien von Schizophrenen ergab, betrifft nicht so sehr ein Kind, das direkter Vernachlässigung oder sogar offensichtlichem Trauma ausgesetzt ist, sondern ein Kind, dessen Authentizität subtiler, aber fortgesetzter und oft ungewollter Verstümmelung unterworfen wurde [86, S. 91].

Im Extremfall werden dann – gleichgültig, wie jemand fühlt oder handelt, gleichgültig, welche Deutung er seiner Situation gibt – seine Gefühle ihrer Gültigkeit, seine Handlungen ihrer Motive, Absichten und Folgen entkleidet und die Situation ihrer Bedeutung für ihn beraubt, so daß er völlig mystifiziert und entfremdet ist [86, S. 135 f.].

---

[9] Manchmal – zugegebenermaßen nicht sehr oft – kann wortwörtliche Unentscheidbarkeit eine überragende Rolle in einer Beziehung spielen, wie die folgende Teilabschrift einer Tonbandaufnahme von einer gemeinsamen Psychotherapiesitzung mit einem Ehepaar zeigt. Dieses Paar war in psychiatrische Behandlung gekommen, da beide Partner wegen ihrer chronisch schlechten Ehebeziehung und deren Einfluß auf ihre Kinder besorgt waren. Sie waren seit 21 Jahren verheiratet, und der Gatte war ein ungewöhnlich erfolgreicher Geschäftsmann. Vor Beginn der folgenden Auseinandersetzung hatte die Frau bemerkt, daß sie in all den langen Jahren ihrer Ehe nie gewußt hatte, wie sie mit ihm stand.

Therapeut: Sie sagen also, daß Sie von Ihrem Mann nicht die Hinweise bekommen, die Sie brauchen, um zu wissen, ob er zufrieden ist.

Frau: Nein.

Therapeut: Kritisiert Ihr Mann Sie, wenn Sie es verdienen – ich meine positiv oder negativ?

Und nun ein diesbezügliches Beispiel, über das an anderer Stelle ausführlicher referiert wurde [74]. Es handelt sich um eine Teilaufzeichnung einer Familientherapiesitzung, an der die Eltern, ihr 25jähriger Sohn David (der während des Militärdienstes – David war damals zwanzig Jahre alt – zum erstenmal als schizophren diagnostiziert worden war und dann daheim gelebt hatte, bis er ungefähr ein Jahr vor diesem Interview mit einem neuerlichen Schub eingewiesen werden mußte) und ihr 18jähriger Sohn Karl teilnahmen. Als die Besprechung auf die Spannung kam, die Davids Wochenendbesuche hervorriefen, wies der Psychiater darauf hin, daß es den Anschein habe, als werde David die unerträgliche Bürde der Besorgnis aller anderen Familienmitglieder aufgeladen und er so voll verantwortlich dafür gemacht, ob diese Wochenende gut oder schlecht verliefen. Der Patient ging sofort auf dieses Thema ein:

David: Ich habe den Eindruck, daß meine Eltern und auch Karl sich manchmal sehr von meiner Stimmung beeinflussen lassen – vielleicht zu sehr –, weil ich, weil ich nicht wer weiß wie lebhaft bin, wenn ich nach Hause komme, oder ...

Mutter: Hm – David, das ist doch nicht mehr so, seit du deinen Wagen hast, es ist bloß – *vorher* war es so.

David: Schön, ich weiß, daß ich ...

Mutter (gleichzeitig): Ja, aber sogar – ja, in letzter Zeit zweimal, seit du deinen Wagen hast.

Mann und *Frau* gleichzeitig: Selten.

Therapeut: Aber wie – wie wissen Sie dann ...

Frau (unterbricht): Er macht einem ein Kompliment. (Kurzes Lachen.) Das ist ja das Verwirrende ... Angenommen, ich koche etwas und lasse es anbrennen – schön, er sagt, es sei wirklich «sehr, sehr gut». Das nächste Mal, wenn ich etwas besonders Gutes koche, ist es auch «sehr, sehr gut». Ich habe ihm gesagt, daß ich nicht weiß, *wann* er etwas gut findet – ich weiß nicht, ob er mich kritisiert oder mich lobt. Er glaubt nämlich, daß er mich mit Komplimenten zu besseren Leistungen hinkomplimentieren kann, und wenn ich ein Kompliment verdiene, dann – ja, er macht immer Komplimente – so daß für mich Komplimente keinen Wert haben.

Therapeut: Sie wissen also ganz einfach nicht, wie Sie mit jemandem stehen, der immer Komplimente ...

Frau (unterbricht): Nein, ich weiß nicht, ob er mich kritisiert oder mich wirklich aufrichtig lobt.

Was dieses Beispiel so interessant macht, ist die Tatsache, daß die beiden Ehepartner klar erkennen, in welchem Dilemma sie gefangen sind, daß ihnen diese Erkenntnis aber nicht hilft.

David: Ja, schön, jedenfalls – ach (seufzt), das ist – ach, ich wollte, ich könnte anders sein, es wäre schön, wenn ich mehr Freude an diesem oder jenem hätte ...

Psychiater: Wissen Sie, Sie ändern Ihre Ansichten ganz plötzlich, wenn Ihre Mutter nett zu Ihnen ist. Was verständlich ist, aber – in Ihrer Lage können Sie sich das nicht leisten.

David: Hm.

Psychiater: Es macht Sie verrückter. Dann wissen Sie nicht einmal, was Sie wirklich denken.

Mutter: Was hat er geändert?

Psychiater: Ich kann seine Gedanken nicht lesen, also weiß ich nicht, was er wirklich sagen wollte – aber ich glaube, ich habe eine vage Idee, nur aus Erfahrung ...

David (unterbricht): Hm, es ist ganz einfach – ganz einfach die Überzeugung, daß ich der Patient in der Familie bin, und das gibt allen anderen eine – eine Chance, nett zu sein und Davids Stimmung zu heben, ob Davids Stimmung gehoben werden muß oder nicht. Darum dreht es sich manchmal, glaube ich. Mit anderen Worten, ich kann nur ich selbst sein, *und wenn sie mich nicht so wollen, wie sie bin – ach, wie ich bin* – dann sollen sie mir das eben sagen [74, S. 89].

Das Versprechen des Patienten drückt sein Dilemma aus. Er sagt: «Ich kann nur ich selbst sein», aber die Frage ist, bin ich «ich» oder «sie»? Wollte man darin einfach den Beweis «geringer Ichstärke» oder dergleichen sehen, so müßte man die in diesem Gespräch enthaltenen zwischenpersönlichen Aussageentwertungen ignorieren, und zwar nicht nur die, die im *Bericht* des Patienten über seine Wochenendbesuche zum Vorschein kommen, sondern auch die von der Mutter *im Gespräch selbst* zum Ausdruck gebrachten Entwertungen der Gültigkeit dessen, wie David selbst die Situation sieht. In Verbindung mit diesen Entwertungen erhält das Versprechen des Patienten eine zwischenpersönliche Bedeutung.

3.34 *Stufen zwischenpersönlicher Wahrnehmung.* Kehren wir nunmehr zur Hierarchie der Aussagen zurück, die sich auf der Beziehungsstufe feststellen lassen. Wir haben gesehen, daß auf *A's* Selbstdefinition («So sehe ich mich ...») drei verschiedene Reaktionen seitens *B* möglich sind: Bestätigung, Verwerfung und Entwertung. Diese drei Reaktionen haben einen gemeinsamen Nenner: Durch jede von ihnen teilt *B* seinerseits *A* mit: «So sehe ich dich ...» [10]

---

[10] Auf den ersten Blick scheint diese Formel nicht auf den eben beschriebenen Begriff der Entwertung zu passen. Letzten Endes aber läuft die Mitteilung: «Für mich existierst du nicht als eigene Entität» auf die Mitteilung hinaus: «So sehe

Wir unterscheiden also in der metakommunikativen Auseinandersetzung zunächst die Mitteilung einer Selbstdefinition von *A* an *B:* «So sehe ich mich selbst.» Auf diese folgt *B's* Definition seines Bildes von *A:* «So sehe ich dich» und darauf wiederum eine Mitteilung von *A,* die auf diese Definition *B's* Bezug nimmt und daher aussagt: «So sehe ich mich von dir gesehen», worauf *B* dann mit der Definition antwortet: «So sehe ich, daß du dich von mir gesehen siehst.» Oder um dieselbe Auseinandersetzung etwas anders zu beschreiben: Auf die Selbstdefinition *A's* folgen die Mitteilungen von 1) *B's* Wahrnehmung von *A,* 2) *A's* Wahrnehmung von *B's* Wahrnehmung von *A,* 3) *B's* Wahrnehmung von *A's* Wahrnehmung von *B's* Wahrnehmung von *A* – eine Abfolge, die sich theoretisch endlos fortsetzen ließe. Außerdem müssen wir uns vor Augen halten, daß auf jeder dieser Stufen interpersönlicher Wahrnehmung die betreffende Ich- oder Du-Definition einem der drei früher erwähnten Phänomene von Bestätigung, Verwerfung oder Entwertung unterworfen wird. Wenn wir schließlich noch in Betracht ziehen, daß sich gleichzeitig dieselbe Hierarchie von Ich- und Du-Definitionen auf der Selbstdefinition von *B* aufbaut (wir haben bisher ja nur die Auseinandersetzung betrachtet, die *A's* Selbstdefinition auslöst), so sehen wir uns vor einer Kommunikationsstruktur, die einerseits rein intellektuell kaum zu bewältigen ist, andererseits aber sehr spezifische pragmatische Auswirkungen hat.

3.35 *Beziehungsblindheit (imperviousness).* Was bislang über diese Auswirkungen bekannt ist, verdanken wir vor allem den Untersuchungen Laings, Phillipsons und Lees, die ihre bisherigen Resultate in einem kürzlich veröffentlichten Buch [89] zusammengefaßt haben. Einleitend verweisen sie darauf, daß psychologische Theorien auch heute noch vom egozentrischen Standpunkt aus formuliert werden. So kennt die Psychoanalyse das Ich, das Über-Ich und das Es, aber kein «Du». Meinem *Ego* steht jedoch ein *Alter* gegenüber, und vom Standpunkt des *Alter* ist mein *Ego* das *Alter.* Dadurch wird die Sicht, die der andere von mir hat, ebenso wichtig (zumindest in engen persönlichen Beziehungen) wie die, die ich von mir selbst habe, und diese beiden Sichten sind

---

ich dich: Du existierst nicht». Die Tatsache, daß dies paradox ist, bedeutet nicht, daß sich dieser zwischenmenschliche Sachverhalt nicht ergeben *kann,* wie im 6. Kapitel ausführlich beschrieben werden soll.

bestenfalls mehr oder weniger ähnlich. Dieses «mehr oder weniger» aber bedingt wie kein anderer Faktor unsere Beziehung und damit mein (und sein) Gefühl, vom anderen verstanden zu sein und somit eine Identität zu haben:

> Ein Mann hat vielleicht das Gefühl, daß seine Frau ihn nicht versteht. Was kann das bedeuten? Es kann bedeuten, daß er glaubt, sie begreife nicht, daß er sich vernachlässigt fühlt. Oder er nimmt an, daß sie nicht begreift, daß er sie liebt. Vielleicht glaubt er auch, daß sie ihn geringschätzt, während er bloß vorsichtig sein will; daß sie ihn für lieblos hält, wenn er standhaft sein will; daß er selbstsüchtig ist, nur weil er nicht zum Fußabstreifer gemacht werden will.
>
> Seine Frau hingegen kann das Gefühl haben, er glaube, sie halte ihn für selbstsüchtig, wenn sie ihn ein wenig aus seiner Reserviertheit herausbringen will. Möglicherweise glaubt sie auch, daß er glaubt, sie halte ihn für lieblos, weil sie das Gefühl hat, daß er alles, was sie sagt, als Anklage auffaßt. Oder sie glaubt, daß er sie zu verstehen glaubt, während sie glaubt, daß er sie noch nie als wirkliche Person gesehen hat usw. [89, S. 23].

Dieses Beispiel vermittelt uns bereits ein gutes Bild von der komplexen Struktur derartiger Auseinandersetzungen sowie der ihnen eigenen Blindheit und den ihnen folgenden Gefühlen von Mißtrauen und Verwirrung. Was diese Beziehungsblindheit therapeutisch so schwer angehbar macht, ist die Tatsache, daß (wie in Abschnitt 1.2 ausgeführt) Beziehungen eben nicht konkrete Größen sind, sondern – wie mathematische Funktionen – irreale Entitäten. Sie sind also nicht in demselben Sinn real wie Objekte gemeinsamer Wahrnehmung. Diese können Gegenstand digitaler Auseinandersetzungen sein, sie sind sozusagen etwas «dort draußen», auf das man hinweisen kann. In Beziehungen dagegen sind wir selbst enthalten; in ihnen sind wir nur Teil eines größeren Ganzen, dessen Totalität wir ebenso wenig erfassen können, wie es unmöglich ist, seinen eigenen Körper als Ganzes wahrzunehmen, da die Augen als Wahrnehmungsorgane selbst Teil der wahrzunehmenden Ganzheit sind. Wenn die «Organe» zwischenmenschlicher Wahrnehmungen darüber hinaus aber noch skotomisiert sind, so müssen aus dieser Blindheit Konflikte erwachsen, für die es nur einen von zwei möglichen Gründen zu geben scheint: Böswilligkeit oder Verrücktheit (die englische Sprache hat dafür die ungleich prägnantere Alternative *badness or madness).* Wie Laing und seine Mitarbeiter gezeigt haben, sind diese Beziehungskonflikte Gestalten, deren Verständnis viele klinische Bilder der traditionellen Psychopathologie in völlig neuen Sinnbezug rücken.

Die folgende Beschreibung der Beziehung des Schizophrenen zu seiner Mutter dient nicht nur zur Erhellung des eben Gesagten, sondern beweist gleichzeitig, wie schwer es ist, derartige Sachverhalte in digitaler Sprache auszudrücken:

> Der Schizophrene versteht den Standpunkt seiner Mutter besser als sie den seinen.
>
> Der Schizophrene begreift, daß seine Mutter nicht begreift, daß er ihren Standpunkt versteht,
> und daß sie glaubt, seinen Standpunkt zu verstehen,
> und daß sie nicht begreift, daß sie ihn nicht versteht.
>
> Die Mutter dagegen glaubt, daß sie den Standpunkt des Schizophrenen versteht
> und daß der Schizophrene den ihren nicht versteht,
> und sie weiß nicht, daß der Schizophrene weiß, daß sie das denkt und daß sie nicht weiß, daß er es weiß [89, S. 47].

Ego und *Alter* stehen sich so verständnislos und in wachsender Entfremdung gegenüber, einer Entfremdung, deren *zwischen*persönliche Struktur sich der individuellen Wahrnehmung entzieht und deren Folgen daher dem anderen zugeschrieben werden.

Laing und Esterson haben ein reichhaltiges klinisches Material über das Phänomen der Beziehungsblindheit und ihre pragmatischen Folgen bei elf von ihnen eingehend studierten Familien veröffentlicht [88]. Das folgende Beispiel zeigt jene krasse Diskrepanz zwischen der Definition einer Patientin durch ihre Eltern und ihrer Selbstdefinition, die für diese Familien typisch ist.

Eltern über Patientin	*Patientin über sich selbst*
Immer glücklich	Oft deprimiert und verängstigt
Ihr wahres Selbst ist lebhaft und heiter	Eine falsche Fassade
Keine Disharmonie in der Familie	Absolute Disharmonie, so daß es unmöglich ist, den Eltern irgendetwas zu eröffnen
Hielten sie nie am Gängelband	Versuchten, ihr Leben in allen wesentlichen Belangen durch Sarkasmus, Gebete oder Spott zu beherrschen
Hat ihre eigene Meinung	In gewisser Hinsicht wahr, doch noch viel zuviel Angst vor dem Vater, um ihm ihre wahren Gefühle mitzuteilen; fühlt sich immer noch von ihm beherrscht

[Nach Laing und Esterson, 88, S. 188]

3.4 Die Interpunktion von Ereignisfolgen

Er lachte, da er glaubte, sie träfen ihn nicht – es war ihm noch nicht klar geworden, daß sie sich übten, ihn *nicht* zu treffen.
Bertold Brecht: Der Tod des Cesare Malatesta

3.41 Im letzten Kapitel wurden bereits einige Beispiele für die Komplikationen gegeben, die mit dem Phänomen der Interpunktion zusammenhängen können. Sie zeigen, daß widersprüchliche Interpunktionen von Ereignisabläufen unter Umständen zu Konflikten führen, die schließlich die gegenseitigen Anklagen von Böswilligkeit oder Verrücktheit als scheinbar einzige Erklärung zulassen. Diese Konflikte treten vor allem dann auf, wenn die Partner innerhalb einer Beziehung annehmen, daß der andere (oder die anderen) im Besitz derselben Information ist, wie man selbst oder daß er dieselben Schlußfolgerungen aus dieser Information ziehen müsse. Ein einfaches Beispiel eines solchen Ablaufs ist das folgende: *A* schreibt *B* einen Brief, in dem er ein gemeinsames Unternehmen vorschlägt und *B* zur Teilnahme einlädt. *B* sagt zu, doch sein Brief geht bei der Zustellung verloren. Nach einiger Zeit des Wartens kommt *A* zu dem Schluß, daß *B* seine Einladung ignoriert, und beschließt, *B* nun seinerseits zu ignorieren. *B* dagegen fühlt sich gekränkt, daß *A* seine Zusage ignoriert, und beschließt, mit *A* keine Verbindung mehr aufzunehmen. Von diesem Punkt an wird ihr stillschweigender Zwist so lange andauern, bis sie nachforschen, was aus ihren beiden Briefen wurde, d. h., bis sie über ihre Mitteilungen zu metakommunizieren beginnen. Nur so werden sie feststellen können, daß *A* nichts von *B's* Antwort wußte, während *B* nicht wußte, daß seine Antwort *A* nicht erreicht hatte.

3.42 Man schätzt, daß der Mensch pro Sekunde 10 000 exterozeptive und propriozeptive Sinneswahrnehmungen aufnimmt. Dies erfordert eine drastische Auswahl jener Wahrnehmungen, die den höheren Hirnzentren zugeleitet werden, da diese sonst mit unwesentlicher Information überschwemmt und von ihr blockiert würden. Die Entscheidung jedoch, was wesentlich und was unwesentlich ist, ist offensichtlich von Mensch zu Mensch sehr verschieden und scheint von Kriterien abzuhängen, die weitgehend außerbewußt sind. Aller Wahrscheinlichkeit nach ist das, was wir subjektiv als Wirklichkeit empfinden, das Resultat unserer Interpunktionen; oder um mit Hamlet zu sprechen: «... an sich ist nichts weder gut noch schlecht, das Denken macht es erst dazu.» Wir können nur vermuten, daß Interpunktionskonflikte mit der tief im Innern verwurzelten und meist unerschütterlichen Überzeugung zu tun haben, daß es nur *eine* Wirklichkeit gibt, nämlich die Welt, wie *ich* sie sehe, und daß jede Wirklichkeitsauffassung, die von der meinen abweicht, ein Beweis für die Irrationalität des Betreffenden oder seine böswillige Verdrehung der Tatsachen sein muß.

So viel über unsere Vermutungen. Was wir in allen diesen Fällen von gestörter Kommunikation *beobachten* können, ist, daß ihnen Circuli vitiosi zugrunde liegen, die nicht gebrochen werden können, solange die Kommunikationen der Partner nicht selbst zum Thema ihrer Kommunikation werden, d. h., solange sie nicht metakommunizieren [11].

3.43 *Ursache und Wirkung.* Es ist nicht schwer, Beispiele für Interpunktionskonflikte in den verschiedensten Bereichen menschlichen Zusammenlebens zu finden. Ihnen allen gemeinsam sind die widersprüchlichen Annahmen der Partner hinsichtlich dessen, was Ursache und was Wirkung des Konflikts ist. Von außen gesehen, ist weder der eine noch der andere Standpunkt stichhaltig, da die Interaktion der Partner nicht linear, sondern kreisförmig ist. In dieser Beziehungsform ist kein Verhalten Ursache des anderen; jedes Verhalten ist vielmehr sowohl Ursache als auch Wirkung. Wie Joads Beispiel (Abschnitt 2.42) zeigte, rüstet Nation *A* auf, *weil* sie sich von Nation *B* bedroht fühlt (d. h. also, daß *A* ihr Verhalten als Folge von *B's* Verhalten sieht), während Nation *B* die Aufrüstung von Nation *A* als Ursache ihrer «Verteidigungsmaßnahmen» betrachtet. Joad veröffentlichte seine Gedanken über den Krieg vor etwa dreißig Jahren. Wie wenig sich inzwischen geändert hat, beweist der nachstehende Auszug aus einem kürzlich veröffentlichten Artikel von Generalmajor Nikolai A. Talensky, Mitglied des sowjetischen Generalstabs, zur Frage der Entwicklung von Raketen-Abwehrraketen, in dem dasselbe Interpunktionsproblem zum Ausdruck kommt,

11 Solche Metakommunikationen brauchen nicht notwendigerweise verbal zu sein, noch müssen sie irgend etwas mit «Einsicht» zu tun haben (vgl. Abschnitt 7.32).

auf dem auch die meisten der maßgeblichen westlichen Stellungnahmen beruhen:

> ... Abwehrraketensysteme sind defensiver Natur, der Westen besteht aber darauf, daß sie die auf der Drohung von Kernwaffenangriffen beruhende gegenseitige Abschreckung aus dem Gleichgewicht bringen. Dies wirft die Frage auf: Wer hat dabei etwas zu gewinnen ...? Nehmen wir zwei Länder, von denen eines friedlich und um die Erhaltung von Frieden und Sicherheit besorgt ist, während das andere zu einer aggressiven Politik neigt und es nicht verabscheuen würde, zur Verwirklichung seiner aggressiven Absichten Atomraketen einzusetzen, jedoch mit einem Minimum von (eigenen) Verlusten.
>
> Es ist offensichtlich, daß der Ausbau einer wirksamen Raketenabwehr lediglich dazu dient, die Sicherheit des friedlichen, nichtaggressiven Staates zu erhöhen ... Ein Land, das nicht bereit ist, seine aggressive Politik aufzugeben, wird darüber natürlich nicht sehr erfreut sein [146, S. 28].

Pragmatisch gesehen, besteht kaum ein Unterschied zwischen den Interaktionen von Nationen und von Individuen, sobald einmal verschiedene Interpunktionen zu verschiedenen Wahrnehmungen der Wirklichkeit (das Wesen der Beziehung zum anderen inbegriffen) und damit zu internationalen oder zwischenpersönlichen Konflikten geführt haben. Das folgende Beispiel zeigt denselben Konflikt auf zwischenpersönlicher Ebene:

Mann (zum Therapeuten): Aus langer Erfahrung weiß ich, daß ich sie alles auf ihre Weise machen lassen muß, wenn ich zu Hause Ruhe haben will.

Frau: Das ist nicht wahr – mir wäre es nur recht, wenn du etwas mehr Initiative hättest und wenigstens hin und wieder etwas selbst entscheiden würdest, denn ...

Mann (unterbricht): Du würdest das nie zulassen!

Frau: Nur zu gern – doch wenn ich zuwarte, tust du nichts, und dann muß *ich* alles im letzten Augenblick tun.

Mann (zum Therapeuten): Sehen Sie? Man kann die Dinge nicht dann tun, wenn es notwendig ist – sie müssen schon eine Woche vorher geplant und organisiert werden.

Frau (wütend): Nenne mir ein einziges Beispiel aus den letzten Jahren, wo du eine Entscheidung getroffen hast.

Mann: Ich kann dir deshalb keins nennen, weil es für alle, auch für die Kinder, besser ist, wenn ich dir deinen Willen lasse. Das hab' ich sehr früh in unserer Ehe lernen müssen.

Frau: Du warst nie anders – von Anfang an hast du alles mir überlassen.

Mann: Nun hör dir bloß das an! (Pause. Dann zum Therapeuten) Ich nehme an, sie meint damit, daß ich sie immer gefragt habe, was *sie* wollte – z. B.: «Wohin würdest du heute abend gern gehen?» oder «Was möchtest du am Wochenende tun?» Und statt zu verstehen, daß ich nett zu ihr sein wollte, wurde sie meistens wütend ...

Frau (zum Therapeuten): Ja, und was er immer noch nicht begreift, ist, daß man, wenn man Monat für Monat dieses «*Alles*-was-du-willst-ist-mir-recht»-

Gerede hört, schließlich merkt, daß *nichts*, was man will, ihn wirklich interessiert.

Derselbe Mechanismus wird in einem von Laing und Esterson angeführten Beispiel deutlich, in dem eine Mutter und ihre schizophrene Tochter über eine relativ harmlose Tätlichkeit sprechen, die die Tochter kurz vor ihrer Einweisung verübt hatte.

Tochter: Ja, warum ging ich auf dich los? Vielleicht wollte ich etwas, etwas, das mir fehlte – Zärtlichkeit, vielleicht war es Hunger nach Zärtlichkeit.
Mutter: Du willst nichts damit zu tun haben. Du glaubst immer, das sei sentimental.
Tochter: Wann warst du je zärtlich zu mir?
Mutter: Wenn ich dich z. B. küssen will, sagst du: «Sei nicht sentimental.»
Tochter: Aber wann hast du mich jemals dich küssen lassen? [88, S. 20 f.]

3.44 Dies führt uns zu dem wichtigen Begriff der *selbsterfüllenden Prophezeiung*, dem vielleicht interessantesten Phänomen im Bereich der Interpunktion. Es handelt sich um Verhaltensformen, die in anderen Menschen Reaktionen auslösen, auf die das betreffende Verhalten eine adäquate Reaktion wäre, wenn sie es nicht selbst bedingt hätte. Wir haben es hier also mit Interaktionen zu tun, deren Beginn nicht irgendwo in der Vergangenheit einer langdauernden Beziehung liegt, sondern die insofern tatsächlich einen Anfangspunkt haben, als hier die zwischenpersönliche Prämisse eines Menschen praktisch jedem Partner ein gewisses Verhalten mehr oder weniger aufzwingt. Wer z. B. davon überzeugt ist, daß ihn niemand respektiert, wird ein mißtrauisches, abweisendes oder aggressives Benehmen an den Tag legen, auf das seine Umwelt höchstwahrscheinlich mit Unmut reagiert und damit seine ursprüngliche Annahme «beweist». Vom pragmatischen Standpunkt aus ist es wiederum nebensächlich, *warum* jemand eine solche Prämisse hat, wie sie zustande kam und wie bewußt oder unbewußt er ihrer ist. Was uns beschäftigt, ist die Tatsache, daß sein zwischenmenschliches Verhalten diese Form von Redundanz zeigt, daß es eine komplementäre Wirkung auf andere ausübt und sie zu bestimmten Reaktionen zwingt. Dieser Ablauf wird dadurch zu einem typischen Interpunktionsproblem, daß der Betreffende sein Verhalten nur als Reaktion auf das der andern sieht, nicht aber auch als dessen auslösendes Moment.

Auch in dieser Hinsicht sind Rosenthals Experimente [124] bedeutsam. Wie schon kurz in einer Fußnote zu Abschnitt 2.53 erwähnt, konnte Rosenthal nachweisen, daß die bewußten und selbst die unbewußten Annahmen seiner Versuchsleiter die Leistungen der Versuchspersonen nachhaltig beeinflussen, wobei jedoch die Art und Weise, in der dieser Einfluß kommuniziert wird, noch völlig ungeklärt ist.

Dieser Mechanismus wurde in der ostjüdischen Familientradition lange Zeit bewußt zum Zweck der Heiratsvermittlung angewendet. Die von den Eltern im gegenseitigen Einverständnis zwischen den Familien vorgenommene Gattenwahl stieß begreiflicherweise oft auf geringes Interesse seitens der füreinander vorgesehenen jungen Leute. In solchen Fällen bedienten sich die Eltern der Hilfe eines Ehestifters, der im allgemeinen so vorging, daß er sich zunächst einen der Partner vornahm und ihn «insgeheim» darauf aufmerksam machte, daß der andere sehr an ihm interessiert sei, es aber nicht zu zeigen wage. Er forderte z.B. die zukünftige Braut auf, doch das nächste Mal darauf zu achten, wie der junge Mann sie fortwährend beobachte, wenn sie nicht hinsehe. Den zukünftigen Bräutigam überredete er in entsprechender Weise. Wie man sich unschwer vorstellen kann, erfüllten sich die beiden Voraussagungen sehr rasch.

3.5 Fehler in den Übersetzungen zwischen digitaler und analoger Kommunikation

In seinem Roman *Das Tor der glücklichen Sperlinge* beschreibt Daniele Varé, wie der Romanheld, ein junger Europäer, im Peking der Zwischenkriegszeit bei einem berühmten Professor Unterricht in Mandarin nimmt und einen aus drei Schriftzeichen bestehenden Satz übersetzen soll. Er erkennt die Bedeutung der drei Zeichen richtig als «Rundung», «sitzen» und «Wasser» und kombiniert diese drei Begriffe schließlich zu der Aussage: «Jemand nimmt ein Sitzbad» – sehr zur Entrüstung des Professors, denn der Satz ist eine besonders poetische Beschreibung eines Sonnenuntergangs am Meer.

3.51 Wie der chinesischen Schrift, so fehlen auch dem Material analoger Kommunikationen viele der Verbindungselemente, auf die sich die Morphologie und die Syntax der digitalen Sprache aufbaut. Beim Übersetzen analoger Mitteilungen in die digitale Sprache müssen diese

Elemente vom Übersetzer beigesteuert und eingefügt werden, so wie man in der Traumdeutung digitale Strukturen mehr oder weniger intuitiv in die kaleidoskopische Bilderwelt des Traums einführen muß.

Wie wir bereits gesehen haben, ist analoges Kommunikationsmaterial stark antithetisch; es ermöglicht sehr verschiedene und oft miteinander unvereinbare Digitalisierungen. Daher ist es nicht nur für den Sender schwierig, digitale Entsprechungen für seine analogen Mitteilungen zu finden, sondern wenn ein zwischenpersönlicher Konflikt über die Bedeutung von Analogiekommunikationen entsteht, werden Sender wie Empfänger dazu neigen, beim Übersetzen von der einen in die andere Modalität diejenigen Digitalisierungen vorzunehmen, die in Einklang mit ihrer individuellen Sicht der Beziehung stehen, aber durchaus nicht denen des Partners zu entsprechen brauchen. Ein Geschenk z. B. ist eine analoge Mitteilung. Ob der Beschenkte jedoch in diesem Geschenk einen Ausdruck der Zuneigung, eine Bestechung oder eine Wiedergutmachung sieht, hängt von der Auffassung ab, die er von seiner Beziehung zum Geber hat. Schon mancher Gatte fand sich zu seiner Bestürzung einer noch nicht zugegebenen Schuld verdächtigt, wenn er seiner Frau unerwartet einen Blumenstrauß brachte.

Was bedeutet es, wenn jemand während eines Verhörs erbleicht und zu zittern, schwitzen und stottern beginnt? Es kann sowohl der endgültige Beweis seiner Schuld sein als auch die durchaus begreifliche Reaktion eines Unschuldigen, der sich plötzlich eines Verbrechens verdächtigt sieht und ahnt, daß seine Angst als Schuldbeweis ausgelegt werden könnte. Die Psychotherapie befaßt sich zweifellos in vieler Hinsicht mit der korrekten und der korrektiven Digitalisierung des Analogen, und Erfolg oder Mißlingen jeder Interpretation wird sowohl von der Fähigkeit des Therapeuten abhängen, vom Analogen ins Digitale zu übersetzen, als auch von der Bereitschaft des Patienten, seine eigenen Digitalisierungen zugunsten zutreffenderer und reiferer aufzugeben.

3.52 In einem unveröffentlichten Bericht stellte Bateson die Hypothese auf, daß ein anderer häufiger Fehler in den Übersetzungen von der einen in die andere Modalität in der Annahme bestehe, daß eine analoge Mitteilung ihrem Wesen nach ebenso eine denotative Aussage sei, wie es die digitalen Kommunikationen sind. Vieles spricht jedoch dafür, daß dem nicht so ist. Bateson schreibt dazu:

Wenn ein Tier, ein Mensch oder eine Nation eine drohende Haltung einnimmt, so kann der Partner daraus schließen, «er ist stark» oder «er wird kämpfen», doch dies ist nicht der Sinn der ursprünglichen Mitteilung. In Wirklichkeit ist die Mitteilung kein Hinweis, sondern eher als Analogie eines *Vorschlags* oder einer *Frage* in der digitalen Welt zu betrachten.

In diesem Zusammenhang muß daran erinnert werden, daß alle Analogiekommunikationen Beziehungsappelle sind, d. h. Anrufungen bestimmter Beziehungsformen. Nach der Definition Batesons sind sie daher Vorschläge über die künftigen Regeln der Beziehung. Durch mein Verhalten, führt Bateson aus, kann ich Liebe, Haß, Kampf usw. erwähnen oder vorschlagen, aber es ist Sache meines Partners, diesen Vorschlägen positive oder negative Gültigkeit zuzuschreiben. Es braucht kaum darauf verwiesen zu werden, daß dies eine Quelle unzähliger Beziehungskonflikte ist.

3.53 Digitale Sprache hat, um es nochmals zu erwähnen, eine logische Syntax und ist daher höchst geeignet für denotative Kommunikationen auf der Inhaltsebene. Während der Übersetzung von analogen in digitale Mitteilungen müssen also logische Wahrheitsfunktionen eingeführt werden, die im Analogen fehlen. Dieses Fehlen macht sich vor allem im Fall der Negation bemerkbar, d. h. es gibt keine Analogie für das digitale «nicht». Während es relativ einfach ist, durch eine drohende Haltung die analoge Mitteilung «Ich werde dich angreifen» zu machen, ist die Mitteilung «Ich werde dich *nicht* angreifen», äußerst schwierig zu signalisieren. Hierfür pflegen wir uns der digitalen Sprache zu bedienen, wobei allerdings immer fraglich bleibt, ob der andere unseren Worten glaubt. In ähnlicher Weise ist es nicht schwer, die Aussage «Der Mann pflanzt den Baum» rein bildlich darzustellen (eine einzige Zeichnung kann dies zum Ausdruck bringen), während es kaum möglich ist, das Gegenteil («Der Mann pflanzt den Baum *nicht*») durch eine Bildanalogie darzustellen, so wie es sehr schwierig ist, negative Werte in einen Analogierechner einzuprogrammieren.

In seinem Roman *Ein Mann springt in die Tiefe* beschreibt Koestler die Erlebnisse eines jungen Flüchtlings aus seiner von Nazis besetzten Heimat. Der Jüngling ist in ein schönes Mädchen verliebt, aber da er mittellos ist und sein Gesicht durch Folter entstellt, wagt er nicht zu hoffen, daß sie seine Gefühle erwidern könnte. Sein einziger Wunsch ist, ihr nahe zu sein und ihr Haar zu streicheln. Sie weist diese harmlosen Annäherungen ab und schürt damit sowohl seine Verzweiflung als auch seine Leidenschaft, so daß er sie schließlich überwältigt.

Sie lag zur Wand gedreht, den Kopf in einer seltsam verkniffenen Lage, wie ein Puppenkopf mit gebrochenem Hals. Endlich durfte er ihr Haar streicheln, wie er es sich immer gewünscht hatte. Plötzlich begriff er, daß sie weinte; ihre Schultern zuckten in trockenem, trostlosem Schluchzen. Er fuhr fort, ihr Haar und Schultern zu streicheln, und murmelte:

«Siehst du, warum wolltest du nicht auf mich hören?»

Sie richtete sich steif auf und unterbrach ihr Schluchzen:

«Was sagst du?»

«Ich habe gesagt, daß ich dich nur da haben wollte, damit du mir erlauben sollst, deine Haare zu streicheln und dir eisgekühlte Getränke zu geben ... Das war wirklich alles, was ich von dir wollte.»

Ihre Schultern schüttelten sich in einem leicht hysterischen Lachen. «Du bist bei Gott der größte Narr, den ich je gesehen habe.»

«Bist du mir böse? Bitte nicht, ich wollte das wirklich nicht.»

Sie zog die Knie an sich, rückte von ihm weg und rollte sich zur Wand. «Laß mich allein. Bitte, geh weg und laß mich eine Weile still liegen.» Sie weinte wieder, diesmal aber schon ruhiger. Er glitt vom Sofa hinunter, kauerte sich auf den Boden zu ihren Füßen und ergriff eine ihrer schlaff herabhängenden Hände. Sie war leblos, feucht und fieberheiß.

«Weißt du», sagte er ermutigt, weil sie ihm die Hand nicht entzog, «als ich noch ein Kind war, hatte ich ein kleines, schwarzes Kätzchen, mit dem ich immer spielen wollte, aber es hatte Angst und lief davon. Eines Tages hatte ich es mit aller List ins Kinderzimmer gelockt, aber es kroch unter einen Kasten und wollte nicht mehr herauskommen. Da zog ich den Kasten von der Wand weg und wurde immer böser, weil es mir nicht erlauben wollte, es zu streicheln. Es versteckte sich unter den Tisch, ich warf den Tisch um, zerbrach zwei Bilder, die an der Wand hingen, kehrte das ganze Zimmer drunter und drüber und jagte das Kätzchen mit einem Stuhl durch den Raum. Da kam meine Mutter herein und fragte mich, was ich denn mache. Ich sagte ihr, ich wollte nur das dumme Kätzchen streicheln, und bekam eine tüchtige Tracht Prügel. Aber ich hatte die Wahrheit gesagt ... [83, S. 67 ff.]

Hier also führt die Verzweiflung über die Abweisung und das Unvermögen, glaubhaft zu machen, daß man das Liebesobjekt *nicht* verletzen will, zur Gewalttätigkeit.

3.531 Wenn man nun, wie Bateson es getan hat, tierisches Verhalten auf diese Strukturen hin beobachtet, so findet man, daß die einzige Möglichkeit, eine Negation zu signalisieren, darin liegt, die zu verneinende Handlung zuerst zu demonstrieren oder vorzuschlagen und sie dann nicht zu ihrem Ende zu führen. Dieses interessante und nur scheinbar irrationale Verhalten läßt sich sowohl auf tierischer wie auf menschlicher Ebene feststellen.

So hatten wir z. B. Gelegenheit, wiederholt die Herstellung einer Vertrauensbeziehung durch Analogiekommunikation zwischen Delphin und Mensch zu beobachten. Obwohl es sich dabei um ein «persönliches» Ritual handeln könnte, das nur zwei der Tiere entwickelt hatten, bietet es unserer Meinung nach ein gutes Beispiel für die analoge Übermittlung einer Negation. Die Tiere hatten offensichtlich erkannt, daß die Hand einer der wichtigsten und verletzbarsten Teile des menschlichen Körpers ist. Wenn ein Fremder an ihr Schwimmbecken kam und sich an die Brüstung setzte, versuchten sie, seine Hand ins Maul zu nehmen und sie sanft zwischen ihren Kiefern zusammenzupressen, die scharfe Zähne haben und kräftig genug sind, die Hand glatt abzubeißen. Wir glauben nicht, daß unsere Sympathie für diese schönen, intelligenten Tiere mit unserer wissenschaftlichen Objektivität davongeht, wenn wir dieses Analogieverhalten in die digitale Mitteilung übersetzen: «Ich könnte, aber ich will dicht *nicht* verletzen.» Wie dem auch sei, sobald man sich diesem sanften Biß unterwarf, schien der Delphin dies als Mitteilung vollkommenen Vertrauens in ihn zu betrachten, denn sein nächstes Verhalten bestand darin, den anterior-ventralen Teil seines Körpers (*seine* verletzbarste Stelle, deren Lage ungefähr der der menschlichen Kehle entspricht) auf die Hand, den Fuß oder das Bein des Menschen zu legen und damit gleichsam sein Vertrauen in dessen freundliche Absichten auszudrücken. Ein solcher Verhaltensablauf ist natürlich auf jeder Stufe durch die Doppeldeutigkeit aller Analogiekommunikationen und damit durch die Möglichkeit digitaler Fehlinterpretationen des einen oder des anderen Partners gefährdet.

Auf poetischer Ebene finden wir eine ähnliche Form der Beziehung, hier zwischen dem Menschen und der Transzendenz, im Beginn der ersten *Duineser Elegie* von Rilke [122], wo Schönheit als die Verneinung stets drohender Vernichtung erlebt wird:

> Wer, wenn ich schriee, hörte mich denn aus der Engel
> Ordnungen? und gesetzt selbst, es nähme
> einer mich plötzlich ans Herz: ich verginge vor seinem
> stärkeren Dasein. Denn das Schöne ist nichts
> als des Schrecklichen Anfang, den wir gerade noch ertragen,
> und wir bewundern es so, weil es gelassen verschmäht,
> uns zu zerstören.

3.532 Wie das Delphinbeispiel nahelegt, scheint das *Ritual* eine

Übergangsform zwischen der analogen und der digitalen Kommunikation zu sein, die einerseits das zu übermittelnde Material simuliert, es andererseits aber in einer repetitiven und stilisierten Weise tut, die zwischen Analogie und Symbol hängt. So kann man beobachten, wie Katzen üblicherweise eine komplementäre, jedoch friedliche Beziehung durch das folgende Ritual herstellen. Das im Rang sekundäre Tier (gewöhnlich das jüngere oder das sich außerhalb seines eigenen Territoriums befindliche), wirft sich auf den Rücken und exponiert seine Halsschlagader (also auch hier die verletzlichste Körperstelle), während das andere Tier ungestraft seine Kehle ins Maul nimmt. Diese Methode, die Mitteilung «Ich könnte, werde dich aber *nicht* töten» analog zu übermitteln, wird offensichtlich von beiden Tieren so verstanden und findet interessanterweise gelegentlich auch zwischen verschiedenen Gattungen (z. B. zwischen Katzen und Hunden) erfolgreiche Anwendung. In menschlichen Gesellschaften wird Analogiematerial oft zu Ritualen formalisiert, und in dem Grad, in dem dieses Material mehr oder weniger kanonisiert ist, nähert es sich symbolischer oder digitaler Kommunikation und stellt damit eine Zwischenform dar. (Wenn die Formalisierung einer Analogie einmal vollständig ist, wird sie praktisch zum konventionellen Zeichen und damit zu einer Digitalisierung.)

Derselbe Mechanismus dürfte im Phänomen des sexuellen Masochismus enthalten sein. Anscheinend ist die Mitteilung «Ich werde dich *nicht* vernichten (kastrieren)» nur dann überzeugend (und beschwichtigt wenigstens vorübergehend die Furcht des Masochisten), wenn sie mittels des Rituals von Demütigung und Strafe signalisiert wird, einem Ritual, von dem der Masochist mit Sicherheit weiß, daß es vor Erreichen der eigentlichen Kastration zu Ende sein wird. Mit anderen Worten, nur das *Nicht*eintreten der tatsächlich angebahnten Vernichtung überzeugt ihn, daß ihm keine Vernichtung droht.

3.54 Der mit symbolischer Logik vertraute Leser dürfte uns zustimmen, daß es vermutlich unnötig ist, das Fehlen aller logischen Wahrheitsfunktionen im analogen Bereich nachzuweisen, wenn das Fehlen der wichtigsten bewiesen ist. Die Wahrheitsfunktion der *Alternative* (des nicht ausschließlichen «oder» in seiner Bedeutung von «einer von beiden oder beide sind wahr»), scheint sich analog nicht ausdrücken zu lassen, während dieselbe Aussage in digitaler Sprache sehr einfach ist.

In der formalen Logik ist es erwiesen (z. B. 115, S. 9 ff.), daß zur Darstellung aller hauptsächlichen Wahrheitsfunktionen (Negation, Konjunktion, Alternative, Implikation und Äquivalenz) nur zwei – Negation und Alternative (oder auch Negation und Konjunktion) – nötig sind, um aus ihren Verbindungen auch die anderen drei abzuleiten. Es liegt also der Schluß nahe, daß dies nicht nur in der Logik, sondern auch auf dem Gebiet der menschlichen Kommunikation zutrifft, daß daher nicht nur die Negation, sondern auch die übrigen Wahrheitsfunktionen im Bereich des Analogen fehlen und daß sich daher in ihrem Fall ganz ähnliche Übersetzungsschwierigkeiten ergeben müssen wie im Fall von «nicht» und «oder».

3.55 In einer Untersuchung der Rolle, die die beiden Kommunikationsmodalitäten in hysterischer Symptombildung spielen, stellten Bateson und Jackson die Hypothese auf, daß es sich dabei um eine Rückübersetzung von bereits digitalisiertem Material ins Analoge handle:

> Das umgekehrte – aber viel komplexere – Problem ergibt sich in bezug auf die Hysterie. Zweifellos wird diese Bezeichnung auf zahlreiche formale Verhaltensformen angewendet, aber es scheint, daß zumindest in einigen Fällen Fehler in der Übersetzung vom Digitalen ins Analoge beteiligt sind. Wenn das Digitalmaterial seiner logischen Typenmarkierung entkleidet wird, so führt dies zur Symptombildung. Das rein verbale Kopfweh, das als konventionelle Entschuldigung für die Nichtausführung einer Aufgabe vorgeschützt wird, kann subjektiv wirklich werden und damit eine tatsächliche Intensität im Schmerzbereich erhalten [19, S. 282].

Da Störungen menschlicher Kommunikation immer mit einem wenigstens teilweisen Verlust der Fähigkeit einhergehen, digital über das Wesen einer Beziehung zu kommunizieren, bietet sich diese «Rückkehr zum Analogen» als Kompromißausdruck des digital Unausdrückbaren an[12].

---

[12] Auch hierin besteht wenig Unterschied zwischen dem Verhalten von Individuen und Nationen. Wenn ernsthafte Spannungen zwischen zwei Ländern entstehen, werden als erstes gewöhnlich die diplomatischen Beziehungen abgebrochen, um dann zu Analogiekommunikationen wie Mobilisierung, Truppenkonzentrationen und dergleichen überzugehen. Das Absurde an diesem Vorgehen ist, daß die digitalen Kommunikationen (die diplomatischen Beziehungen) gerade in dem Augenblick abgebrochen werden, in dem sie notwendiger denn je sind. Der «heiße Draht» zwischen Washington und Moskau dürfte in dieser Hinsicht prophylaktisch sein, wenn er auch in offizieller Lesart nur der Beschleunigung von Kommunikationen in Krisenzeiten dient.

Die symbolische Natur von Konversionssymptomen und ihre allgemeine Verwandtschaft mit Traumsymbolismus ist seit den Tagen Bernheims, Liébaults und Charcots bekannt. Und was ist ein Symbol, wenn nicht die Darstellung einer abstrakten Funktion, des Aspekts einer Beziehung, wie er in Abschnitt 1.2 definiert wurde, in wirklichen Dimensionen? In seinen Werken hat C. G. Jung immer wieder darauf verwiesen, daß das Symbol dort auftaucht, wo das, was wir Digitalisierung nennen, *noch nicht* möglich ist. Es scheint jedoch, daß Symbolbildung auch dort auftritt, wo Digitalisierungen *nicht mehr* möglich sind, und daß dies typischerweise dann der Fall ist, wenn eine Beziehung in gesellschaftlich oder moralisch tabuierte Bereiche (z. B. Inzest) hineinzuwachsen droht.

3.6 Störungen in symmetrischen und komplementären Interaktionen

Um einem häufigen Mißverständnis vorzubeugen, kann nicht eindrücklich genug darauf verwiesen werden, daß Symmetrie und Komplementarität nichts mit Werturteilen wie «gut» oder «schlecht», «normal» oder «abnormal» und dergleichen zu tun haben. Die beiden Begriffe beziehen sich ganz einfach auf zwei grundlegende Kategorien, in die sich alle zwischenmenschlichen Kommunikationen einteilen lassen. Von dem wenigen, das wir über «gesunde», tragfähige Beziehungen wissen, können wir annehmen, daß in ihnen beide Formen zusammenwirken, wenn auch abwechselnd oder auf verschiedenen Gebieten der Partnerbeziehung. Das bedeutet, wie noch näher gezeigt werden soll, daß sich die beiden Formen gegenseitig stabilisieren können, wenn in einer von ihnen eine Störung auftritt, und daß es außerdem für die Partner nicht nur wünschenswert, sondern sogar unerläßlich ist, sich in bestimmten Belangen symmetrisch, in anderen komplementär zu verhalten.

3.61 *Symmetrische Eskalationen.* Wie alle Kommunikationsstrukturen, so tragen auch diese beiden Formen in sich den Keim zu spezifischen Störungen, die hier zuerst kurz beschrieben und dann mit klinischen Beispielen belegt werden sollen. Wir haben bereits auf die stets vorhandene Gefahr von Eskalationen in symmetrischen Beziehungen verwiesen. Sowohl Individuen als auch Nationen scheinen Gleichheit

(Symmetrie) am beruhigendsten zu finden, wenn sie, um George Orwells berühmten Ausspruch zu gebrauchen, selbst «ein bißchen gleicher» als die anderen sind. Diese Tendenz zu mehr als gleicher Gleichheit bedingt die typische eskalierende Eigenschaft symmetrischer Beziehungen, sobald diese ihre Stabilität zu verlieren beginnen. In Ehekonflikten z. B. läßt sich leicht beobachten, wie das Verhalten der Partner so lange eskaliert, bis sie schließlich einen Punkt körperlicher oder emotionaler Erschöpfung erreichen, worauf eine Periode unsicheren Waffenstillstands folgt, bis sich die Partner für die nächste Runde genügend erholt haben. Die Störungen symmetrischer Beziehungen sind daher durch mehr oder weniger offenen Kampf, dem *Schisma* im Sinne Lidz' [93], gekennzeichnet. Dies bedeutet, daß sie meist in der Verwerfung der Selbstdefinition des Partners bestehen.

In einer stabilen symmetrischen Beziehung sind die Partner imstande, den anderen in seinem Sosein zu akzeptieren, was zu gegenseitigem Respekt und Vertrauen in den Respekt des anderen führt und damit zu einer realistischen gegenseitigen Bestätigung der Ich- und Du-Definitionen.

3.62 *Starre Komplementarität.* In komplementären Beziehungen ist dieselbe gegenseitige Bestätigung der Selbstdefinitionen möglich. Die Störungen der Komplementarität unterscheiden sich dagegen grundlegend von denen der Symmetrie und führen meist zur Entwertung statt zur Verwerfung der Selbstdefinition des Partners. Aus diesem Grund sind sie von größerem psychopathologischen Interesse als die mehr oder weniger offenen Konflikte in symmetrischen Beziehungen.

Ein typisches Problem in einer komplementären Beziehung entsteht z. B. immer dann, wenn *A* von *B* die Bestätigung seiner *(A's)* Selbstdefinition fordert und diese in Widerspruch zu *B's* Bild von *A* ist. Dies versetzt *B* in eine eigenartige Zwangslage: Er muß seine Selbstdefinition so abändern, daß sie die Selbstdefinition von *A* komplementiert und damit ratifiziert, denn es liegt in der Natur komplementärer Beziehungen, daß eine Selbstdefinition nur dadurch aufrechterhalten werden kann, daß der Partner die betreffende komplementäre Rolle spielt [13].

---

[13] Man vergleiche hierzu die von Genet im ersten Akt seines Bühnenstücks *Der Balkon* meisterhaft dargestellten menschlichen Scheinbeziehungen.

Ohne Kind gibt es keine Mutter, doch die Formen der Mutter–Kind-Beziehung verändern sich natürlich im Laufe der Zeit. Dieselbe Beziehungsform, die für das Kind im Frühalter biologisch und emotional lebenswichtig ist, würde seine weitere Entwicklung stark beeinträchtigen, wenn sich die Beziehungsstruktur nicht in angemessener Weise mitentwickeln könnte. Dasselbe gilt praktisch für jede andere Beziehung, die anachronistisch erstarrt oder umgekehrt sich allzu früh verändert. Wegen ihrer größeren psychiatrischen Auffälligkeit haben die Störungen der komplementären Beziehungen seit jeher viel mehr Interesse geweckt als die der symmetrischen. Die Psychoanalyse nennt sie sadomasochistisch und sieht in ihnen die mehr oder weniger zufällige Verbindung zweier Individuen, deren Charakterdeformationen sich gegenseitig ergänzen[14]. In diesen Beziehungen können wir zunehmende Gefühle von Frustration und Verzweiflung bei einem oder beiden Partnern beobachten. Klagen über immer beängstigender werdende Gefühle von Selbstentfremdung, über Abulie oder zwanghaftes Abreagieren werden dann nicht selten von Personen vorgebracht, die in der Außenwelt, d. h. außerhalb der Beziehung mit ihrem Partner, durchaus zufriedenstellend mit ihren Lebensaufgaben fertig werden und in Einzelinterviews den Eindruck gut angepaßter Menschen geben. Dieses Bild ändert sich aber oft drastisch, wenn man die Betreffenden zusammen mit ihren «Komplementen» sieht. Die Pathologie ihrer *Beziehung* wird dann offensichtlich.

Die vielleicht bedeutendste Studie über Störungen in komplementären Beziehungen ist das berühmte Referat «*La folie à deux*», das zwei französische Psychiater vor fast hundert Jahren verfaßten. Wie gering unser Anspruch auf die Originalität unserer Orientierung ist, geht z. B. aus dem folgenden Zitat hervor. Die Verfasser beschreiben zuerst den Patienten und führen dann weiter aus:

> Die obige Beschreibung ist die des Geisteskranken, des Agenten, der die Situation des *délire à deux* hervorruft. Sein Partner ist viel schwieriger zu definieren, und doch werden sorgfältige Forschungen uns die Regeln zu erkennen lehren, denen dieser zweite Teilnehmer im kommunizierten Irresein folgt …

---

[14] Unter den neueren, mehr auf das Zwischenmenschliche hin orientierten Studien wären Lidz' Begriff der ehelichen Asymmetrie *(skew)* [93], Scheflens Abhandlung über das «*gruesome twosome*» [129] (ironisch, etwa «das grausige Zweigespann» bedeutend) und Laings Begriff der Kollusion [86] zu erwähnen.

Wenn einmal die beide Irren bindende, stillschweigende Übereinkunft fast erzielt ist, besteht das Problem nicht nur darin, den Einfluß des kranken auf den angeblich normalen Partner zu untersuchen, sondern auch das Gegenteil, nämlich den Einfluß des vernünftigen auf den gestörten Partner, und nachzuweisen, wie der Unterschied zwischen ihnen durch gegenseitiges Nachgeben verwischt wird [91, S. 4].

3.63 Wie bereits erwähnt, können sich symmetrische und komplementäre Beziehungsformen gegenseitig stabilisieren, und Wechsel von der einen in die andere Struktur sind daher wichtige homöostatische Mechanismen. Dieser Umstand ist für die Therapie von Bedeutung, da während der Behandlung solcher Fälle zumindest theoretisch Änderungen durch die Einführung von Symmetrie in Komplementarität oder umgekehrt erzielt werden können. Wir betonen: «zumindest theoretisch» – denn es ist nur zu gut bekannt, wie schwer in der Praxis irgendeine Änderung in einem starr fesgelegten Beziehungssystem zu erzielen ist, in dem wir Menschen anscheinend alle «die Übel, die wir haben, lieber tragen, als zu unbekannten fliehen».

3.64 Zur Erläuterung des bisher Gesagten folgen nun drei Auszüge aus sogenannten standardisierten Familieninterviews [154] mit Kommentaren. Alle drei sind Antworten von Ehepartnern auf die genormte Frage: «Wie kam es, daß unter den Millionen von Menschen gerade Sie beide sich trafen?» Zweck dieser Frage ist nicht, tatsächliches anamnestisches Material zu erhalten, obwohl diese Angaben rein inhaltlich ziemlich verläßlich sein können und damit Schlüsse auf die symmetrische oder komplementäre Natur der *damaligen* Beziehungsform erlauben. Von Interesse ist hier vielmehr die Art und Weise, wie die Partner sich *in der Interviewsituation* aufeinander beziehen. Die Geschichte ihres Zusammentreffens ist sozusagen nur das Rohmaterial, das sie in Übereinstimmung mit den Regeln manipulieren, die sich im Laufe ihrer Beziehung herausgebildet haben. Für uns ist es nicht wichtig, was *damals* stattfand, sondern, *wer jetzt* das Recht hat, *was zum* (und *über* den) anderen zu sagen. Genauer ausgedrückt: Von Interesse ist hier nicht der Inhalts-, sondern der Beziehungsaspekt ihrer Kommunikationen.

1. Das erste Beispiel ist das einer typisch symmetrischen Interaktion: *

---

* Die Abkürzungen bedeuten: M = Ehemann, F = Ehefrau, I = Interviewer.

I: Wie kam es, daß unter den Millionen von Menschen gerade Sie beide sich trafen?

M: Wir ... arbeiteten beide für denselben Konzern. Meine Frau bediente eine Buchungsmaschine, und ich reparierte Buchungsmaschinen, und ...

M spricht als erster, gibt seine Sicht der Situation und beansprucht damit auf der Beziehungsebene sein Recht zur eigenen Meinung. Darüber hinaus scheint er anzudeuten, daß seine Arbeit darin bestand, die von ihr verursachten Schäden zu beheben.

F: Wir arbeiteten beide im selben Gebäude.

F macht dieselbe Feststellung mit ihren eigenen Worten, jedoch nicht in Form einer Zustimmung, sondern indem sie eine Symmetrie über dieses Thema herstellt.

M: Sie arbeitete für eine Firma, die eine große Maschinenanlage hatte, und ich arbeitete dort die meiste Zeit, weil es eine große Anlage war. Und da trafen wir uns.

M gibt keine neue Information, sondern wiederholt im wesentlichen dieselbe Tautologie, mit der er begann. Damit kontert er in symmetrischer Form ihr Verhalten, indem er auf seinem Recht besteht, in seiner eigenen Weise zum Thema Stellung zu nehmen. Beide kämpfen außerdem um das letzte Wort, das er hier durch die Endgültigkeit seines letzten Satzes in Anspruch nimmt.

F: Wir wurden von einigen anderen Mädchen dort einander vorgestellt.

F ist nicht willens, ihn die Auseinandersetzung hier beenden zu lassen. Sie entwertet seine Bemerkung durch eine neue Information und macht so ihren Anspruch als gleichberechtigter Gesprächspartner geltend. Obwohl ihre neue Aussage ebenso passiv ist wie die erste – «Wir arbeiteten beide im selben Gebäude» (weder er noch sie zeigten sich bisher als aktive Initiatoren) – charakterisiert sie sich doch als «ein bißchen gleicher», indem sie «die anderen Mädchen» erwähnt, also eine Gruppe, der sie, aber nicht er angehörte.

(Pause)

Diese Pause beendet die erste Runde ihrer symmetrischen Auseinandersetzung, ohne daß Einigung erzielt wurde.

M: Genaugenommen trafen wir uns auf einer Party – ich meine, wir machten unsere Bekanntschaft auf einer Party, die einer der Angestellten gab. Aber wir hatten uns schon vorher bei der Arbeit gesehen.

Obwohl etwas versöhnlicher und einlenkender, läuft diese Feststellung doch auf eine Verwerfung der von ihr soeben gegebenen Version hinaus.

F: Wir hatten uns vor jenem Abend nie getroffen. (Kurzes Lachen)

Dies ist eine direkte Verneinung, nicht nur eine Variante seiner Aussage, und kann bedeuten, daß die Meinungsverschiedenheit nun zu eskalieren beginnt. (Zu beachten ist allerdings, daß das englische «*meet*» (treffen) in diesem Zusammenhang zwei Bedeutungen hat; «sich zum ersten Mal sehen» und «einander vorgestellt werden». Sie selbst entwertet ihre Antwort also dadurch, daß sie diese doppeldeutige Formulierung wählt, was umgekehrt aber auch den Vorteil hat, daß sie sich nicht auf eine der beiden Bedeutungen festzulegen lassen braucht. Auch ihr Lachen an dieser Stelle ermöglicht ihr, etwas anzudeuten, ohne sagen zu müssen, was es ist.)

M (sehr leise): Hm.

M nimmt nun eine inferiore Position ein, indem er ihr zustimmt. Doch «hm» hat viele mögliche Bedeutungen, und er sagt es so leise und ohne Überzeugung, daß die eigentliche Bedeutung völlig vage bleibt. Außerdem ist ihre vorhergehende Bemerkung selbst so unbestimmt, daß es unklar bleibt, was Zustimmung hier bedeutet. Jedenfalls verfolgt er die Sache nicht weiter und nimmt auch nicht erneut dazu Stellung. So kommen sie zum Ende einer weiteren Runde, das wiederum durch eine Pause gekennzeichnet ist. Dies kann signalisieren, daß ein Gefahrenpunkt (hinter dem offener Zwist stände) erreicht ist und daß sie bereit sind, die Diskussion hier zu beenden, ohne auch nur auf der Inhaltsstufe Übereinstimmung erzielt zu haben.

(Lange Pause)

I: Nun, ich kann mir aber vorstellen, daß da Dutzende von Menschen waren; wie kam es also, daß unter all diesen Leuten gerade Sie beide sich trafen?

Intervention, um eine Fortsetzung der Diskussion zu erreichen.

M: Sie war eine der hübscheren. (Kurzes Lachen, Pause)

Er versucht, sich in die superiore Position zu bringen. Durch sein zweifelhaftes Kompliment setzt er sie den anderen Frauen gleich und sich in die Rolle des Schiedsrichters.

F (rascher): Ich weiß nicht ... der Hauptgrund, weshalb ich mit ihm auszugehen begann, war, daß meine Kolleginnen ... er hatte mit einigen von ihnen gesprochen, bevor er mich ansprach, und hatte ihnen gesagt, daß er an mir interessiert sei, und mehr oder weniger deshalb planten sie diese Party, und da trafen wir uns.

Sie erwidert auf seine Herablassung mit ihrer eigenen: Sie war nur an ihm interessiert, weil er zuerst an ihr interessiert war. Ihre Symmetrie hat sich nun von der Streitfrage, wessen Version die gültige sein soll, zu der Frage hin verschoben, wer von ihnen in ihrem Werben sozusagen die Siegespalme davontrug. Sie beendet ihre Bemerkung mit denselben Worten, mit denen er kurz vorher das letzte Wort zu behalten gehofft hatte.

M: Die Party war nicht wirklich zu diesem Zweck geplant...

Genau wie sie nach seinem «... und da trafen wir uns», antwortet nun er in perfekter Symmetrie mit einer direkten Verwerfung.

F (unterbricht): Nein, aber sie war geplant, damit wir uns auf der Party treffen. Offiziell, sozusagen. Persönlich. (Kurzes Lachen) Wir hatten zusammen gearbeitet, aber es war nicht meine Gewohnheit, zu ... ich arbeitete zusammen mit sechzig Frauen und zehn oder zwölf Männern, und es war nicht meine Gewohnheit, zu ...

Nachdem F zuerst seine Berichtigung annimmt, wiederholt sie sofort, was sie gerade gesagt hatte. Sie bedient sich nun der zweiten Bedeutung von «*meet*». Ihre unpersönlichen Formulierungen sind jetzt etwas abgeschwächt, und sie verwendet statt dessen eine direkte Selbstdefinition («... es war nicht meine Gewohnheit ...») – ein unfehlbares Mittel, Symmetrie herzustellen.

M (unterbricht): Sie war der zurückhaltende, schüchterne Typ von Kollegin, was ... ah, ah ... Männer betraf, die sie nicht kannte – ja, aber die Mädchen wußten das. (Pause) Und ich flirtete mit einer Menge von ihnen dort oben. (Kurzes Lachen) Hatte nichts zu bedeuten, sag' ich ... ganz einfach ... (seufzt) ganz einfach meine Natur.

Er gibt eine symmetrische Antwort, indem er sich auf *seine* Natur beruft, und eine weitere Runde ist damit beendet.

Diese Ehepartner waren in Behandlung gekommen, weil sie fürchteten, ihr dauerndes Zanken könne ihren Kindern schaden. Wie sich aus dem oben zitierten Protokoll fast erraten läßt, erwähnten sie auch Schwierigkeiten in ihrer Geschlechtsbeziehung, wo sich ihre allgemeine Unfähigkeit, sich aufeinander komplementär einzustellen, natürlich besonders bemerkbar machte.

2. Das Ehepaar in dem folgenden Beispiel nahm freiwillig an einem Forschungsprojekt teil, das sich mit Kommunikationsstrukturen in nicht klinisch gestörten Familien befaßte. Der allgemeine Eindruck war jedoch, daß die beiden sich gefühlsmäßig recht fern standen und daß die Frau leicht dysphorisch war. Ihre Interaktion ist typisch komplementär: Er befindet sich in der superioren und sie in der inferioren Position. Wie aber bereits betont, haben diese Bezeichnungen nichts mit Stärke oder Schwäche, Normalität oder Pathologie zu tun. So machen z. B. die Amnesie und die Hilflosigkeit dieser Frau es ihrem Gatten möglich, die Rolle des starken, realistischen Manns zu spielen; gleichzeitig aber sind sie auch die Faktoren, denen gegenüber seine Stärke und sein Realismus machtlos sind. Diese Tatsache illustriert uns erneut die zwischenpersönliche Wirkung eines Symptoms und die Zwecklosigkeit der Frage: Wer beeinflußt wen?

Der nachstehende Auszug beginnt, kurz nachdem der Interviewer die genormte Frage über ihr Zusammentreffen gestellt und der Mann erklärt hat, daß sie in seiner Abteilung zu arbeiten begonnen hatte.

M: Nun, laß mich überlegen – wann hast du da angefangen?

F: W ... weißt du, ich habe wirklich keine Ahn ...

M (unterbricht): Mir scheint, ungefähr ... ich kam im Vorjahr, im Oktober – und du fingst wahrscheinlich ungefähr ... Februar an, wahrscheinlich Februar oder März, denn dein Geburtstag war im Dezember.

F: Hm, ich kann mich nicht einmal erinnern ...

M (unterbricht): Ich schickte ihr also Blumen, ja, als wir zum erstenmal zusammen ausgingen. Und nie ... wir waren nie zusammen irgendwo hingegangen, nicht wahr?

F (kurzes Lachen): Nein, ich war sehr überrascht.

M: Und von da an ging's dann weiter. Ich glaube, ungefähr ein Jahr später heirateten wir. Etwas mehr als ein Jahr. (Pause)

I: Was ...

M (unterbricht): Allerdings, Jane hörte sehr bald danach zu arbeiten auf. Hm, ich glaube nicht, daß du länger als zwei Monate bei uns gearbeitet hast, oder?

F: Es tut mir leid, aber ich erinnere mich an nichts – (kurzes Lachen) wie lange ich dort war oder wann ich wegging ...

M (unterbricht): Ja, ungefähr zwei Monate, und dann gingst du zurück in den Schuldienst.
F: Hm, hm ...
M: Denn wir ... sie fand, glaube ich, daß diese Rüstungsarbeit nicht so viel zum Krieg beitrug, als sie zunächst gehofft hatte.

3. Das letzte Beispiel ist einem Interview eines klinisch normalen Ehepaars entnommen, das sich für dasselbe Forschungsprojekt zur Verfügung gestellt hatte. Diese beiden Partner unterhalten eine herzliche, einander bestärkende Beziehung durch ein freies Hin und Her zwischen Symmetrie und Komplementarität [15]. Obwohl gewisse Einzelheiten ihres Berichts nach Geringschätzung klingen mögen, scheinen sie die Stabilität ihrer Beziehung und ihrer gegenseitigen Selbstbestätigung nicht zu gefährden.

I: Wie kam es, daß unter den Millionen von Menschen gerade Sie beide sich trafen?	
F: Daß wir beide ... was?	
I: ... sich trafen.	
F: Ja ...	F beginnt und betont damit ihr Recht zur eigenen, ungefragten Initiative.
M (unterbricht): Ja, ich werde es Ihnen erzählen. (F beginnt zu lachen, M ebenfalls.)	M beansprucht das Recht zur Berichterstattung in hochgradig symmetrischer Weise, die durch das gemeinsame Lachen etwas abgeschwächt wird
F: Jaja, ich werde es erzählen. Ich war gerade mit der Schule fertig, das war während der Wirtschaftskrise, und ich fand eine Stelle als *curb girl* – ich glaube, so nannte man das damals, und ich ...	F übernimmt wiederum die Führung, indem sie zuerst seine Worte wiederholt, dann aber weit ausholt, um die Situation in ihrer Sicht darzulegen.
M (unterbricht): ... Drive-in-Restaurant ...	Er scheint zu befürchten, daß der (ausländische) Interviewer *curb girl* (Kellnerin in einem Drive-in-Restaurant) womöglich mit *street walker* (Straßendirne) oder etwas ähn-

[15] Eine sehr verschiedene Situation ergibt sich im Bereich symmetrischer und komplementärer Interaktionen, wenn eine Mitteilung die Beziehung *gleichzeitig* als symmetrisch *und* komplementär definiert. Dies ist wahrscheinlich die häufigste und wichtigste Art, in der Paradoxien in menschlicher Kommunikation entstehen können Die pragmatischen Wirkungen dieser Strukturen werden daher gesondert im 6. Kapitel behandelt.

lich Anstößigem verwechseln könnte. Er beeilt sich, klarzumachen, *wo* sie arbeitete, und definiert damit die Auseinandersetzung unmißverständlich in seiner Weise. Bis zu diesem Punkt ist die Interaktion symmetrisch.

F: ... arbeitete in einem Drive-in-Restaurant, bis ich eine andere Stelle fand. Und er arbeitete ...

Sie akzeptiert seine Definition und folgt gehorsam seiner Berichtigung. Damit versetzt sie sich in die komplementäre Sekundärposition.

M: Ich gabelte sie auf.

Komplementäre Primärposition.

F: Tatsächlich, ich glaube, so war es. (Beide lachen)

Komplementäre Sekundärposition: Sie akzeptiert seine Definition.

M: Und das war's, mehr oder weniger.

Komplementäre Primärposition. Die ursprüngliche symmetrische Eskalation wurde also durch Umschalten auf Komplementarität gestoppt, und Einigung ist nun möglich. Er macht eine abschließende Bemerkung, und die erste Runde ist damit beendet.

F: Aber er war wirklich schüchtern, er war der schüchterne Typ, und ich dachte, na ...

Sie wechselt zur komplementären Primärposition über, indem sie eine Definition seiner Wesensart gibt.

M: Ich bin's aber nicht mehr – sagt sie –, ich weiß es nicht.

Komplementäre Inferiorposition: Er akzeptiert jetzt ihre Definition nicht nur in dem Sinn, daß er *damals* nicht aggressiv war, sondern auch, daß sie ihn noch heute diesbezüglich besser beurteilen kann als er sich selbst («... sagt *sie, ich* weiß es nicht.»).

F: Ich dachte also ...

M (gleichzeitig): Das ist alles ...

F: ... er ist harmlos, und so ließ ich mich von ihm nach Hause begleiten.

M: In Wirklichkeit war es mehr oder weniger eine Herausforderung; ich war nämlich mit einem befreundeten Ehepaar übers Wochenende weggefahren, und auf der Rückfahrt sprachen wir darüber – wir fanden, daß es höchste Zeit sei, daß ich mir eine Freundin anschaffte.

Er führt ihre Deutung seiner Harmlosigkeit sogar noch weiter, indem er darauf verweist, daß er keine Freundin hatte und daß seine Freunde ihn beeinflußten.

F (lachend): Und ich war zufällig gerade zur Hand ...

Während der *Inhalt* der augenblicklichen Auseinandersetzung für sie selbsterniedrigend ist und ihn daher in die komplementäre Primärposition zu bringen scheint, spiegelt ihre Bemerkung als Antwort auf seine vorangehende Äußerung seine eigene Passivität. In diesem Sinn ist die Auseinandersetzung also wieder symmetrisch. (Wir sehen abermals, wie wichtig es ist, zwischen innerpersönlicher Motivierung und zwischenpersönlichem Prozeß zu unterscheiden. Erstere bleibt eine Annahme, letzterer ist beobachtbar.)

M: Wir blieben also bei diesem Restaurant stehen und tranken eine Orangeade oder etwas Ähnliches, (beide lachen, vermutlich über die Harmlosigkeit des Getränks) und da war sie. So – ah ...

Er gibt in symmetrischer Weise eine Kombination beider Versionen, und wiederum führt gemeinsames Lachen zum Einverständnis.

F: Und das war's.

Sie hat das letzte Wort, und zwar genau wie er am Ende der ersten Runde mit seiner Bemerkung: «Und das war's, mehr oder weniger.»

3.65 Zweierlei ist in der Analyse dieser Beispiele zu beachten. Erstens bleibt der Inhalt der Kommunikationen gegenüber ihren Strukturen weit an Bedeutung zurück. Eine Gruppe von Ärzten in psychiatrischer Ausbildung, die die Beispiele auf Tonband hörten, beurteilten die Ehebeziehung im dritten Beispiel als viel «pathologischer» als die der anderen beiden Paare. Eingehende Befragungen ergaben, daß der Grund für ihre Beurteilung die vom gesellschaftlichen Standpunkt etwas fragwürdige Form des Kennenlernens der Partner sowie die gelegentlich recht unverblümte Art ihres Ringens um Details war. Die Beurteilung stützte sich also auf den Inhalt und nicht auf die Interaktion.

Außerdem sollte es klar geworden sein, daß sich die oben beschriebenen Analysen auf die Beziehungen zwischen Äußerungen gründet. Eine isolierte, aus ihrem Kontext gerissene Aussage kann natürlich weder symmetrisch noch komplementär sein. Erst nach der Reaktion des Partners und der Reaktion auf diese Reaktion kann eine bestimmte Mitteilung klassifiziert werden.

4. KAPITEL

DIE ORGANISATION MENSCHLICHER INTERAKTION

4.1 Einleitung

Die in den vorhergehenden Kapiteln gegebenen Beispiele dienten zur Darstellung bestimmter axiomatischer Eigenschaften und damit zusammenhängender Pathologien menschlicher Kommunikation. Es sind die Bausteine, aus denen sich die Vielfältigkeit der Kommunikation aufbaut. Indem wir uns nun der Organisation menschlicher Interaktion (in der in Abschnitt 2.21 definierten Bedeutung dieses Begriffs) zuwenden, wollen wir die Struktur von Kommunikationsprozessen untersuchen.

Verschiedentlich haben wir das bereits in den vorangegangenen Darlegungen getan, so z. B. bei der Besprechung symmetrischer oder komplementärer Interaktionen oder der selbsterfüllenden Prophezeiung, die mehr ist als eine bestimmte Interpunktion eines einmaligen Kommunikationsablaufs: Die Wiederholung dieser Interpunktion über längere Zeitläufe und in verschiedenen Situationen ist dabei das wesentliche Merkmal. Der Begriff der Kommunikationsstruktur bezieht sich also auf die Wiederholung oder Redundanz von Ereignissen. Diese Strukturen scheinen eine hierarchische Ordnung zu haben; es gibt zweifellos Strukturen von Strukturen und vermutlich noch höhere Stufen der Organisation, deren obere Grenze wir nicht kennen. In diesem Kapitel wollen wir uns mit der Stufe befassen, die unmittelbar über dem Abstraktionsgrad der bisherigen Darlegungen steht: mit der Organisation von aufeinanderfolgenden Mitteilungen, und zwar zuerst ganz allgemein und dann unter besonderer Berücksichtigung zwischenmenschlicher Systeme. Das vorliegende Kapitel ist daher hauptsächlich theoretisch, während die Veranschaulichung der besprochenen Phänomene durch Beispiele im wesentlichen dem 5. Kapitel vorbehalten bleibt. Diese beiden Kapitel haben also dieselbe Beziehung zueinander (erst Theorie, dann Exemplifizierung) wie das 2. und 3. Kapitel.

4.2 Interaktion als System

Interaktion kann als System betrachtet werden, so daß die allgemeine Systemtheorie anwendbar wird. Diese Theorie bildet nicht nur eine begriffliche Grundlage für biologische, wirtschaftliche oder technische Systeme: Die den verschiedensten Systemen zugrundeliegenden Eigenschaften haben nämlich so viel gemeinsam, daß sich eine allgemeinere Theorie herausgebildet hat, die diese Gemeinsamkeiten zu Isomorphien zusammenzufassen trachtet [1]. Einer der Pioniere auf diesem Gebiet, Ludwig von Bertalanffy, nennt diese Theorie «die Formulierung und Ableitung jener Prinzipien, die für ‚Systeme' im allgemeinen gelten» [24, S. 131]. Von Bertalanffy hat auch die Einwände derer vorweggenommen, die Anstoß an unserem Eifer nehmen könnten, menschliche Beziehungen im Licht einer Theorie zu betrachten, deren hauptsächliche Anwendung – was nicht gleichbedeutend ist mit ihrer hauptsächlichen *Anwendbarkeit* – sich bekanntlich auf ausgesprochen nichtmenschliche Systeme erstreckt, und hat auf den Irrtum dieser Auffassung verwiesen:

> Die von uns erwähnte Isomorphie ergibt sich aus der Tatsache, daß in gewisser Hinsicht einander entsprechende Abstraktionen und Begriffsmodelle auf verschiedene Phänomene angewendet werden können. Systemgesetze haben nur in diesem Sinn Gültigkeit. Dies bedeutet nicht, daß physikalische Systeme, Organismen und Gesellschaften ein und dasselbe sind. Im Prinzip besteht hier dieselbe Situation, die sich aus der Anwendbarkeit des Gesetzes der Schwerkraft auf Newtons Apfel, das Planetensystem und die Gezeiten ergibt. Es bedeutet, daß ein bestimmtes theoretisches System, in diesem Fall die Mechanik, in bezug auf einige sehr begrenzte Aspekte Gültigkeit hat; es bedeutet aber nicht, daß in anderer Hinsicht irgendeine besondere Ähnlichkeit zwischen Äpfeln, Planeten und Ozeanen besteht [25, S. 75].

4.21 Bevor wir die besonderen Eigenschaften von Systemen definieren, müssen wir darauf verweisen, daß der Begriff der Zeit (und der damit verwandte Begriff von Ablauf oder Ordnung) ein wesentlicher Bestandteil unserer Untersuchungen sein muß. Kommunikationsabläufe, um Franks Formulierung zu verwenden, sind «nicht anonyme Einheiten

---

[1] Unsere Darlegungen müssen sich auf bestimmte Formen von Interaktionen beschränken, vor allem auf Familien. Dagegen hat Miller [103] kürzlich eine überaus zusammenfassende Anwendung dieses Begriffsrahmens auf Lebenssysteme im allgemeinen veröffentlicht und darin die allen Systemen zugrundeliegenden Gesetzmäßigkeiten in eindrucksvoller Form dargestellt.

in einer Frequenzverteilung» [43, S. 510], sondern ein Prozeß, dessen innere zeitbedingte Ordnung für uns von Interesse ist. Lennard und Bernstein drücken es folgendermaßen aus:

> Zu jedem System gehört implicite eine Zeitspanne. Seiner ganzen Natur nach besteht ein System aus einer Interaktion, und das bedeutet, daß ein Folgeprozeß von Aktion und Reaktion stattzufinden hat, bevor wir einen Zustand des Systems oder eine Zustandsänderung beschreiben können [92, S. 13 f.].

4.22 *Definition eines Systems.* Im allgemeinsten Sinn können wir Halls und Fagens Definition folgen, wonach ein System «ein Aggregat von Objekten und Beziehungen zwischen den Objekten und ihren Merkmalen» [58, S. 18] ist, wobei unter den *Objekten* die Bestandteile des Systems, unter *Merkmalen* die Eigenschaften der Objekte zu verstehen sind und die *Beziehungen* den Zusammenhalt des Systems gewährleisten. Die Autoren erwähnen ferner, daß jedes Objekt letzthin durch seine Merkmale gekennzeichnet ist. Wenn also die Objekte menschliche Individuen sind, so sind im Sinne der Kommunikationsforschung die sie kennzeichnenden Merkmale ihr kommunikatives Verhalten (und nicht z. B. ihre intrapsychischen Merkmale). Zwischenmenschliche Systeme lassen sich daher objektiv am besten als Mit-anderen-Personen-kommunizierende-Personen beschreiben und nicht als eine bestimmte Zahl von Individuen. Wenn wir schließlich den Begriff «Beziehung» näher umreißen, so läßt sich die Unbestimmtheit der obigen Definition weiter vermindern. Hall und Fagen räumen zwar ein, daß zwischen zwei Objekten immer eine, wenn auch noch so irrelevante Beziehung besteht, sind aber der Meinung,

> daß die im Rahmen einer gegebenen Reihe von Objekten zu berücksichtigenden Beziehungen insofern von dem zu untersuchenden Problem abhängen, als wichtige und bemerkenswerte Beziehungen eingeschlossen und bedeutungslose oder unwesentliche Beziehungen ausgeschlossen werden müssen. Die Entscheidung, welche Beziehungen wichtig und welche bedeutungslos sind, bleibt der Person überlassen, die sich mit dem Problem beschäftigt, d. h., die Frage der Bedeutungslosigkeit erweist sich als von ihrem Interesse abhängig [58, S. 18].

Von Wichtigkeit ist daher nicht der Inhalt der Kommunikationen an sich, sondern der Beziehungsaspekt, wie er in Abschnitt 2.3 definiert wurde. Zwischenmenschliche Systeme sind demnach *zwei oder mehrere Kommunikanten, die die Natur ihrer Beziehung definieren*[2].

---

[2] Während unser Hauptinteresse natürlich menschlichen Kommunikanten gilt, besteht theoretisch kein Grund, Interaktionen anderer Säugetiere [9] oder Grup-

4.23 *Umwelt und Teilsysteme.* Ein anderer wichtiger Teil der Gesamtdefinition eines Systems ist der Begriff der Umwelt. Um wiederum Hall und Fagen zu zitieren: «Für ein gegebenes System ist die Umwelt die Summe aller Objekte, deren Veränderung das System beeinflußt, sowie jener Objekte, deren Merkmale durch das Verhalten des Systems verändert werden» [58, S. 20].

Wie die Autoren selbst zugeben, wirft diese Definition

> die natürliche Frage auf, wann demnach ein Objekt dem System und wann es der Umwelt angehört; denn wenn ein Objekt zusammen mit einem System in der oben beschriebenen Weise reagiert, sollte es dann nicht als Teil des Systems betrachtet werden? Die Antwort ist keineswegs eindeutig. In einem gewissen Sinn bildet ein System zusammen mit seiner Umwelt das Universum aller in Betracht zu ziehenden Dinge in einem bestimmten Kontext. Die Trennung dieses Universums in zwei Teile, System und Umwelt, kann in verschiedener Weise vorgenommen werden und ist in der Tat ganz willkürlich ... [58, S. 20].

Obwohl die Klarheit dieser Definition von System und Umwelt oder System und Teilsystem zu wünschen übrig läßt, trägt sie doch in nicht geringem Maß zum heuristischen Wert der Systemtheorie für das Studium lebender (organischer) Systeme bei, ob diese nun biologischer, psychologischer oder – wie in unserem Fall – zwischenmenschlicher Natur sind. Denn

> ... organische Systeme sind *offen,* was bedeutet, daß sie mit ihrer Umwelt Stoffe, Energie oder Information austauschen. Ein System ist geschlossen, wenn kein Export oder Import von Energie in irgendeiner Form – Information, Wärme, Materie usw. – stattfindet und daher auch kein Austausch von Bestandteilen, wie z. B. bei einer chemischen Reaktion in einem verschlossenen, isolierten Behälter [58, S. 23].

Dieser Unterscheidung zwischen geschlossenen und offenen Systemen darf das Verdienst zugeschrieben werden, die sich mit Lebensphänomenen befassenden Wissenschaftszweige von den Fesseln eines Denkmodells befreit zu haben, das im wesentlichen auf der klassischen Physik und Chemie (also ausschließlich *geschlossenen* Systemen) beruhte. Eben weil lebende Systeme in lebenswichtigen Wechselbeziehungen zu ihrer Umwelt stehen, war die Anwendung einer Theorie und einer analytischen Methode, die für Vorgänge zutrifft, die in einem «verschlos-

---

pen, z. B. Nationen, auszuschließen, die ganz ähnliche Wechselbeziehungen wie Individuen unterhalten können [121].

senen, isolierten Behälter» stattfinden können, hinderlich und irreführend [3].

Durch die Entwicklung der Theorie von hierarchisch angeordneten Teilsystemen brauchen das System und seine Umwelt gedanklich nicht länger künstlich voneinander getrennt werden; sie lassen sich sinnvoll als Teile ein und desselben Begriffssystem einordnen. Koestler beschreibt die Struktur dieser Hierarchie wie folgt:

> Ein lebender Organismus oder eine soziale Gruppe ist keine Anhäufung von elementaren Teilen oder Prozessen, sondern eine aus autonomen Sub-Ganzheiten integrierte Hierarchie, die ihrerseits wiederum aus Sub-Sub-Ganzheiten (und so weiter) bestehen. Die funktionellen Einheiten auf jeder Stufe der Hierarchie sind also gewissermaßen janusgesichtig: Nach unter hin agieren sie als Ganzheiten, nach oben hin als Teile [85, S. 316].

Mit Hilfe dieses Gedankenmodells lassen sich Systeme dyadischer Wechselbeziehungen in die Familie, das Gemeinwesen und schließlich die Kultur einbauen. Außerdem wird es theoretisch möglich, Überschneidungen von Teilsystemen zu berücksichtigen, da jedes Mitglied einer bestimmten Dyas gleichzeitig auch dyadische Teilsysteme mit anderen Personen unterhalten kann. Kurz, kommunizierende Individuen stehen sowohl in horizontalen als auch in vertikalen Beziehungen zu anderen Personen und andern Teilsystemen.

4.3 Eigenschaften offener Systeme

Wir haben damit unsere Darlegungen von der breitesten Definition allgemeiner Systeme auf die von offenen Systemen verlagert. Als nächstes

---

3 Ein einschlägiges Beispiel für die unmittelbare Wirkung der in der klassischen Physik am weitesten differenzierten Metatheorie auf andere Wissensgebiete läßt sich im Fall der Psychiatrie nachweisen: Zwischenmenschliche Pathologien wurden in der Frühzeit der Psychiatrie praktisch nicht als solche berücksichtigt – mit einer Ausnahme, nämlich der Folie à deux und der ihr verwandten Symbiosen (vgl. Abschnitt 3.62). Diese dramatischen Beziehungen galten von Anfang an als zwischenmenschliche und nicht als individuelle Probleme und wurden daher als kaum mehr denn nosologische Mißbildungen verstanden. Die Tatsache aber, daß sie überhaupt Aufmerksamkeit fanden, während viele andere Beziehungsprobleme ignoriert wurden, ist deswegen besonders interessant, weil nur die Folie à deux (so wie sie damals aufgefaßt wurde, d. h. *in vacuo)* dem geschlossenen Systemmodell jener Zeit entsprach.

sollen einige der formalen makroskopischen Eigenschaften offener Systeme definiert werden, die Einfluß auf Interaktionen haben.

4.31 *Ganzheit.* Jeder Teil eines Systems ist mit den anderen Teilen so verbunden, daß eine Änderung in einem Teil eine Änderung in allen Teilen und damit dem ganzen System verursacht. Das heißt, ein System verhält sich nicht wie eine einfache Zusammensetzung voneinander unabhängiger Elemente, sondern als ein zusammenhängendes, untrennbares Ganzes. Dies wird vielleicht am deutlichsten, wenn man den Begriff der Ganzheit mit seinem Gegenteil, dem Begriff der Summation, vergleicht. Wenn Änderungen in einem Teil eines Systems die anderen Teile oder das ganze System *nicht* beeinflussen, so sind diese Teile voneinander unabhängig und stellen, in der Sprache der Systemtheorie ausgedrückt, einen ungeordneten «Haufen» dar, der nicht mehr ist als die Summe seiner Teile. Summation ist demnach die Antithese von Ganzheit, und man kann sagen, daß *sich Systeme immer durch einen relativen Grad von Ganzheit auszeichnen.*

Die mechanistischen Theorien des 19. Jahrhunderts waren vorwiegend analytisch und summativ. «Die mechanistische Weltanschauung fand ihren Idealausdruck in der Laplaceschen Auffassung, daß alle Geschehnisse sich letzthin aus dem zufälligen Zusammenwirken physikalischer Elementarteile ergeben» [24, S. 165]. Ashby zieht in diesem Zusammenhang aufschlußreiche historische Vergleiche:

Die Wissenschaft steht heute an einer Art Scheideweg. Zwei Jahrhunderte lang hat sie Systeme untersucht, die entweder wirklich einfach sind oder zu ihrer Analyse in einfache Bestandteile zerlegt werden können. Die Tatsache, daß ein Dogma wie «Man verändere jeweils nur einen Faktor» ein Jahrhundert lang anerkannt wurde, beweist, daß die Wissenschaftler hauptsächlich mit der Untersuchung solcher Systeme beschäftigt waren, die dieser Methode zugänglich sind; denn für komplexe Systeme ist sie oft grundsätzlich unbrauchbar. Erst seit Sir Ronald Fisher in den zwanziger Jahren seine Experimente mit bebautem Ackerland durchgeführt hat, ist es klar, daß es komplexe Systeme gibt, die die Änderung von jeweils nur einem Faktor einfach nicht zulassen – sie sind so dynamisch und so reich an inneren Verknüpfungen, daß die Änderung eines Faktors sofort zur Ursache der Änderung anderer, vielleicht vieler anderer Faktoren wird. Bis vor kurzem vermied es die Wissenschaft, solche Systeme zu studieren, und konzentrierte ihre Aufmerksamkeit auf jene, die einfach und vor allem reduzierbar sind.

Bei der Untersuchung gewisser Systeme konnte deren Komplexität aber nicht völlig umgangen werden. Die Hirnrinde des freilebenden Organismus, der Ameisenhaufen als geordnete Gesellschaft und menschliche Wirtschaftssysteme unterscheiden sich sowohl in ihrer praktischen Bedeutung als auch dadurch, daß die herkömmlichen Methoden auf sie nicht anwendbar sind. So finden wir heute nichtbehandelte Psychosen, zerfallende Sozietäten und zerrüttete Wirtschaftssysteme, während die Wissenschaftler kaum mehr tun können, als sich Rechenschaft über die Komplexität der von ihnen studierten Phänomene abzulegen. Doch die Wissenschaft unternimmt heute auch die ersten Schritte zum Studium von «Komplexität» als Gegenstand für sich [5, S. 5].

4.311 *Übersummation* ist eine Eigenschaft, die sich aus dem Begriff der Ganzheit ergibt und eine negative Definition eines Systems ermöglicht: Ein System ist nicht einfach die Summe seiner Bestandteile; jeder Versuch einer Analyse künstlich isolierter Segmente würde das System als Gegenstand der Untersuchung zerstören. Es ist vielmehr notwendig, die Eigenschaften der Teile im Interesse der Gestalt zu vernachlässigen und die Aufmerksamkeit der Kernfrage zuzuwenden, nämlich der Frage der Organisation. Nicht nur in der Psychologie ist der Begriff der Gestalt ein Ausdruck des Prinzips der Übersummation; auch auf anderen Wissensgebieten wächst das Interesse an dem synonymen Begriff der *Neubildungen (emergent qualities)*, die sich aus der Verbindung von zwei oder mehr Elementen ergeben. Das einfachste Beispiel hierfür findet sich in der Chemie, wo die Verbindungen von verhältnismäßig wenigen Elementen zu einer immensen Vielfalt von neuen Substanzen führen. Ein anderes Beispiel ist die sogenannte Moiré-Musterung – optische Interferenzerscheinungen, die sich aus der Überlagerung von zwei oder mehreren Rastern ergeben. In beiden Fällen sind die Resultate von einer Komplexität, die quantitativ und qualitativ weit über die Summe der Einzelbestandteile hinausgeht. Bemerkenswert ist ferner, daß kleine Veränderungen in den Beziehungen zwischen den Bestandteilen im Resultat häufig um ein Vielfaches vergrößert aufscheinen, d. h., es ergeben sich daraus andere chemische Substanzen oder eine weitgehend veränderte Moiré-Konfiguration. In der Physiologie finden wir einen ähnlichen Kontrast zwischen Virchowscher Zellpathologie und modernen zytologischen Auffassungen, wie z. B. der von Weiß [157]. In ähnlicher Weise stellen wir hier bei der Untersuchung zwischenmenschlicher Beziehungen moderne Kommunikationstheorien den klassischen monadischen Auffassungen gegenüber. Wenn menschliche Interaktion als ein Derivat individueller «Eigenschaften» wie Rollen, Werte, Erwartungen, Motivationen usw. verstanden wird, so ist das

Resultat (zwei oder mehrere miteinander in Wechselbeziehung stehende Individuen) in der Sprache der Systemtheorie ein «Haufen», der in einfachere (individuelle) Einheiten unterteilt werden kann. Im Gegenteil dazu ergibt sich aus dem ersten Axiom der Kommunikation – daß alles Verhalten Kommunikation ist und man nicht nicht kommunizieren kann –, daß Kommunikationsabläufe unteilbar, also übersummativ sind.

4.312 Eine andere Theorie der Kommunikation, die im Gegensatz zum Prinzip der Ganzheit steht, ist die der *einseitigen* Beziehungen. In dieser Sicht wird der Einfluß eines Senders auf einen Empfänger, nicht aber dessen Rückwirkung auf den Sender untersucht. Wenn wir uns das Beispiel der kritisierenden Frau und ihres passiven Mannes (vgl. Abschnitt 2.42) in Erinnerung rufen, so sehen wir, daß sich eine solche Verhaltensfolge zwar von den Teilnehmern selbst als linearer Ablauf auffassen und interpunktieren läßt, daß sie in Wirklichkeit aber kreisförmig ist und jede Reaktion gleichzeitig auch den Reiz für das nächste Verhalten des Partners darstellt. Die Behauptung, *A's* Verhalten bedinge *B's* Verhalten, läßt also die Wirkung von *B's* Reaktion auf *A's* nächstes Verhalten unberücksichtigt und läuft insofern auf eine Verkennung des Ablaufs hinaus, als damit gewisse Verbindungen betont, andere verwischt werden. Besonders dann, wenn die Beziehung komplementär ist, wie zwischen Führer und Geführten, einer starken und einer schwachen Person, Eltern und Kindern, ist es nur zu leicht möglich, die Ganzheit der Interaktion aus dem Auge zu verlieren und sie in voneinander unabhängige lineare Kausaleinheiten zu zerlegen. Vor diesem Trugschluß wurde bereits in den Abschnitten 2.62 und 2.63 gewarnt, und diese Warnung gilt auch für die langfristigen Interaktionen, von denen dieses Kapitel handelt.

4.32 *Rückkopplung.* Wenn die Teile eines Systems nicht summativ oder einseitig verbunden sind, wie hängen sie dann zusammen? Da wir diese beiden klassischen Auffassungen verworfen haben, scheinen nur die fragwürdigen vitalistischen oder metaphysischen Alternativen übrigzubleiben, die schon im 19. und zu Beginn des 20. Jahrhunderts ihrer Teleologie wegen verrufen waren. Wie aber bereits in Abschnitt 1.3 erwähnt, führt das Umdenken von Energie und Materie auf Information aus dem unfruchtbaren Streit zwischen teleologischen und deterministischen Auffassungen heraus. Seit der Formulierung der Kybernetik und der «Entdeckung» der Rückkopplung hat es sich gezeigt, daß die Kreisförmigkeit der Struktur und Dynamik komplexerer Systeme zu sehr verschiedenen, aber keineswegs unerforschbaren Erscheinungen führt. Rückkopplung und Kreisförmigkeit, wie sie im 1. Kapitel beschrieben und im 2. und 3. Kapitel mehrfach an Hand von Beispielen dargestellt wurden, sind das gegebene Modell für eine Theorie von Interaktionssystemen, wobei die spezifische Natur der Rückkopplungsphänomene von viel größerem Interesse ist als die Frage nach dem Ursprung oder dem Ziel der Interaktion.

4.33 *Äquifinalität.* In kreisförmigen, selbstregulierenden Systemen sind «Ergebnisse» (im Sinne von Zustandsänderungen) nicht so sehr durch die Anfangszustände als durch die Natur des Prozesses determiniert. Das in diesem Zusammenhang wichtige Prinzip der Äquifinalität bezieht sich auf die Tatsache, daß verschiedene Anfangszustände zu gleichen Endzuständen führen können, weil Abläufe vorwiegend durch das Wesen ihrer Organisation bedingt werden. Von Bertalanffy führt dazu aus:

> Die Stabilität offener Systeme ist durch das Prinzip der Äquifinalität gekennzeichnet; d. h., im Gegensatz zum Gleichgewicht in geschlossenen Systemen, die durch ihre Anfangszustände determiniert sind, können offene Systeme einen von Zeit und Ausgangszuständen unabhängigen Zustand einnehmen, der nur durch die Parameter des Systems bedingt ist [26, S. 7].

Wenn aber das äquifinale Verhalten offener Systeme auf ihrer Unabhängigkeit von den Ausgangszuständen beruht, so folgt daraus, daß nicht nur verschiedene ursprüngliche Gegebenheiten denselben Endzustand haben, sondern auch verschiedene Ergebnisse auf dieselben Ausgangsbedingungen folgen können. Wenn wir also untersuchen, wie sich Menschen gegenseitig beeinflussen, müssen wir der Entstehung und den Ergebnissen der Beziehung viel weniger Bedeutung beimessen als ihrer Organisation[4].

---

[4] Man vergleiche hierzu Langers Ausführungen über dasselbe Thema in einem etwas anderen Zusammenhang:
Wir müssen uns hier vor dem weitverbreiteten sogenannten «genetischen Trugschluß» hüten, der aus der historischen Methode in Philosophie und Kritik entstehen kann; es ist der Irrtum, die Genesis einer Sache mit ihrem Sinngehalt zu verwechseln, die Sache auf ihre primitivste Form zurückzuverfolgen und sie

Dieser Sachverhalt läßt sich z. B. am Wandel der Auffassungen über die psychogene Natur der Schizophrenie nachweisen. Die Annahme eines einschneidenden Kindheitstraumas wurde langsam von dem Postulat eines einseitigen, vom Wesen der «schizophrenogenen» Mutter verursachten Beziehungstraumas verdrängt. Wie Jackson feststellt, war dies aber nur die erste Phase einer weiteren Begriffsrevolution:

> Historisch gesehen verschob sich zunächst die ätiologische Bedeutung des psychogenen Traumas von Freuds ursprünglichen Annahmen vereinzelter traumatischer Ereignisse zum Begriff des wiederholten Traumas. Der nächste Schritt ist nicht mehr die Frage, wer was wem antut, sondern *wie* wer was tut. Die nächste Phase wird vielleicht das Studium der Schizophrenie (oder der Gruppe der Schizophrenien) als Familienkrankheit sein, in der ein komplizierter Kreislauf zwischen Wirt, Träger und Empfänger mitspielt, der viel mehr enthält, als sich durch den Begriff der «schizophrenogenen Mutter» ausdrücken läßt [64, S. 184][5].

Was sich über die Ursprünge (die Ätiologie) sagen ließ, läßt sich auch auf die klinischen Bilder (die Nosologie) anwenden. So kann man z. B. die klinische Bezeichnung «Schizophrenie» auf zwei verschiedene

---

dann als «bloß» archaisch zu bezeichnen... Worte erklangen wahrscheinlich längst schon im Ritus, bevor sie ihren kommunikativen Zweck erlangten; das heißt aber nicht, daß die Sprache jetzt nicht «wirklich» ein Mittel der Kommunikation ist, sondern «in Wirklichkeit» ein bloßer Restzustand spontaner Erregungsäußerungen von Primitiven [90, S. 243].

Die relative Bedeutungslosigkeit der ideologischen Ausgangsbedingungen totalitärer Systeme für die Äquifinalität ihrer Endzustände verdient hier ebenfalls Erwähnung. Wie sehr Diktaturen auch auf die Verschiedenheit ihrer historischen Ursprünge und ihrer ideologischen Grundlagen pochen, so monoton ist die Gleichartigkeit der sich daraus ergebenden politischen Lebensbedingungen.

5 Es fehlt nicht an Anhaltspunkten für die Berechtigung der äquifinalen Auffassung in der Psychopathologie. Kant [80] z. B. fand keine auslösenden traumatischen Faktoren in 56 wahllos studierten Fällen von Schizophrenie, während Renaud und Estess [120] bei ihrem Studium der Lebensläufe klinisch normaler Männer auf überwältigende traumatische Erlebnisse stießen. Diese Autoren stellen fest, daß sich ihre aus normalen Männern bestehende Auswahlgruppe in dieser Hinsicht nicht von den klinischen Fällen unterschied, und führen weiter aus:

> Diese Schlußfolgerung ist nicht grundsätzlich unvereinbar mit den Annahmen der Verhaltensforschung im 20. Jahrhundert (z. B., daß menschliches Verhalten in beträchtlichem Ausmaß das Ergebnis von Lebenserfahrungen ist); und sie steht auch nicht im Widerspruch zur grundsätzlichen These, daß die frühen Lebensjahre für die spätere Entwicklung entscheidend sind. Was in dieser Sicht aber bezweifelt werden muß, sind allzu elementare Annahmen einfacher, direkter Kausalbeziehungen, an deren Bestehen zwischen gewissen Ereignissen und dem späteren Ausbruch von Geisteskrankheiten hartnäckig festgehalten wird [120, S. 801][8].

Weisen verstehen: als Name eines feststehenden Krankheitsbildes oder als Form einer Interaktion. In den Abschnitten 1.65 und 1.66 wurde bereits auf die Notwendigkeit verwiesen, das traditionell als schizophren bezeichnete Verhalten nicht zu reifizieren, sondern es in seinem zwischenmenschlichen Kontext – also der Familie, der Anstalt usw. – zu studieren, in dem dieses Verhalten weder einfach die Ursache noch die Wirkung jener meist bizarren Umweltsbedingungen ist, sondern vielmehr ein untrennbarer Teil des pathologischen Systems.

All dies hat eine wesentliche Bedeutung für die Erklärbarkeit des Systems. Der Endzustand eines geschlossenen Systems ist durch seine Anfangszustände vollkommen determiniert, und diese Zustände gelten daher mit Recht als die beste Erklärung des Systems. In äquifinalen, offenen Systemen dagegen können die strukturellen Gegebenheiten der Systemorganisation unter Umständen sogar den Extremfall völliger Unabhängigkeit von den Anfangszuständen herbeiführen: *Das System ist dann seine eigene beste Erklärung* und die Untersuchung seiner gegenwärtigen Organisation die zutreffendste Methodik [6].

4.4 *Zwischenmenschliche Systeme*

Wir sind nun in der Lage, uns näher mit Systemen zu befassen, die sich durch Stabilität auszeichnen. Um nochmals Hall und Fagen zu zitieren: «Ein System ist stabil in bezug auf gewisse seiner Variablen, wenn diese die Tendenz haben, innerhalb gewisser feststehender Grenzen zu bleiben» [58, S. 23].

4.41 Wendet man diese Definition auf menschliche Beziehungen an, so wird unsere Aufmerksamkeit dadurch notwendigerweise auf Beziehungen gelenkt, die sowohl für alle Teilnehmer wichtig als auch von Dauer sind; Beispiele dafür sind Freundschaften, gewisse geschäftliche oder berufliche Beziehungen und vor allem Ehe- und Familienbeziehungen [69]. Ganz abgesehen von ihrer Bedeutung als soziale oder kulturelle Institutionen, haben solche länger dauernde Beziehungen (d. h.

---

6 Dies betonen sowohl ernsthafte Autoren wie Wieser [162, S. 33] als auch witzige, aber durchaus realistische Verfasser wie C. Northcote Parkinson [111].

Beziehungen mit einer spezifischen «Entwicklungsgeschichte») eine besondere heuristische Bedeutung für die Pragmatik der menschlichen Kommunikation. Denn in solchen Beziehungen ist es nicht nur möglich, sondern sogar unvermeidbar, Kommunikationsabläufe zu wiederholen, und damit ist die Voraussetzung für das Auftreten der von uns beschriebenen Pathologien gegeben. Kurzfristig bestehende Gruppen von aufeinander nichtbezogenen Individuen oder Zufallsbegegnungen können interessantes Material liefern, doch wenn man nicht an einmaligen, künstlich geschaffenen oder nur kurze Zeit dauernden Beziehungsformen interessiert ist, erweisen sich diese Formen bei weitem nicht so bedeutsam wie die in länger dauernden Beziehungen auftretenden, in denen sich die Eigenschaften und Pathologien menschlicher Kommunikation mit viel größerer pragmatischer Klarheit abzeichnen [7].

4.411 Vielfach erhebt sich die Frage: Warum besteht eine bestimmte Beziehung? Warum dauern gewisse Beziehungen an, obwohl die Partner dabei unglücklich und unbefriedigt sind, und warum brechen sie die Beziehung nicht nur nicht ab, sondern machen ihr Weiterbestehen durch oft ungemein schmerzvolle Anpassungen möglich? Diese Fragen legen Antworten nahe, die mit Motivation, Bedürfnis, sozialen oder kulturellen Faktoren und ähnlichen Gegebenheiten zusammenhängen und die alle zweifellos in gewissem Grad zutreffend sind.

Die Frage: *Warum?* ist aber immer eine Frage nach Ursachen, die in der Vergangenheit liegen. Wie wir bereits sahen, ist sie zum Verständnis geschlossener Systeme unerläßlich, während ihr Wert angesichts der Äquifinalität offener Systeme zumindestens fragwürdig ist. Wenn, wie wir glauben, die Organisation offener Systeme die beste Erklärung der Systeme selbst ist, so lautet die zu stellende Frage nicht: *Warum* funktioniert das System? sondern: *Wie* funktioniert das System? Wie z. B. ein Elektronengehirn arbeitet, läßt sich in Form seines Programms, des

7 Damit soll weder die Nützlichkeit noch die Möglichkeit der experimentellen Erforschung dieser Phänomene geleugnet werden, obwohl Bateson [11], Haley [55], Scheflen [131, 132] und Schelling [133] unabhängig voneinander und in ganz verschiedenen Zusammenhängen darauf verwiesen haben, daß die für diese Versuche notwendige Methodik sich grundsätzlich von den bisherigen Experimentalmethoden unterscheiden müßte. Man vergleiche hierzu auch Ashbys Kommentar in Abschnitt 4.31.

Reichtums seiner inneren Verbindungen, der Ein- und Ausgaberelationen und vieler ähnlicher Tatsachen erklären. Ein Marsbewohner könnte nach genügend langer Beobachtung der Maschine verstehen, wie sie funktioniert, ohne deswegen aber bereits zu wissen, warum. Diese Frage wäre für ihn eine grundsätzlich andere und bestimmt keine einfache. Das Elektronengehirn funktioniert u. a. deswegen, weil es an eine Energiequelle angeschlossen ist; es funktioniert außerdem in einer bestimmten Weise, weil es in einer bestimmten Weise konstruiert ist oder – im teleologischen Sinn – weil es für einen bestimmten Zweck gebaut wurde. In einer allumfassenden Sicht kann das *Warum* von Energie und Zweck nicht ignoriert werden; dem Marsbewohner aber steht die Einsicht in dieses *Warum* nicht offen – er hat nur die jetzt und hier funktionierende Maschine vor sich, so wie wir in unseren Untersuchungen auf die gegenwärtige Beziehungsstruktur angewiesen sind.

4.42 *Die einschränkende Wirkung aller Kommunikation.* Der Hauptgrund, weshalb wir eine anscheinend so engstirnige Auffassung vertreten, ist der, daß den Kommunikationsprozessen selbst – jenseits von Motivation und reiner Gewohnheit – identifizierbare Faktoren innewohnen können, die einer Beziehung Zusammenhalt und Dauer verleihen.

Wir wollen diese Faktoren unter dem Begriff der einschränkenden Wirkung der Kommunikation zusammenfassen, indem wir feststellen, daß in *einem Kommunikationsablauf jeder Austausch von Mitteilungen die Zahl der nächstmöglichen Mitteilungen verringert.* Die Tatsache dieser Beschränkung ergibt sich bereits aus dem ersten Axiom, wonach in einer zwischenpersönlichen Situation die Freiheit des Nichtkommunizierens nicht besteht. Unter komplizierteren Umständen ist die Einschränkung der Reaktionsmöglichkeiten noch viel drastischer. In Abschnitt 3.23 sahen wir z. B., daß es möglich ist, die Verhaltensvarianten aufzuzählen, die sich aus der Zufallsbegegnung zweier einander Unbekannter ergeben können. Dies gilt natürlich für jeden zwischenmenschlichen Kontext; jede Mitteilung wird zu einem Bestandteil des Kontextes und bedingt die nachfolgenden Interaktionen [137]. Um wiederum eine Spielanalogie heranzuziehen: Bei jedem Spiel verändert jeder Zug die gegenwärtige Konfiguration des Spiels, beschränkt die von diesem Augenblick an offenstehenden Möglichkeiten und beeinflußt damit den weiteren Verlauf des Spiels. In analoger Weise schränkt die Definition einer Beziehung als symmetrisch oder komplementär oder die Einführung einer bestimmten Interpunktion die Reaktionsmöglichkeiten des Partners mehr oder weniger ein. Der hypothetische Flugpassagier in Abschnitt 3.23, der sich in ein Gespräch einläßt, findet sich schließlich tiefer und tiefer darin verstrickt, obwohl er sich ursprünglich nur über Belanglosigkeiten unterhalten wollte. Quasiklinische Illustrierungen dieser theoretischen Überlegungen finden sich im 5. Kapitel, Beispiele für die besonders einschränkende Wirkung paradoxer Kommunikationen werden im 6. Kapitel behandelt, wo gezeigt werden soll, daß zwischenpersönliche Paradoxien gegenseitig so verzahnt sind, daß Oszillationen auftreten, die die Partner in komplexe, unhaltbare und dennoch unausweichliche Zwangslagen versetzen.

4.43 *Beziehungsregeln.* Der Leser wird sich daran erinnern, daß in jeder Kommunikation eine Definition der Beziehung enthalten ist; etwas unverblümter ließe sich auch sagen, daß jeder Beziehungspartner die Beziehung in seiner Weise zu gestalten sucht. Auf jede Definition der Beziehung reagiert der andere mit seiner eigenen und bestätigt, verwirft oder entwertet damit die des Partners. Dieser Vorgang verdient unsere Aufmerksamkeit, denn zur Herstellung einer stabilen Beziehung kann die Frage ihrer Definierung durch die Partner nicht ungelöst oder im Hin und Her unvereinbarer Auffassungen gelassen werden. Wird diese Stabilisierung nicht erreicht, so führen die sich daraus ergebenden Schwankungen – ganz zu schweigen von der Umständlichkeit, die Beziehung immer wieder neu definieren zu müssen – zu Krisen und eventuell zum Bruch. Sogenannte pathologische Familien, die unablässig über Beziehungsfragen streiten können (vgl. Abschnitt 3.31), sind ein Beispiel dafür, obwohl es unserer Erfahrung nach selbst hier Grenzen gibt und das scheinbare Chaos ihrer Interaktion sich bei näherem Hinsehen oft als überraschend regelgesteuert erweist. Über die Notwendigkeit der Ausarbeitung einer stabilen Beziehung schreibt Jackson:

> Ehepaare, die während ihrer Verlobungszeit eine erstaunliche Mannigfaltigkeit in ihrem Verhalten aufweisen, erzielen nach und nach offensichtlich eine bemerkenswerte Sparsamkeit hinsichtlich dessen, was zur Debatte stehen und wie darüber debattiert werden darf. Es scheint, daß sie viele Verhaltensformen ein für allemal aus ihrem Repertoire ausgeschlossen haben und nie wieder in Betracht ziehen [70, S. 31].

Jackson [69, 70] nennt diese Stabilisierung *Beziehungsregel;* sie ist eine Aussage über die auf der Beziehungsstufe beobachtbare Redundanz, deren Gültigkeit sich über ein weites Spektrum von Gegebenheiten auf der Inhaltsstufe erstreckt. Diese Regel kann sich auf Symmetrie oder Komplementarität beziehen, auf eine bestimmte Interpunktion (z. B. die Zuweisung der Sündenbockrolle), gegenseitige Beziehungsblindheit und dergleichen mehr. In jedem Fall läßt sich eine weitgehende Umschreibung zulässiger Verhaltensformen beobachten, was Jackson [70] dazu veranlaßte, Familien als regelgesteuerte Systeme aufzufassen. Dies soll natürlich nicht besagen, daß das Verhalten von Familien a priori bestehenden Regeln unterworfen ist. Die Regeln, von denen wir hier sprechen, sind – wie schon erwähnt – Redundanzen, die der Beobachter aus dem Verlauf der Phänomene ableitet, und nicht Dinge an sich.

4.44 *Die Familie als System.* Der so abgeleitete Begriff von Regeln in der Interaktion von Familien ist vereinbar mit der grundlegenden Definition eines Systems als «stabil in bezug auf gewisse seiner Variablen, wenn diese Variablen die Tendenz haben, innerhalb bestimmter festgelegter Grenzen zu bleiben».

Ein diesbezügliches Modell wurde von Jackson [65] entworfen, als er den Begriff der *Familienhomöostasis* einführte. Die Erfahrungstatsache, daß die Besserung eines psychiatrischen Patienten oft drastische Rückwirkungen auf die Familie hat (Depressionen, psychosomatische Störungen oder ähnliche Krisen bei anderen Familienmitgliedern), führte ihn dazu, diese Reaktionen – und daher auch die Krankheit des Patienten – als «homöostatische Mechanismen» zu betrachten, deren Funktion es ist, das gestörte System wieder in seinen wenn auch noch so prekären oder pathologischen Gleichgewichtszustand zurückzubringen. Dieser Sachverhalt soll nun unter Heranziehung einiger schon behandelter Prinzipien näher erläutert werden.

4.441 *Ganzheit.* Das Verhalten jedes einzelnen Familienmitglieds hängt vom Verhalten aller anderen ab – alles Verhalten ist ja Kommunikation und beeinflußt daher andere und wird von diesen anderen rückbeeinflußt. Wie bereits erwähnt, stellen Besserungen oder Verschlechterungen im Zustand jenes Familienmitglieds, das als Patient bezeichnet wird, hierin keine Ausnahme dar; sie haben fast immer eine

Rückwirkung auf das psychische, soziale oder physische Wohlbefinden anderer Angehöriger. Familientherapeuten, die ein konkretes Problem lösen, sehen sich oft einer scheinbar ganz neuen Krise gegenüber. Das folgende Beispiel ist in dieser Hinsicht von allgemeiner Gültigkeit, obwohl es der besonderen Augenfälligkeit des therapeutischen Mißerfolgs wegen gewählt wurde.

Ein Ehepaar begibt sich auf Wunsch der Frau in Ehetherapie. Die Beschwerde der Frau erscheint mehr als gerechtfertigt: Ihr Gatte, ein junger, ordentlicher, sympathischer und geistig lebhafter Mann, hat es irgendwie fertiggebracht, die Volksschule zu absolvieren, ohne jemals lesen und schreiben gelernt zu haben. Während seines Militärdienstes widerstand er erfolgreich einer Spezialschule für analphabetische Soldaten. Nach seiner Entlassung begann er, sich als Hilfsarbeiter zu verdingen, und ist natürlich von jeder Beförderung ausgeschlossen. Seine Frau ist eine hübsche, energische und äußerst gewissenhafte Person. Infolge des Analphabetentums ihres Mannes trägt sie die Hauptlast der Verantwortungen für die ganze Familie und muß u. a. den Mann häufig zu neuen Arbeitsplätzen bringen, da er weder Straßenschilder noch Stadtpläne lesen kann.

Im Verlauf der Behandlung entschließt sich der Mann verhältnismäßig bald, einen Abendkurs für Analphabeten zu besuchen, bittet seinen Vater, die Rolle eines Hauslehrers zu übernehmen, und macht seine ersten holprigen Fortschritte in Schreiben und Lesen. Vom therapeutischen Standpunkt aus scheint alles in bester Ordnung zu verlaufen, bis der Therapeut eines Tages einen Anruf der Frau erhält, die ihm mitteilt, daß sie nicht mehr zu den gemeinsamen Sitzungen kommen werde und die Scheidung eingereicht habe. Wie in dem alten Witz, war «die Operation (die Behandlung) gelungen, aber der Patient (die Beziehung) tot». Der Therapeut hatte die zwischenmenschliche Bedeutung des Problems nicht voll berücksichtigt und durch dessen Lösung die bisher komplementäre Ehebeziehung zerstört (ohne den Partnern zu einer neuen Beziehungsstruktur zu verhelfen), obwohl die Behebung des Analphabetentums genau das war, was die Frau sich ursprünglich von der Therapie erhofft hatte.

4.442 *Übersummation.* Die Analyse einer Familie ist nicht die Summe der Analyse aller Familienmitglieder. Die Eigenschaften des

Familiensystems, d. h. die Strukturen ihrer Interaktion, sind mehr als die Eigenschaften der einzelnen Individuen. Viele dieser «individuellen Eigenschaften», besonders symptomatisches Verhalten, erweisen sich in zwischenmenschlicher Sicht als Eigenschaften des Familiensystems. Fry z. B. untersuchte den ehelichen Kontext einer Gruppe von Patientinnen, die unter Angst, Phobie oder Zwang litten. In keinem dieser Fälle war der Ehemann selbst als klinisch normal zu bezeichnen. Von noch größerem Interesse für unsere Theorie ist jedoch die subtile und umfassende Verzahntheit des Verhaltens dieser Paare. Fry berichtet darüber:

> Sorgfältige Exploration der Gatten ergab eine Anamnese von Symptomen, die ähnlich oder sogar identisch mit denen der Patientinnen waren. In den meisten Fällen machten die Gatten ihre Enthüllungen nur sehr widerwillig. Eine der Patientinnen war z. B. nicht nur unfähig, allein auszugehen, sondern geriet auch in Begleitung in eine Panik, wenn sie hellerleuchtete überfüllte Lokale betreten oder in einer Schlange stehen mußte. Ihr Mann leugnete zunächst eigene emotionale Probleme, gab dann aber zu, gelegentlich Angstgefühle zu haben und gewisse Situationen zu meiden. Die von ihm gemiedenen Situationen waren: Menschenmengen, Schlangestehen und das Betreten hellerleuchteter öffentlicher Lokale. Beide Partner bestanden indessen darauf, daß die Frau als Patientin angesehen werden sollte, da sie mehr Angst vor diesen Situationen hatte als er.
>
> In einem anderen Fall galt die Ehefrau als die Patientin, weil sie Angst vor geschlossenen Räumen hatte und keine Aufzüge benutzen konnte. Das Ehepaar war deshalb z. B. außerstande, die Dachbar eines Hochhauses zu besuchen. Später stellte sich heraus, daß der Mann Angst vor Höhen hatte, sich mit dieser Angst aber nie auseinanderzusetzen brauchte, weil beide Partner übereingekommen waren, sich nie in die Obergeschosse von Hochhäusern zu begeben, da die Frau Angst vor Aufzügen hatte [49, S. 248].

Fry weist dann darauf hin, daß die Symptome der Patienten einen Schutz für den Gatten darzustellen scheinen, und unterbaut diese Annahme mit der Beobachtung, daß das Auftreten der Symptome zeitlich oft mit einer Änderung im Leben des Gatten zusammenfällt, einer Änderung, die für ihn mit Angst verbunden sein könnte. Für die charakteristische Beziehungsstruktur solcher Ehepaare verwendet Fry den Ausdruck «Doppelsteuerung» *(dual control)* und führt weiter aus:

> Die Symptome der Patientin versetzen sie als den leidenden Partner in die Lage, vom Gatten zu verlangen, daß er immer in der Nähe ist und tut, was sie sagt. Der Mann kann nichts unternehmen, ohne vorher die Patientin zu fragen und ihre Zustimmung zu erhalten. Gleichzeitig aber wird die Patientin dadurch dauernd von ihrem Mann überwacht. Er muß zwar immer in der Nähe des Telefons sein, damit sie ihn sofort erreichen kann, doch andererseits kontrolliert er

alles, was sie unternimmt. Sowohl die Patientin als auch ihr Mann behaupten oft, daß der *andere* immer seinen bzw. ihren Willen durchsetzt.

Die Schwierigkeiten der Patientin ermöglichen es dem Mann, viele Situationen zu vermeiden, in denen *er* Angst oder ähnliche Gefühle empfinden würde, ohne selbst ein Symptom zu haben. Sie stellt für ihn eine allumfassende Ausrede dar. Er kann sich gesellschaftlichen Verpflichtungen entziehen, da diese die Patientin angeblich stören. Er kann seine Arbeit einschränken, weil er sich angeblich um die leidende Patientin kümmern muß. Infolge seiner eigenen Neigung zur Absonderung und zu inadäquaten Reaktionen kommt er vielleicht schlecht mit seinen Kindern aus, doch die Annahme, daß die Schwierigkeiten mit den Kindern durch die Symptome der Frau bedingt sind, erspart ihm jede kritische Überprüfung seiner eigenen Beziehung zu ihnen. Er kann die Patientin sexuell meiden unter dem Vorwand, sie sei krank und daher nicht in der Lage, mit ihm sexuell zu verkehren. Einsamkeit mag für ihn schwer erträglich sein, da aber die Patientin Angst hat, allein zu sein, kann er sie stets in seiner Nähe haben, ohne daß jemals zur Sprache zu kommen braucht, daß *er* diese Schwierigkeit hat.

Die unbefriedigte Patientin kann den Wunsch nach einer außerehelichen Beziehung haben, aber ihre phobischen Symptome hindern sie daran, sich mit anderen Männern einzulassen. Infolge der Persönlichkeit des Gatten und seiner Einstellung zur Krankheit der Patientin ist auch für ihn eine Affäre keine ernsthaft zu erwägende Möglichkeit. Damit sind sowohl die Patientin als auch ihr Gatte vor diesem Problem einigermaßen geschützt.

Im allgemeinen ist die Ehe unglücklich, die Gatten stehen einander fern und sind unzufrieden, die Symptome aber halten sie zusammen. Diese Art von Ehe könnte Zwangsehe genannt werden [49, S. 250 f.].

4.443 *Rückkopplung und Homöostasis.* Eingaben (*inputs* – d. h. Handlungen einzelner Familienmitglieder oder Umwelteinflüsse) in die Familie werden vom System aufgefangen und modifiziert. Aus Gründen der Äquifinalität muß sowohl das Wesen des Systems und seiner Rückkopplungsmechanismen als auch die Natur der Eingabe berücksichtigt werden. Gewisse Familien können schwere Rückschläge ertragen und an ihnen wachsen; andere wiederum scheinen außerstande, auch nur mit den geringfügigsten Krisen fertigzuwerden. Noch extremer sind jene Familien schizophrener Patienten, die unfähig scheinen, die natürlichen Reifeerscheinungen ihres Kindes als solche anzuerkennen und in ihnen den Ausdruck von Krankheit oder Bösartigkeit sehen. Laing und Esterson beschreiben die Reaktionen einer Mutter («Mrs. Field») auf die zunehmende Unabhängigkeit ihrer fünfzehnjährigen schizophrenen Tochter («June»). Vom zweiten bis zum zehnten Lebensjahr hatte June an einem angeborenen Hüftleiden gelitten, das das Tragen eines komplizierten orthopädischen Apparats erforderte, der ihre Bewegungsfreiheit fast völlig einschränkte. In der Beschreibung der ersten vierzehn Lebensjahre ihrer Tochter entwirft die Mutter den Psychiatern gegenüber das völlig unwahrscheinliche Bild eines stets fröhlichen, lebhaften Kindes. Diese Geschichte erzählt sie in heiterem Ton, und bei jedem Versuch der Tochter, zu widersprechen oder etwas zu berichtigen, verstärkt die Mutter ihren Druck auf das Kind, ihre Darstellung anzunehmen und zu bestätigen:

> Im Sommer vor ihrer Einweisung in eine Anstalt wurde June zum erstenmal von ihrer Mutter getrennt, seitdem sie im Alter von zwei Jahren wegen ihres Hüftleidens im Krankenhaus hatte liegen müssen.
>
> Anlaß dazu war Junes Aufenthalt in einem von der Kirche geleiteten Sommerlager für Mädchen. Als einzige von allen Müttern brachte Mrs. Field June ins Lager. Während der einmonatigen Abwesenheit machte June eine Reihe von Entdeckungen über sich selbst und andere, und zu ihrem Leidwesen ging ihre beste Freundschaft entzwei. In viel stärkerem Maß als bisher wurde June sich sexuell ihrer selbst bewußt.
>
> Als sie aus dem Lager zurückkam, war sie in den Augen der Mutter «nicht mehr meine June. Ich kannte sie nicht . . .»
>
> Ihre Mutter war über diese Veränderungen sehr beunruhigt, und zwischen August und Dezember konsultierte sie deswegen zwei Ärzte und die Schulleiterin. Niemand von ihnen sah irgend etwas Abnormales in June, auch nicht ihre Schwester oder ihr Vater. Mrs. Field aber konnte sie nicht in Ruhe lassen.
>
> Es ist wichtig, sich vor Augen zu halten, daß Mrs. Fields Bild von June nie zutreffend gewesen war. Junes Leben war ihrer Mutter völlig unbekannt. Sie war scheu und gehemmt, aber groß für ihr Alter und sehr aktiv im Schwimmen und anderen Sportarten, die sie ihrer Verkrüppelung wegen ausübte. Obwohl aktiv, war sie aber doch nicht unabhängig, denn sie hatte sich – wie sie uns erklärte – weitgehend ihrer Mutter gefügt und nur selten gewagt, ihr zu widersprechen. Im Alter von dreizehn Jahren hatte sie allerdings unter dem Vorwand, den Kirchenklub zu besuchen, mit Jungen auszugehen begonnen.
>
> Nach ihrer Rückkehr aus dem Ferienlager begann sie sich zum erstenmal darüber zu äußern, was sie über sich selbst, ihre Mutter, die Schule, Gott, andere Leute usw. dachte. Im Vergleich dazu, was man normalerweise von einem Mädchen ihres Alters erwarten würde, waren diese Äußerungen sehr zaghaft.
>
> Ihre Wesensänderung wurde von ihren Lehrerinnen begrüßt, von ihrer Schwester mit normalem schwesterlichem Sticheln begegnet und von ihrem Vater anscheinend als Teil des Problems hingenommen, eine Tochter zu haben. Nur ihre Mutter sah darin einen Ausdruck von *Krankheit* und fühlte sich in dieser Meinung bestärkt, als June sich während und nach den Weihnachtsferien stärker zu verschließen begann.
>
> Die Ansicht der Mutter über die Ereignisse, die zu Junes beinahe vollständiger Passivität führten, können wie folgt zusammengefaßt werden: June war seit August krank. Ihre Persönlichkeit erfuhr schleichende Veränderungen; daheim war sie grob, aggressiv, wild und frech, in der Schule dagegen zurückgezogen und befangen. Nach Ansicht von Mrs. Field kennt eine Mutter ihre Tochter am

besten und kann daher den Beginn einer Schizophrenie vor allen anderen (Vater, Schwester, Lehrerinnen und Ärzte) feststellen [88, S. 137 ff.].

Über Junes direkt beobachteten Anstaltsaufenthalt und ihre Remission berichten die beiden Forscher folgendes:

Die Zeit, während der June klinisch kataton war und ihre Mutter sie wie ein Baby betreute, dauerte drei Wochen und war die harmonischste Phase ihrer Beziehung, die wir direkt beobachten konnten.

Der Konflikt setzte erst ein, als June unserer Ansicht nach zu remittieren begann.

Während Junes Besserung widersetzte sich die Mutter fast jeder Veränderung und betrachtete unweigerlich als Rückschritte, was für uns und June selbst (sowie nach Ansicht der Schwestern, Sozialarbeiter und Beschäftigungstherapeuten) Fortschritte waren.

Hier sind einige Beispiele dafür.

June begann, etwas Initiative zu zeigen. Ihre Mutter war darüber sehr beunruhigt, entweder weil June Unverantwortlichkeit an den Tag legte oder weil es nicht Junes Art war, etwas zu tun, ohne vorher um Erlaubnis zu fragen. Dagegen, was June tat, war zwar nichts einzuwenden, wohl aber dagegen, daß sie nicht zuerst fragte...

Ein anderes, die Mutter beunruhigendes Beispiel war, daß June nach dem Frühstück einen Drei-Pence-Riegel Schokolade aß, wiederum ohne vorher zu fragen...

Die Eltern bewilligten June kein Taschengeld, sondern sagten ihr, daß sie ihr Geld geben würden, wenn sie erklärte, wofür sie es wolle. June zog es vor, kleine Geldbeträge von anderen zu borgen, was keineswegs überraschte. Für den kleinsten Geldbetrag in ihrem Besitz mußte sie Rechenschaft ablegen.

Diese Beaufsichtigung wurde ungewöhnlich weit getrieben. Einmal nahm June sechs Pence aus der Kasse ihres Vaters, um Eis zu kaufen. Er sagte ihrer Mutter, June sei für ihn verloren, wenn sie stehle. Ein anderes Mal fand June einen Shilling im Kino, und ihre Eltern bestanden darauf, daß sie ihn bei der Kasse abgebe. June sagte, das sei lächerlich und übertriebene Ehrlichkeit, da sie selbst nicht erwarten würde, einen verlorenen Shilling zurückzubekommen. Aber ihre Eltern ließen den ganzen nächsten Tag nicht locker, und spät am Abend kam ihr Vater nochmals in ihr Schlafzimmer, um sie zu ermahnen.

Diese Beispiele ließen sich endlos fortsetzen. Sie zeigen die heftigen Reaktionen der Eltern auf Junes beginnende, aber ungefestigte Selbständigkeit. Mrs. Fields Bezeichnung für diese wachsende Unabhängigkeit ist «eine Explosion».

Vorläufig kann sich June über Wasser halten. Ihre Mutter spricht allerdings weiterhin in höchst ambivalenten Ausdrücken über jedes Anzeichen größerer Unabhängigkeit. Sie sagt ihr, daß sie schrecklich aussieht, wenn sie etwas Schminke verwendet, sie macht sich über die Hoffnung ihrer Tochter lächerlich, daß ein Junge an ihr Interesse finden könnte, für sie ist jeder Ausdruck von Ärger oder Erbitterung seitens Junes ein Symptom ihrer «Krankheit» oder ein Zeichen ihrer «Boshaftigkeit»...

June muß sich in strikter Selbstbeherrschung halten, denn wenn sie schimpft, schreit, weint, flucht, zuviel oder zuwenig ißt, zu rasch oder zu langsam ißt, zuviel liest, zuviel oder zuwenig schläft, sagt ihr ihre Mutter, daß sie krank ist. Es erfordert eine gehörige Portion Mut seitens June, nicht das zu sein, was ihre Eltern «normal» nennen [88, S. 139 ff.].

Wenn wir zum Thema Rückkopplung kommen, muß kurz erwähnt werden, daß der Begriff der Homöostasis im allgemeinen die Bedeutung von Stabilität oder Gleichgewicht angenommen hat. Wie aber Davis [34] und Toch und Hastorf [149] betont haben, bestehen seit Bernard zwei Definitionen von Homöostasis: erstens die eines *Zwecks* oder Endzustands, im besonderen die Herstellung einer Konstanz gegenüber Veränderungen von außen; und zweitens die eines *Mittels,* nämlich der negativen Rückkopplungsmechanismen, die Veränderungen ausgleichen. Diese Doppelbedeutung und die daraus folgende oft allzu weite und unklare Verwendung des Begriffs haben seine Brauchbarkeit als präzises Erklärungsprinzip beeinträchtigt. Aus Gründen größerer Klarheit ist es daher vorzuziehen, von der *Stabilität* eines Systems zu sprechen, die meist durch negative Rückkopplungsmechanismen erreicht wird.

Alle Familien, die nicht auseinanderfallen, müssen einen gewissen Grad von negativer Rückkopplung besitzen, um den Belastungen seitens der Umwelt oder ihrer individuellen Mitglieder entgegenwirken zu können. Pathologische Familien sind besonders widerstandsfähig gegen Veränderungen und zeigen oft eine erstaunliche Fähigkeit, ihren Status quo hauptsächlich durch negative Rückkopplung zu erhalten, wie Jackson [70] beobachtete und wie das ausführlich zitierte Beispiel von Laing und Esterson erkennen läßt.

In jeder Familie spielt aber auch die Zeit in Form von zunehmender Reife und Erfahrung eine Rolle, und in dieser Hinsicht ist das rein auf Homöostasis beruhende Modell der Familie als System nicht zutreffend, denn hier handelt es sich um *positive* Rückkopplung. Wir sehen also, daß die Stabilität einer Familie einerseits durch Homöostasis erhalten wird, daß aber andererseits sehr wichtige nichthomöostatische Faktoren mitspielen, die für das Wachstum aller Beteiligten und die schließliche Ablösung der Kinder und ihre Individuation verantwortlich sind [8].

---

[8] Es sei hier nochmals auf Pribrams Feststellung verwiesen (vgl. Abschnitt 1.3), wonach Stabilität zur Ausbildung neuer Sensitivitäten führt und neue Mechanismen zu deren Stabilisierung erfordert.

4.444 *Kalibrierung und Stufenfunktionen.* Das eben Gesagte setzt zweierlei voraus: nämlich *Konstanz* innerhalb einer bestimmten *Grenze.* Eine zutreffendere Benennung für den letzten Begriff ist *Kalibrierung* [14], d. h. die «Einstellung» eines Systems, und wir werden sehen, daß diese gleichbedeutend mit dem bereits erwähnten Begriff der *Regel* ist. Der Thermostat der Zentralheizung ist dafür das klassische Analogon. Er wird auf eine bestimmte Temperatur eingestellt – oder kalibriert –, so daß ein Absinken der Temperatur unter diesen Wert die Heizung einschaltet, bis die Abweichung von der Norm (der gewünschten Zimmertemperatur) durch negative Rückkopplung ausgeglichen ist. Wenn nun aber die Einstellung des Thermostaten verändert wird, also höher oder tiefer gesetzt wird, so ergibt sich daraus eine Veränderung des Systems selbst, obwohl sein negativer Rückkopplungsmechanismus unverändert bleibt. Wenn eine solche Veränderung der Kalibrierung – der Gangwechsel in einem Auto ist ein anderes Beispiel dafür – im Verhalten des Systems selbst liegt, so sagt man, es enthalte Stufenfunktionen.

Stufenfunktionen wirken, genau wie die Rückkopplung, stabilisierend und erhöhen die Umweltanpassung eines Systems beträchtlich. Ihre Beziehung zur Rückkopplung ist so zu verstehen: Der Rückkopplungskreis Fahrer–Gaspedal–Geschwindigkeit hat in jedem Gang ganz bestimmte Grenzen. Zur Erhöhung der Fahrgeschwindigkeit oder beim Befahren einer steil ansteigenden Straße wird eine Neukalibrierung (ein Gangwechsel) notwendig. Es besteht guter Grund zu der Annahme, daß es auch in der Dynamik von Familien so etwas wie Stufenfunktionen geben muß. Die Psychose eines Familienmitglieds z. B. ist eine einschneidende Veränderung, die das System neukalibriert und dadurch sogar adaptiv wirken kann [9]. Fast unvermeidlich haben intrafamiliäre Veränderungen (vor allem die Zunahme von Alter und Reife bei allen Familienmitgliedern) einen Einfluß auf die Kalibrierung des Systems, und dasselbe gilt natürlich für die oft viel drastischeren Umwelteinflüsse (wie Beginn des Schulbesuchs, Militärdienst, Ablösung der Kinder durch Ergreifen eines Berufs oder durch Heirat, Pensionierung des Vaters und dergleichen mehr).

---

9 Vgl. [73], ferner die im oben zitierten Beispiel von Laing und Esterson erwähnte katatone Phase.

In diesem Sinn haben die von Jackson [65, 66] festgestellten homöostatischen Mechanismen vermutlich eine weit über das Klinische hinausgehende Bedeutung. Die Anwendung dieses Modells auf Familien oder auf größere soziale Strukturen zeigt, daß auch in ihnen Kalibrierungen von gebräuchlichem und zulässigem Verhalten bestehen, nämlich die (meist ganz außerbewußten) Regeln einer Familie oder die Gesetze einer bestimmten menschlichen Gesellschaft, und daß die diesen Strukturen angehörenden Individuen sich gewöhnlich innerhalb dieser Grenzen bewegen. Damit ist weitgehende Stabilität erreicht, da jedes Verhalten, das diese Grenzen verletzt, korrigiert wird. Optimal bieten diese Grenzen dem Individuum genügend Spielraum für seine Lebensbedürfnisse und sind daher ein Schutz und kein Hindernis. Wenn aber, wie das im Lauf sozialer Systeme immer wieder geschieht, die Kalibrierungen ihre optimale Bedeutung zu verlieren beginnen, so wird eine Neukalibrierung, also ein Sprung zu einer neuen Verhaltensform, unvermeidlich. Wenn die Tür des Kühlschranks versehentlich offenbleibt, ergibt sich eine Situation, die nicht mehr innerhalb der Leistungsgrenzen des Kühlaggregats liegt. Das System (der Kühlschrank) müßte imstande sein, dieser Gegebenheit auf andere Weise zu begegnen, um seine alte Stabilität wiederherzustellen – also z. B. durch selbständiges Prüfen und Änderung der Position der Tür. Dieser Sprung von Kühlen auf Türschließen würde eine Stufenfunktion darstellen. In ganz ähnlicher Weise wird innerhalb einer Familie eine Neukalibrierung z. B. dann notwendig, wenn der Sohn das Alter überschreitet, bis zu dem die Eltern ihm das Rauchen verbieten konnten. Bis zu diesem Zeitpunkt war das Rauchverbot eine wirksame und sinnvolle Regel; nun wird eine Neukalibrierung (eine Änderung bzw. Ersetzung dieser Regel) nötig, wenn das Familiensystem nicht einen Teil seiner Stabilität durch einen endlosen Konflikt zwischen Elternautorität und Selbstbehauptung des Jungen einbüßen soll. Bald nach dem Zweiten Weltkrieg begannen die meisten Staaten Westeuropas, den Visumszwang für Ausländer abzuschaffen, da die schwerfällige Konsulatsmaschinerie dem zunehmenden Reiseverkehr nicht mehr gewachsen war und daher die Kalibrierung (der Visumszwang), die bis dahin (zumindestens nach Ansicht der Behörden) eine sinnvolle Schutzmaßnahme darstellte, zum anachronistischen Hemmschuh geworden war.

Diese Beispiele ließen sich leicht durch weitere ergänzen. Sie alle zeigen, daß Stufenfunktionen für die Stabilität jedes Systems notwendig sind und daß starres Festhalten an Kalibrierungen im Laufe der Zeit zum Verlust der Homöostasis führt. Etwas anders gesagt, bedeutet dies, daß jedes System nicht nur regelgesteuert, sondern auch mit Regeln für die Änderung seiner Regeln (also Metaregeln oder Stufenfunktionen) ausgestattet sein muß. Dies wird uns im 7. Kapitel erneut beschäftigen.

5. KAPITEL

KOMMUNIKATIONSSTRUKTUREN IM THEATERSTÜCK «WER HAT ANGST VOR VIRGINIA WOOLF?»

5.1 *Einleitung*

Die Schwierigkeit, die im letzten Kapitel beschriebene Theorie zwischenmenschlicher Systeme praktisch zu veranschaulichen sowie unsere Wahl eines künstlichen Systems statt wirklicher klinischer Beispiele bedarf einer Erklärung. Es ist durchaus möglich, ein geeignetes praktisches Beispiel für eine klar umreißbare theoretische Postulierung zu finden; das ist die Methode, die wir für unsere Darstellungen in den ersten drei Kapiteln angewandt haben. Die Exemplifizierung langfristiger Kommunikationsabläufe und das Aufzeigen ihrer über eine große Zahl verschiedener Situationen reichenden Redundanz wird indessen sehr rasch zu einer Aufgabe von überwältigendem Ausmaß. Um hinreichend zu veranschaulichen, was mit den verschiedenen Systemeigenschaften wie Regeln, Rückkopplung, Äquifinalität usw. gemeint ist, wären ein enormes Material und lange kontextliche Erklärungen nötig. Abschriften von stundenlangen Familieninterviews wären für diesen Zweck nicht nur viel zu umfangreich, sondern auch durch die Gegenwart des Therapeuten, seine Fragen und Interventionen und durch den Kontext dieser Abläufe weitgehend beeinflußt. Auswahl und Zusammenfassung des Materials wäre deswegen keine Lösung, weil das Material dadurch noch weiter entstellt würde und der Leser keine Möglichkeit hätte, die Kriterien der Auswahl zu überprüfen. Wir brauchen also Beispiele, die ein dem Leser zumutbares Ausmaß nicht überschreiten und die ihm außerdem unmittelbar, d. h. unabhängig von unserer Darstellung, zugänglich sind.

Edward Albees ungewöhnliches und weltbekanntes Theaterstück *Wer hat Angst vor Virginia Woolf?* scheint diese beiden Voraussetzungen zu erfüllen. Natürlich unterliegt dieses Material den jedem Schauspiel eigenen Begrenzungen, doch ist das Stück in mancher Hinsicht wirklicher als die Wirklichkeit, die wir selbst darstellen können, ein «Feuer in der nassen Asche des Naturalismus» [138]; außerdem steht dem Leser die gesamte «Anamnese» zur Verfügung. Die allgemeine Zugänglichkeit des Materials hat zur Folge, daß viele verschiedene Deutungen des Stücks existieren. Wenn wir in diesem Zusammenhang *eine* Perspektive betonen, so bedeutet das nicht notwendigerweise die Ablehnung der anderen. Wir beabsichtigen lediglich, unsere Thesen zu unterbauen, nicht aber das Stück als Ganzes erschöpfend zu analysieren, und wir möchten nochmals hervorheben, daß die von uns gewählten Beispiele nicht unsere Theorie «beweisen», sondern nur veranschaulichen sollen. Nach einer kurzen Inhaltsangabe wird die Einteilung dieses Kapitels so eng wie möglich der des vorhergehenden folgen, so daß wenigstens die ersten Unterabschnitte (5.2, 5.3 und 5.4) ihre Entsprechung in jenen des 4. Kapitels haben.

5.11 *Inhaltsangabe.* Das Stück, das einem Kritiker zufolge «ein Fegefeuer ehelicher Streitsucht» [105, S. 58] darstellt, lebt nicht so sehr von Handlungen im eigentlichen Sinn als von der Brillanz seiner raschen, oft grausamen, manchmal vulgären, aber immer geistreichen Dialoge. Durch sie wird die Komplexität der Beziehungen zwischen den vier Personen viel eindrucksvoller herausgearbeitet, als es vielleicht möglich gewesen wäre, wenn sich der Autor dazu in größerem Maß «wirklicherer» Ereignisse bedient hätte.

Das ganze Stück spielt sich in den frühen Stunden eines Sonntagmorgens im Wohnzimmer von George und Marthas Haus in einem Privatcollege Neu-Englands ab. Martha ist das einzige Kind des Collegepräsidenten, und ihr Mann, George, ist außerordentlicher Professor für Geschichte. Sie ist eine große, temperamentvolle Frau im Alter von 52 Jahren, sieht aber etwas jünger aus – er ein magerer, ergrauender Intellektueller von ungefähr 46. Sie sind kinderlos. Laut Martha erwarteten sie und ihr Vater, daß George, der dem Lehrkörper als junger Mann beitrat, in absehbarer Zeit die Abteilung für Geschichte übernehmen und schließlich der nächste Collegepräsident werden würde. George erfüllte diese Erwartungen aber nicht und blieb einfacher Professor.

Zu Beginn des Stücks kehren die beiden von einer Party bei Marthas Vater zurück. Es ist zwei Uhr morgens, doch Martha hat ohne Wissen von George ein Ehepaar eingeladen, das sie auf der Party kennengelernt hatten: Es sind Nick, ein neuer Dozent im Biologischen Institut, ungefähr 30 Jahre alt, blond und gut aussehend, und seine Frau Putzi, 26, eine kleine, fade, mausartige Blondine. Wie sich später herausstellt, hat Nick Putzi deswegen geheiratet, weil er annahm, sie geschwängert zu haben; ihr Zustand erwies sich jedoch als eine hysterische Schwangerschaft, die natürlich verschwand, sobald sie verheiratet war. Möglicherweise hatte aber auch der Reichtum von Putzis Vater bei Nicks Heiratsabsichten eine entscheidende Rolle gespielt. Ob aus diesen oder andern Gründen unterhalten die beiden zueinander einen übertrieben förmlichen Gesprächsstil.

George und Martha haben ihre eigenen Geheimnisse. Da ist vor allem ihre gemeinsame Phantasie, sie hätten einen Sohn, der eben volljährig wird, und die Regel, die sich auf diesen imaginären Sohn bezieht: daß seine «Existenz» niemandem mitgeteilt werden darf. Ferner gibt es noch ein sehr dunkles Kapitel in Georges Leben: Es hat den Anschein, daß er in seiner Jugend versehentlich seine Mutter erschoß und ein Jahr später, während ihm sein Vater Fahrunterricht erteilte, die Kontrolle über den Wagen verlor und der Vater dabei getötet wurde. Es wird aber niemals klar, ob nicht auch dies bloße Phantasien sind.

Der erste Akt heißt «Gesellschaftsspiele» und ist vor allem eine Einführung in den bemerkenswerten Nahkampfstil des älteren Paars und in Marthas (offensichtlich routinemäßige) Versuche, Nick zu verführen. Den Höhepunkt des Aktes bildet Marthas ätzender Angriff auf Georges beruflichen Mißerfolg.

Der zweite Akt, «Walpurgisnacht», beginnt damit, daß George und Nick allein im Zimmer sind und versuchen, einander mit vertraulichen Enthüllungen zu überbieten. George spricht vom Tod seiner Eltern, obwohl er dies als die traurige Lebensgeschichte einer dritten Person hinstellt, und Nick erklärt, warum er geheiratet hat. Als die beiden Frauen ins Zimmer zurückkommen, beginnt Martha, um George zu provozieren, unverschämt mit Nick zu tanzen, und das erste Spiel, «Der gebeutelte Hausherr», fängt an. Martha verrät ihren Gästen, wie Georges Eltern starben, worauf George sie tätlich angreift. Er leitet dann das nächste Spiel, «Die Gästefalle», ein und enthüllt zu Nicks äußerster Demütigung und Putzis Entsetzen das Geheimnis ihrer überstürzten

Hochzeit. In dem nun folgenden Tumult fordern sich George und Martha gegenseitig heraus und versprechen einander weitere Abrechnung. Das nächste Spiel, «Das Hausfrauenschänderspiel», gipfelt darin, daß Martha Nick offen verführt (Putzi liegt inzwischen betrunken auf dem Fußboden des Badezimmers), dessen Teilnahmefähigkeit sich aber durch das seit den frühen Abendstunden andauernde Trinken beeinträchtigt erweist.

Der dritte Akt, «Die Austreibung», beginnt mit Martha allein auf der Bühne, voll Reue, aber auch Bedauern über den gescheiterten Ehebruch. George hat underdessen das letzte Spiel, «Wie sag ich's meinem Kinde?», vorbereitet und bringt die anderen drei für diese Schlußrunde zusammen. Er teilt der wütenden, jedoch machtlosen Martha mit, daß ihr «Sohn» vor wenigen Stunden bei einem Verkehrsunfall ums Leben gekommen sei. Die wahre Bedeutung dieser «Austreibung» dämmert nun sogar Nick. Er und Putzi gehen nach Hause, und das Stück endet in einer erschöpften, zweideutigen Stimmung, die es offen läßt, ob George und Martha ihre Elternrolle weiterspielen und den Tod ihres einzigen Kindes bedauern werden oder ob eine grundsätzliche Änderung ihrer Beziehungsstruktur nun möglich geworden ist.

5.2 *Interaktion als System*

Die Personen der Handlung, vor allem George und Martha, können als Bestandteile eines zwischenmenschlichen Systems betrachtet werden, das *mutatis mutandis* die Eigenschaften allgemeiner Systeme aufweist. Es kann nicht schaden, nochmals mit Nachdruck darauf zu verweisen, daß dieses Gedankenmodell weder wörtlich zu nehmen noch vollgültig ist; d. h., die Personen des Stücks – wie auch jene in realen zwischenmenschlichen Beziehungen – werden damit weder zu Automaten erniedrigt, noch ist die Vielfältigkeit ihrer menschlichen Natur durch die Eigenart ihrer Interaktionen auch nur annähernd umrissen.

5.21 *Zeit und Ordnung, Aktion und Reaktion.* Gregory Bateson definierte die Sozialpsychologie als «das Studium der Reaktionen von Individuen auf die Reaktionen anderer Individuen» und fügte hinzu: «Wir müssen nicht nur *A's* Reaktionen auf *B's* Verhalten in Betracht ziehen, sondern darüber hinaus deren Einfluß auf *B's* Verhalten sowie die Wirkung, die dieses wiederum auf *A* hat» [10, S. 175 f.]. Dies ist die Grundlage unserer Analyse. George und Martha sind interessante Individuen, doch wir wollen sie nicht von ihrem gesellschaftlichen Kontext (d. h. voneinander) abstrahieren und sie nur als «Typen» betrachten, sondern vielmehr untersuchen, was sich zwischen ihnen, sozusagen Zug um Zug, abspielt: Marthas Reaktionen auf George und umgekehrt. Diese Wechselbeziehungen bauen sich in längeren Zeitspannen auf und nehmen dabei eine Ordnung an, die sich im wesentlichen aus dem Hin und Her von Aktion, Reaktion und Reaktion auf Reaktion zusammensetzt.

5.22 *Definition des Systems.* In Abschnitt 4.22 beschrieben wir ein zwischenmenschliches System als aus zwei oder mehreren Kommunikanten bestehend, die die Natur ihrer Beziehungen definieren. Wie in den vorhergehenden Kapiteln erwähnt, bestehen Beziehungsstrukturen unabhängig vom Inhalt der Interaktionen, obwohl sie sich in wirklichen Beziehungen natürlich immer durch das Medium des Inhalts manifestieren. Wenn sich aber die Aufmerksamkeit des Beobachters auf den Inhalt beschränkt, so scheint tatsächlich oft keinerlei Kontinuität in menschlicher Interaktion zu bestehen – «die Zeitrechnung beginnt immer von neuem, und die Geschichte befindet sich immer im Jahre Null». Dies trifft auch für Albees Theaterstück zu: Drei peinliche Stunden lang läuft ein kaleidoskopischer Strom von Interaktionen vor dem Zuschauer ab. Was ist ihr gemeinsamer Nenner? Alkoholismus, Impotenz, Kinderlosigkeit, latente Homosexualität. Sadomasochismus – alles dies und noch anderes wird als Erklärungen dafür vorgebracht, was zwischen den beiden Ehepaaren an diesem frühen Sonntagmorgen stattfindet. In seiner Stockholmer Inszenierung betonte Ingmar Bergman laut seinem Rezensenten sogar «den christologischen Bezug in der Opferung des Sohnes durch den Vater – des Sohnes, der ein Geschenk des Vaters an die Mutter, des Himmels an die Erde, Gottes an die Menschheit war» [107, S. 358]. Solange der Inhalt der Kommunikationen das Kriterium bildet, sind alle diese Auffassungen, obwohl zum Teil widersprüchlich, bis zu einem gewissen Grad stichhaltig.

Albee selbst legt uns jedoch eine ganz andere Interpretation nahe. Der erste Akt heißt im Englischen «Fun and Games», im Deutschen also etwa «Spaß und Spiele» und – wie schon erwähnt – enthalten er und die beiden anderen Akte eine Reihe von «Beziehungsspielen», deren Regeln fortwährend angerufen, befolgt und gebrochen werden. Es sind rücksichtslose Spiele, an denen aber auch nichts Verspieltes ist, und ihre Regeln sind ihre beste Erklärung. Weder die Spiele noch ihre Regeln beantworten die Frage: *Warum?* Schimel bemerkt dazu:

> Es ist passend, daß der erste Akt «Fun and Games» heißt, eine Studie repetitiver, aber zerstörerischer *Verhaltensstrukturen zwischen Menschen.* Albee zeigt anschaulich das «Wie» der Spiele und überläßt das «Warum» dem Publikum und den Kritikern [134, S. 99].

Es ist daher von geringer Bedeutung, ob George wirklich ein akademischer Versager ist und, wenn ja, aus den Gründen, die Martha ins Treffen führt, oder ob Nick wirklich der Wissenschaftler der Zukunft ist, der sowohl den Lauf der Geschichte wie die Historiker selbst bedroht. Man betrachte z. B. diesen letzteren Punkt – Georges häufige Seitenhiebe [z. B. S. 25 ff. und S. 42 ff.] [1] auf die Biologie der Zukunft (Eugenik, genetische Gleichschaltung und dergleichen). Dies mag seine persönliche Bête noire sein, ein Sozialkommentar, sogar eine Allegorie des Ringens zwischen dem traditionsgebundenen Abendländer (George) und der «Sturmflut der Zukunft» [S. 45] (Nick), mit Martha, der «Mutter Erde» (wie sie sich selbst nennt [S. 113]), als Siegespreis, und vielleicht noch vieles andere. Im Hinblick auf George und Nicks Beziehung ist dieses Thema aber nichts weiter als ein anderer «Dreschflegel» (wie George später den imaginären Sohn definiert [S. 62]), also eine Waffe. Man kann Georges Abschweifungen in die Geschichte und die Biologie als verhüllte Provokationen auffassen und damit als sehr interessantes Kommunikationsphänomen, das sich aus Entwertung, Abweisung (die ihn immer mehr in die Beziehung mit Nick verstrickt) und einer Interpunktion zusammensetzt, die in selbsterfüllender Prophezeiung schließlich in Nicks und Marthas versuchtem Ehebruch endet.

George und Martha sind auf der Beziehungsstufe so ineinander verbissen, daß ihnen der *Inhalt* ihrer Beleidigungen kaum etwas bedeutet; doch andererseits erlaubt Martha es Nick nicht, George in derselben

---

[1] Seitenhinweise in eckigen Klammern beziehen sich auf die Ausgabe der Fischer Bücherei [1].

Weise zu insultieren, wie sie es selbst tut, oder sich in ihr Spiel mit George einzumischen, wenn sie ihn nicht selbst dazu heranzieht [z. B. S. 114 und S. 118]. So absurd es auch scheint, George und Martha respektieren einander innerhalb ihres Systems.

5.23 *Systeme und Teilsysteme.* Der Mittelpunkt des Spiels – und daher auch unserer Betrachtungen – ist die Dyas George–Martha, die natürlich ein offenes System darstellt. George wie Martha unterhalten aber auch Dyaden mit Nick und in weit geringerem Maß mit Putzi. Nick und Putzi sind ihrerseits ein anderes dyadisches System, das besonders seiner ausgeprägten Komplementarität wegen in scharfem Kontrast zur Beziehung zwischen George und Martha steht. George, Martha und Nick bilden ein Dreieck veränderlicher Dyaden [2]. Alle vier zusammen stellen das sichtbare Gesamtsystem des Dramas dar, obwohl sich das System nicht auf sie beschränkt, sondern außerdem den «Sohn», Marthas Vater und das Collegemilieu beinhaltet. Es ist uns natürlich nicht möglich, eine erschöpfende Analyse aller Kombinationen und Permutationen dieser Beziehungen auch nur zu versuchen, und wir müssen uns darauf beschränken, was Lawrence Durrell [39] «*workpoints*» nennt – d. h. Schnittpunkte der Handlung, in denen sich die Struktur des Dramas in immer neuer Perspektive enthüllt; so z. B. Nicks und Putzis steife Komplementarität, Marthas aggressives Benehmen, das Nicks Narzißmus sowohl wachruft als auch von ihm herausgefordert wird; Georges und Nicks spannungsgeladene Annäherung (die «Walpurgisnacht», in der George sich Nick als erfahrener Führer durch die Orgie anbietet [S. 71 f.], wie Mephisto es mit Faust tat); Marthas und Georges Auseinandersetzungen über ihren Vater usw.

Schließlich sei noch auf die interessante Tatsache verwiesen, daß Albee fast immer mit kleinen Einheiten arbeitet, d. h. höchstens mit rasch wechselnden Dyaden zwischen drei Personen oder (im viel selteneren Zusammenhalten der beiden Männer gegen die Frauen) mit zwei Personen gegen die anderen zwei. Die gleichzeitige Verwendung von drei oder allen vier Einheiten wäre wahrscheinlich zu schwierig, so wie

[2] D. h., zwei von ihnen halten jeweils gegen den Dritten zusammen, so wenn Martha und Nick miteinander tanzen oder George verhöhnen [z. B. S. 79 ff.] oder wenn George und Martha gemeinsam auf Nick losgehen [z. B. S. 118].

wir in wirklichen Familienbeziehungen fast immer Koalitionen von zwei Angehörigen gegen einen dritten finden.

5.3 Die Eigenschaften eines offenen Systems

5.31 *Ganzheit.* Die sich aus den Beziehungen der vier Personen ergebenden Strukturen sind sowohl mehr wie auch etwas anderes, als die Personen individuell in die Beziehungen mitbringen. Was immer George und Martha als Einzelpersonen sind, erklärt nicht, *was* sich zwischen ihnen ergibt, noch, *wie* es sich ergibt. Wollte man versuchen, diese Gestalt in individuelle Persönlichkeitszüge zu zerlegen, so müßte man die beiden voneinander isolieren und damit verneinen, daß ihr Verhalten eine besondere Bedeutung innerhalb des Kontextes ihrer Beziehung hat und daß die Struktur ihrer Beziehung diese Verhaltensformen bedingt und fortbestehen läßt. Man könnte auch sagen, daß diese Struktur den sich überlagernden Triaden von Reiz, Reaktion und Verstärkung entspricht, die Bateson und Jackson [19] beschrieben haben und die in Abschnitt 2.41 erwähnt wurden.

Kritiker und Rezensenten stellen sich fast ausnahmslos auf den einseitigen Standpunkt, daß George in seiner Ehebeziehung das Opfer der Situation ist. Doch der einzige Unterschied zwischen ihm und Martha ist der, daß er ihr Stärke und sie ihm Schwäche vorwirft. Wenn die Rezensenten George überhaupt eine Mitverantwortung am Konflikt mit Martha zuschreiben, so nur in dem Sinn, daß er sich nach schwerer Provokation zu wehren beginnt. Unserer Ansicht nach handelt es sich bei diesem Konflikt aber um ein System gegenseitiger Provokationen, die weder der eine noch der andere Partner von sich aus einstellen kann. Es ist allerdings äußerst schwierig, diesen Circulus vitiosus zu beschreiben; vor allem fehlt uns eine zum Ausdruck gegenseitiger Kausalbeziehungen geeignete Sprache[3], und ferner ist es zum Zweck der Beschrei-

---

[3] Maruyama schlägt für diese Beziehungsform den monströsen Ausdruck «*multilateral mutual simultaneous causal relations*» [98] vor, also «vielseitige, gegenseitige, gleichzeitige Kausalbeziehungen», der einerseits die Natur dieser Beziehung recht gut umreißt, andererseits aber die Schwerfälligkeit digitaler Sprachen für die Beschreibung von Beziehungsphänomenen klar erkennen läßt.

bung unvermeidlich, irgendwo zu beginnen. Wo immer aber der Teufelskreis auf diese Weise deskriptiv gesprengt wird, ergibt sich der falsche Eindruck eines Anfangspunktes, und der Beobachter des Systems begeht damit denselben Fehler wie die Beziehungspartner selbst.

Da Marthas Attacken so offen und unverkennbar sind und sie oberflächlich so weitgehend dem Typ des emaskulierenden Mannweibs entspricht, müssen wir uns fragen, worin dann Georges Beitrag zu ihrem Konflikt besteht. Das bedeutet nicht, daß die Schuld von ihr auf ihn abgeschoben werden soll, denn Schuld steht hier nicht zur Frage. Es bedeutet vielmehr, daß sowohl er wie sie ihren (Marthas) Beitrag herausstreichen, d. h., daß auf Grund der von beiden angewandten Interpunktion sie der aktive und er der passive Partner ist (was sie nicht daran hindert, ihrer Aktivität bzw. Passivität verschiedene Bedeutungen zuzuschreiben; so z. B., wenn George seine Haltung für Selbstbeherrschung und Martha sie für Schwäche hält). Dies ist aber nur eine Taktik ihres Spiels; grundlegend bleibt die Tatsache, daß sie das Spiel zusammen spielen.

Unsere Betonung der Kreisförmigkeit ihrer Beziehung läßt wenig Raum für die Würdigung ihrer individuellen guten Eigenschaften: Beide sind intelligent und einfühlend, gelegentlich zeigen beide Mitleid, und beide scheinen sich hin und wieder der erschreckenden Folgen ihres Spiels bewußt zu sein und den Wunsch zu haben, es aufzugeben.

5.32 *Rückkopplung.* Die Rückkopplungsprozesse ihres Systems stehen entweder im Dienst der Symmetrie (und sind dann positiv und abweichungsamplifizierend) oder der Komplementarität (negative, stabilisierende Rückkopplungen). Die Grundformel symmetrischer Konkurrenz – «Was immer du tust, kann ich viel besser tun» – führt unweigerlich zur Eskalation und damit zum Verlust der Stabilität des Systems. Umgekehrt bringt eine Umstellung auf Komplementarität – durch Anerkennung des Standpunkts des anderen, Einlenken, Lachen, manchmal sogar durch bloße Passivität – ihr System wieder ins Gleichgewicht und beide zu einem wenigstens vorläufigen Waffenstillstand.

Diese grundsätzlichen Mechanismen haben aber ihre Grenzen. In dem Grad, in dem der Konflikt sowohl an Schärfe als auch an Ausmaß zunimmt (von kurzen, fast verspielten Sticheleien zu einem Gemetzel wie «Der gebeutelte Hausherr»), werden auch immer umfassendere

Stabilisierungsmechanismen notwendig, doch Georges und Marthas Versöhnungsfähigkeit steht in kläglichem Gegensatz zu ihrer Kampfbereitschaft. Selbst Metakommunikation als möglicher Stabilisator ist ihrer Symmetrie unterworfen (vgl. Abschnitt 5.43) und nährt die Flammen, statt sie einzudämmen. Zusätzliche Komplikationen ergeben sich ferner dann, wenn Komplementarität im Dienst der Symmetrie zu Paradoxien führt (vgl. Abschnitt 5.41) und damit die Lösung des Konflikts noch unmöglicher macht.

5.33 *Äquifinalität.* Wenn man unter einem System etwas versteht, das sich im Laufe der Zeit herausgebildet hat, sich in einem bestimmten Zustand befindet und von einem Zustand in einen anderen übergehen kann, so gibt es zwei verschiedene Möglichkeiten, seinen gegenwärtigen Zustand zu erklären. Wie wir bereits gesehen haben, besteht die eine Möglichkeit darin, den gegenwärtigen Zustand aus den Anfangsbedingungen abzuleiten oder, genauer gesagt, Rückschlüsse auf vermutliche Anfangsbedingungen zu ziehen (Ätiologie, Traumata oder, ganz allgemein, die individuelle Lebensgeschichte). In einem zwischenmenschlichen System wie dem von George und Martha können die Ausgangsbedingungen entweder gemeinsame Erlebnisse ihrer Verlobungszeit bzw. der ersten Jahre ihrer Ehe sein oder noch weiter zurück in früheren Lebenserfahrungen liegen. Beispiele für den ersten Fall wären der zufällige Knockout von George durch Martha, von dem sie sagt: «Wahrscheinlich hat das auf unser ganzes Leben abgefärbt. Sogar sicher! Auf alle Fälle erklärt es vieles» [S. 38]; oder, bei weniger oberflächlicher Betrachtung, die Umstände, die zu diesem Zwischenfall führten, also u. a. Georges Versagen, sich der Übernahme der Präsidentschaft als würdig zu erweisen; oder der Verlust von Marthas Unschuld und ihr Trinken, das mit «Getränken, die einer jungen Dame wohl anstehen» begann und nun bei «Spiritus» angekommen ist [S. 18] und das George seit Jahren erdulden muß; oder irgendwelche andere ähnliche Probleme, die ihren Anfang in den frühen Jahren ihrer Ehe nahmen. Was die individuellen Ausgangsbedingungen betrifft, so sind diese selbstverständlich noch zahlreicher. Sie sind aber auch offensichtlich summativ und bieten keine Erklärung dafür, wie der andere Partner zu ihnen paßt. So könnte man in George den latenten Homosexuellen sehen, der Martha verachtet, aus ihrer Affäre mit dem gutaussehenden Nick (und vermutlich anderen Männern) eine Ersatzbefriedigung gewinnt und den Affären daher Vorschub leistet. Ebenso wäre es möglich, Martha, George und den imaginären Sohn bzw. Nick als klassisches ödipales Dreieck aufzufassen, in dem Nick nicht nur mit der Mutter zu schlafen versucht und seine Impotenz ihm das Brechen des Tabus unmöglich macht, sondern in dem auch der heranwachsende «Sohn» vom Vater in derselben Weise getötet wird, in der George angeblich seinen eigenen Vater tötete [vgl. S. 59 f. und S. 138]; ganz ähnlich wiederholt die «Erschießung» Marthas mit dem Spielzeuggewehr [S. 38] die Art und Weise, in der George seine eigene Mutter erschossen haben soll [S. 59]. Dies sind nur einige der möglichen Erklärungen, die auf der Annahme beruhen, daß der gegenwärtige Zustand einer Beziehung durch frühere, oft vom Partner nicht geteilte Erlebnisse determiniert und daher erklärbar ist.

Das Wesen und die Verwendbarkeit anamnestischer Angaben kam bereits mehrmals zur Sprache (vgl. Abschnitt 1.2, 1.63, 3.64), und die Notwendigkeit eines über starre Kausalbeziehungen zwischen Vergangenheit und Gegenwart hinausgehenden Begriffssystems wurde in Abschnitt 4.33 erwähnt. Es dürfte also genügen, hier gegen die eben beschriebenen, auf der Vorgeschichte beruhenden Erklärungsversuche mit dem Hinweis Stellung zu nehmen, daß bei vielen – vielleicht den meisten – Untersuchungen menschlicher Lebensläufe die Vergangenheit nur als Bericht in der Gegenwart zugänglich ist. Da Berichte über die Vergangenheit aber notwendigerweise in einer gegenwärtigen zwischenmenschlichen Situation gemacht werden, kann die Vergangenheit sehr wohl selbst zum Material für das gegenwärtige Beziehungsspiel werden und daher unter Umständen sehr wenig mit «reiner» Information zu tun haben. Die Frage, ob diese Information wahr, tendenziös oder falsch ist, hat für das Verständnis der gegenwärtigen Interaktion viel geringere Bedeutung als die Frage, wie dieses Material verwendet wird und wie es die Beziehung beeinflußt. Was wir beabsichtigen, ist, das Ausmaß zu untersuchen, in dem die Systemparameter – die Regeln und die Grenzen, die sich aus der Beobachtung der Interaktion ableiten lassen – für die Kontinuität bzw. die Veränderungen des Systems verantwortlich sind; d. h., inwiefern eine Gesetzmäßigkeit, die nichts mit der Vergangenheit zu tun hat, als Erklärung des Systems dienen kann.

Damit soll nicht gesagt sein, daß eine ausschließliche Wahl zwischen völliger Abhängigkeit und völliger Unabhängigkeit von den Anfangsbedingungen gemacht werden muß. Unsere Aufgabe, vor allem als Psychotherapeuten, ist weniger schwierig; sie liegt nicht in der Beantwortung der Frage, *wann* und wie eine bestimmte Beziehungsstruktur entstand, sondern *ob* und wie sie jetzt beeinflußt werden kann.

5.4 *Das System George–Martha*

Die Beschreibung des Systems George–Martha erfordert zunächst eine Skizzierung ihrer Regeln und ihrer Taktiken, aus denen sich dann spezifischere Merkmale ihrer Interaktion ableiten lassen.

5.41 *Georges und Marthas «Spiel».* Die hervorstechendste Eigenschaft ihrer Interaktion sind symmetrische Eskalationen, die dadurch entstehen, daß beide versuchen, sich vom andern nicht überflügeln zu lassen bzw. ihn auszustechen – je nachdem, wessen Interpunktion man gelten lassen will. Dieses Ringen setzt gleich zu Anfang ein, als George und Martha mehrere rasche symmetrische Eskalationen durchlaufen, fast als handle es sich um Proben oder, wie George sich ausdrückt, «Martha und ich ... wir üben ... weiter nichts» [S. 24]. Der Inhalt dieser Übungen ist in jedem einzelnen Fall grundverschieden, die Struktur aber identisch, und nach jeder Übung wird vorübergehende Stabilisierung durch gemeinsames Lachen erreicht. So sagt Martha z. B.: «Du ... Du kotzt mich an.» George überlegt sich das mit gespielter Sachlichkeit:

Das war nicht sehr nett, Martha.
Martha: Das war nicht ... was?
George: ... nicht sehr nett [S. 12].

Martha reagiert weniger elegant:

Dein Zorn imponiert mir! Ich glaub', ich liebe ihn am meisten an dir ... Deinen Zorn! Mensch, bist du ein ... Waschlappen! Du hast keinen Funken ... keinen Funken ... na, was denn schon ...?!
George: ... Mumm in den Knochen ...?
Martha: Quatschkopf! (Pause) [S. 12]

Dann lachen beide, und die erste Runde ist zu Ende. Lachen signalisiert Einverständnis und hat damit eine stabilisierende, homöostatische

Wirkung. Doch für ein länger dauerndes Gleichgewicht ist ihre Symmetrie viel zu labil. Selbst der geringfügigste Anspruch, den ein Partner an den anderen stellt, löst sofort eine Reaktion aus, deren Zweck die Wiederherstellung der Gleichheit zwischen ihnen ist. So weist Martha ihren Mann unmittelbar darauf an, mehr Eis in ihr Glas zu tun. George kommt diesem Wunsch nach, vergleicht sie aber mit einem Cockerspaniel, da sie immer Eis kaut; eines Tages werde sie sich daran die Zähne ausbeißen – und schon geht es wieder los:

Martha: Sind ja schließlich meine Zähne!
George: Nicht alle ... alle nicht ...!
Martha: Ich hab' immer noch mehr Zähne als du.
George: Zwei mehr.
Martha: Zwei mehr ist viel! [S. 13]

Dies veranlaßt George, einen anderen wunden Punkt Marthas vorzunehmen:

Vielleicht. Sogar sicher, wenn man bedenkt, wie alt du bist.
Martha: Hör auf. Fang nicht damit an! (Pause) Du bist auch nicht mehr der Jüngste.
George (wie ein Junge): Ich bin sechs Jahre jünger als du ... ich war's immer... (singt) «...und werd' es e-e-wi-ig, e-ewi-ig blei-ei-ei-ei-ei-ei-ben!»
Martha (sauer): Du kriegst eine Glatze.
George: Du auch. (Pause. Sie lachen beide.) Prost, mein Schatz.
Martha: Prost. Komm her und gib deiner Mammi einen großen, dicken Schmatz. [S. 13]

Und eine neuerliche Eskalation beginnt. George weigert sich sarkastisch, sie zu küssen:

Weißt du, Schatz, wenn ich dich jetzt küsse, rege ich mich auf ... Ich gerate außer mir und vergewaltige dich auf der Stelle ... hier im Wohnzimmer auf dem Teppich. Und dann kommen unsere lieben kleinen Gäste herein und ... Na, was würde dein Vater dazu sagen?
Martha: Du Schwein!
George: Boingngngn!
Martha: Ha, ha, ha, HA! Gib mir noch 'was zu trinken ... Boccaccio! [S. 13]

Das Thema wechselt nun auf ihr Trinken über, die Eskalation wird immer bitterer und führt zum Streit, wer die Gäste hereinlassen soll, die inzwischen angekommen sind und bereits mehrmals geläutet haben.

Wie man sieht, sind beide nicht willens, sich vom anderen etwas sagen zu lassen, während beide andererseits fortwährend das Recht beanspruchen, dem anderen Anweisungen zu geben und selbst die Initiative zu haben. Martha sagt z.B. nicht: «Würdest du mir etwas Eis geben ...» und schon gar nicht: «Könnte ich, bitte, etwas Eis haben ...», sondern «Gib mir noch'n Stück Eis. Du gibst mir nie Eis ...» [S. 12]. Und in ganz ähnlichem Stil befiehlt sie ihm, sie zu küssen oder die Haustür zu öffnen. Aber auch wenn sie diese Unhöflichkeit nicht an den Tag legt, ist sie der Gewandtheit Georges doch unterlegen, was er mit einem wohlausgeführten Manöver beweist, nachdem sie ihn vor ihren Gästen lächerlich gemacht hat:

George (beherrscht sich mit aller Kraft und fragt dann, als ob sie nichts anderes gesagt hätte, als: «George, mein Schatz ...»): Ja, Martha? Kann ich etwas für dich tun?

Martha (amüsiert sich über ihn): Ach ... du kannst mir Feuer geben, wenn du Lust hast.

George (überlegt ... und läßt es dann bleiben): Nein ... es hat alles seine Grenzen. Bis zu einem gewissen Grade können Menschen Demütigungen einstecken, ohne auf der guten alten Leiter der menschlichen Entwicklung ... – (ein schnelles Apart zu Nick) ... was übrigens in ihr Spezialgebiet gehört ... – (zurück zu Martha) ... ohne auf der Leiter der menschlichen Evolution einige Sprossen zurückzufallen. Das ist eine ganz eigentümliche Leiter, Martha .... wer einmal 'runtergefallen ist, kommt nie mehr hinauf. (Martha schickt ihm gnädig einen Handkuß.) Ich bin gerne bereit, nachts dein Händchen zu halten, wenn du nachts Angst vor dem schwarzen Mann hast ... Ich schleppe nach Mitternacht gern die leeren Ginflaschen hinaus, damit niemand merkt, wieviel du trinkst ... Aber Feuer gebe ich dir nicht und – wie man so schön sagt – damit basta! (Kurze Pause)

Martha (unterdrückt): Menschenskind! [S. 34]

Wenn George höflich ist oder ihr die Oberhand läßt, nennt ihn Martha entweder einen Schwächling oder vermutet, nicht ganz ohne Grund, eine Falle.

Obwohl Georges und Marthas Taktiken sehr verschieden sind, sind sie doch in allen Einzelheiten aufeinander eingespielt. Martha ist kraß, unverblümt in ihren Beleidigungen und direkt, fast physisch, aggressiv. Ihre Sprache ist grob, und ihre Angriffe sind selten sehr geschickt, aber immer ohne Hinterlist. Selbst ihr für George schmerzhaftester Angriff («Der gebeutelte Hausherr») läuft auf eine einfache Bloßstellung hinaus.

George dagegen stellt geschickte Fallen und verwendet Passivität, Anspielungen und zivilisierte Zurückhaltung als seine Waffen. Martha beleidigt ihn auf recht gewöhnliche Weise (mit vulgären Ausdrücken oder indem sie immer wieder über sein berufliches Versagen spottet), während er subtilere Werte ins Treffen führt, sie in eleganter und stilvoller Weise blamiert und vor allem dafür sorgt, daß ihre Grobheiten den andern nicht entgehen. Dies erreicht er dadurch, daß er ihr Benehmen wie mit einem Spiegel auf sie zurücklenkt, so z. B. oben – «Das war nicht sehr nett, Martha» – oder mit viel deutlicherer Absicht bei einem anderen Zusammenstoß mit ihr, als er die kichernde Putzi nachahmt:

Hi, hi, hi, hi, hi ...
Martha (wendet sich George abrupt zu): Halt die Klappe, Mistbock!
George (gekränkte Unschuld): Martha! (Zu Putzi und Nick): Martha spricht oft wie ein Fuhrmann ... [S. 16]

Es hätte vermutlich durchaus genügt, wenn Martha geschwiegen und Georges Taktlosigkeit für sich selbst hätte sprechen lassen. Eben das aber wäre *seine* Taktik, die sie nicht anzuwenden versteht, und er weiß das und legt sie elegant damit herein. Es wird klar, daß beider Verhalten aufeinander abgestimmt ist und er Marthas Beleidigungen geschickt zu Bumerangs macht, die sie um so schmerzhafter treffen[4]. Damit aber verhindern beide erfolgreich jede Entspannung: *Diese Taktiken ermöglichen nicht nur das Spiel, sondern machen auch seine Beendigung unmöglich* (vgl. Abschnitt 7.2).

Natürlich kann diese Beziehung nicht stabil sein. Martha steigert ihre Angriffe gelegentlich über das erträgliche Maß hinaus. George verwendet dann ihre Taktik, so z. B. in seinem tätlichen Angriff auf sie während des Spiels «Der gebeutelte Hausherr».

George (stürzt sich auf sie): Ich bring' dich um! (Er packt sie an der Gurgel. Sie ringen miteinander.)
Nick (drängt sich zwischen die beiden): He ...!
Putzi (außer sich): Mord und Totschlag! Mord und Totschlag!
(George, Martha und Nick im Handgemenge, Schreie usw.)
Martha: Es ist alles passiert! Mir! Mir!
George: Du Teufelsbraten!
Nick: Aufhören! Hören Sie auf!
Putzi: Mord und Totschlag!
(Die andern drei kämpfen miteinander. George umklammert Marthas Hals. Nick packt George, reißt ihn von Martha weg und wirft ihn zu Boden.

---

[4] Der Begriff der sadomasochistischen Symbiose drängt sich hier auf, hat aber zwei Unzulänglichkeiten: Erstens macht die Kreisförmigkeit ihrer Beziehung es schwierig, zu entscheiden, welche Rolle wem zugewiesen wäre. Und zweitens liegt diesem Begriff wiederum die Frage: *Warum?* zugrunde; er ist summativ und sagt nichts darüber aus, *wie* eine solche Dyas funktioniert.

George liegt am Boden, Nick über ihm, Martha auf der andern Seite, eine Hand am Hals, an der Stelle, wo George sie gewürgt hat.) [S. 83]

So wie Martha unfähig ist, Georges Taktik gegen ihn selbst zu verwenden, kann auch George nicht mit Marthas Taktik gegen sie aufkommen. Er kann dann nur auf seinen eigenen Stil zurückfallen, wie er es z. B. in der Atempause tut, die auf diesen Angriff folgt:

George (alle beobachten ihn, eine Pause): Still ... ganz still ... bitte, seid für einen Augenblick ganz still ...
Martha (leise, langsam den Kopf schüttelnd): Mörder ... Mör-der ...!
Nick (leise zu Martha): Bitte ... es langt jetzt.
(Kurze Stille. Sie bewegen sich alle wie Ringkämpfer nach einem Niederschlag.)
George (äußerlich hat er seine Haltung zurückgewonnen, aber eine nervöse innere Spannung hat sich seiner bemächtigt): So ...! Ein Gesellschaftsspiel hätten wir hinter uns. Was tun wir jetzt, hm? (Martha und Nick lachen nervös.) Kommt, strengt euch 'n bißchen an, es wird euch doch 'was einfallen. «Der gebeutelte Hausherr» ist vorbei ... Was spielen wir jetzt?
Nick: Lassen Sie uns doch zufrieden ...!
George: Lassen Sie uns doch zufrieden! (Er greint den Satz.) Lassen Sie uns doch zufrieden! (Wieder normal.) Nein, wirklich, im Ernst ... es muß doch noch andere Spiele geben ... Wir wackeren College-Professoren ... Ich meine, dies kann doch nicht unserer Weisheit letzter Schluß gewesen sein, was? [S. 83 f.]

Und er schlägt unverzüglich ein neues Spiel vor, das sie bis zum Ende beschäftigen wird. Es heißt «Das Hausfrauenschänderspiel», ein Koalitionsspiel, das Nicks Beteiligung erfordert. Diese Hinzufügung eines dritten Spielers zu einer bereits äußerst verwirrenden Interaktion mit den sich daraus ergebenden dyadischen Verschiebungen erhöht die Komplexität der Handlung beträchtlich. Bis zu diesem Punkt benützten George und Martha ihre Gäste nur in Quasikoalitionen, sozusagen als Munition für ihre gegenseitigen Angriffe. In die neue Runde ist der dritte Spieler, Nick, aber unmittelbarer einbezogen. Da er zunächst den an ihn gestellten Erwartungen nicht nachkommt, schafft George die Voraussetzungen dafür mit Hilfe eines Vorspiels, «Die Gästefalle», das Nick in die gewünschte Stimmung versetzt:

Nick (zu George): Das wird Ihnen noch leid tun.
George: Vielleicht. Mir hat schon vieles im Leben leid getan.
Nick: Das wird Ihnen leid tun, dafür sorge ich.
George (leise): Daran zweifle ich nicht. Es war eine bittere Pille, hm? Sie wurmt Sie sehr ... die Schande, was?
Nick: Ich spiel' noch Scharaden mit Ihnen, verlassen Sie sich drauf ... nach

Ihren Spielregeln ... in Ihrer Sprache ... Ich werde genauso sein, wie Sie mich hingestellt haben.
George: So sind Sie schon längst, Sie wissen es nur nicht. [S. 90]

Das bemerkenswerteste in den nun folgenden Ereignissen ist ihre Konformität mit Georges und Marthas Grundregeln und speziellen Taktiken [5]. Denn wieder sind beide darauf aus, mit dem anderen abzurechnen: Martha durch die flagrante Herausforderung des unverhüllten Ehebruchs, George dadurch, daß er diese Situation erst herbeiführen hilft und dann wiederum Martha ihr eigenes Benehmen vorwirft. Er lockt sie in diese Falle, indem er, statt mit ihr eine neuerliche symmetrische Eskalation zu durchlaufen, ihr plötzlich nicht nur (komplementär) zustimmt, sondern sie sogar auffordert, sich mit Nick einzulassen. Das ist keineswegs der Rückzug eines Hilflosen, obwohl dieser Schritt für George durchaus nicht schmerzlos ist. Martha ist für eine neue Eskalation gewappnet, nicht aber für diese neue Taktik Georges (die in Abschnitt 7.3 unter dem Titel «Symptomverschreibung» näher behandelt wird). Als Antwort auf ihre Drohung teilt ihr George in aller Ruhe mit, daß er ein Buch zu lesen gedenke:

Martha: Was tust du?
George (ruhig und deutlich): Ich lese mein Buch. Lesen. Lesen. Lesen?! Du weißt doch, was das bedeutet? (Er nimmt ein Buch zur Hand.)
Martha (steht auf): Was soll das heißen? Lesen? Jetzt?! Was ist denn in dich gefahren? [S. 101 f.]

Nun steht Martha vor der Wahl, entweder die Verführung Nicks aufzugeben oder sie fortzusetzen, um zu sehen, wie ernst es George mit seiner Absicht ist. Sie entscheidet sich für die zweite Möglichkeit und beginnt, Nick zu küssen. George ist in sein Buch vertieft.

Martha: Weißt du, was ich tue, George?
George: Nein, Martha ... Was tust du?

---

[5] In der Verfilmung des Theaterstücks fehlen diese Szenen und sind durch eine nichtssagende Variante ersetzt. Ihr zufolge fahren alle vier in eine Taverne (um ungefähr vier Uhr morgens!) und man kann nur annehmen, daß die einzige Begründung dafür die filmische Notwendigkeit eines Szenenwechsels sein muß. Als es an die Rückfahrt geht, läßt Martha George nach einem Streit an einer Straßenecke stehen und fährt mit den Gästen allein zurück. George muß zu Fuß nach Hause gehen, und in der Zwischenzeit, die Putzi in bewußtloser Betrunkenheit verbringt, sind Nick und Martha allein, und fast *faute de mieux* findet die «Verführung» statt – der dadurch die unmittelbare Bedeutung völlig abgeht, die sie auf der Bühne hat.

Martha: Ich unterhalte einen Gast. Ich halte ihn unter. Ich knutsche mit einem Gast [S. 103]

Aber George läßt sich nicht herausfordern. Martha hat nun die Provokationen verwendet, die normalerweise Georges Reaktionen auslösen. Sie versucht es nochmals:

Martha: ... Ich hab' gesagt, ich knutsche mit einem Gast!
George: Hoffentlich macht's dir Spaß. Laß dich nicht stören.
Martha (ratlos, sie weiß nicht, was sie sagen soll): ... Ich soll mich nicht ...
George: ... stören lassen, ja ... wenn's dir Spaß macht.
Martha (kneift die Augen zusammen, ihre Stimme wird hart und böse): Jetzt weiß ich, was du bist, du lausiger, alter ...
George: Ich bin auf Seite hundertsechsundzwanzig ... [S. 103]

Martha wird unsicher, schickt Nick in die Küche und wendet sich wieder George zu:

Martha: Jetzt hör mir gut zu ...
George: Ich möchte viel lieber lesen, Martha, wenn's dir nichts ausmacht ...
Martha (vor Zorn den Tränen nahe, vor Demütigung außer sich vor Wut): Es macht mir aber etwas aus! Entweder du gibst dein fieses Spielchen sofort auf, oder ich schwör' bei Gott, ich tu's. Ich schwör' bei Gott, ich folg' dem Kerl in die Küche, nehm ihn mit mir 'rauf und ...
George (dreht sich ihr brüsk wieder zu, laut, haßerfüllt): *Und wenn schon, Martha!* [S. 104]

In ähnlicher Weise verfährt er mit Nick:

Nick: Sie machen sich überhaupt nichts ... aber auch gar nichts ...
George: Sie haben vollkommen recht: ich mache mir gar nichts draus. Ich wüßte nichts, was mir gleichgültiger wäre. Also bitte, nehmen Sie den alten Wäschesack, werfen Sie ihn über die Schulter und ...
Nick: Sie sind ekelhaft.
George (ungläubig): Ach! *Sie* sind drauf und dran, Martha zu behüpfen, und *ich* bin ekelhaft?! (Er bricht in schallendes Gelächter aus.) [S. 103 f.]

5.411 Georges und Marthas Wettstreit ist nicht, wie es oberflächlich scheinen könnte, einfach ein offener Konflikt, in dem beide versuchen, den anderen zu vernichten. Er scheint vielmehr, als könnte ihre Beziehung eine Kampfehe oder ein Ehekampf genannt werden; denn vermutlich haben ihre Eskalationen eine obere Grenze (schießlich heirateten sie ja vor mehr als zwanzig Jahren und sind immer noch verheiratet) und offensichtlich bestehen von beiden beachtete Regeln dafür, wie das Spiel gespielt werden muß. Diese Regeln bestimmen Georges und Marthas grundsätzliche Symmetrie und verleihen Gewinn (oder Verlust) einen ganz bestimmten Wert innerhalb des Spiels selbst; ohne diese Spielregeln hätte weder Gewinnen noch Verlieren einen Sinn.

Ohne unsere Formalisierung der Beziehung zu weit zu treiben, läßt sich sagen, daß eine der Bedingungen ihrer Symmetrie (die ohne solche Bedingungen zu wirklichem und nicht nur metaphorischem Mord führen müßte) die ist, daß sie nicht nur wirkungsvoll, sondern auch witzig und gewagt sein muß. Ein Beispiel hierfür bietet der folgende rein symmetrische Austausch von Beleidigungen:

George: Monstre!
Martha: Cochon!
George: Bête!
Martha: Canaille!
George: Putain! [S. 63 f.]

Ihre zungengewandte Bosheit hat unleugbaren Stil, dem gegenüber Nick und Putzi um so fader erscheinen. Sie geben keine guten Mitspieler ab; Marthas Enttäuschung über Nick ist nicht nur sexueller Art, sondern beruht auch darauf, daß Nick passiv und phantasielos ist, und George, der sich Nick mehrmals als Kontrahenten vornimmt, scheint in ihm ebenfalls einen eher enttäuschenden Gegner zu sehen:

George: Ich hab' Sie gefragt, wie Ihnen die Deklination gefällt: «gut, besser, am besten, bestens.» Na? Hm?
Nick (abgestoßen): Ich weiß wirklich nicht, was ich darauf sagen soll.
George (mit geheuchelter Ungläubigkeit): Sie wissen wirklich nicht, was Sie darauf sagen sollen?
Nick (schleudert ihm die Antwort ins Gesicht): Na, gut ... was wollen Sie hören? Soll ich sagen, es sei lustig, damit Sie mir widersprechen und sagen, es sei traurig? Oder soll ich sagen, es sei traurig, damit Sie sagen können, es sei lustig? Man kann dieses Spielchen bis zur endgültigen Verblödung treiben! [S. 23]

Zusätzlich zu ihrer Originalität finden – um nicht zu sagen, erwarten – George und Martha im Partner eine gewisse Stärke, eine Fähigkeit, alles in ihr Spiel hineinzunehmen, ohne mit der Wimper zu zukken. So stellt sich George im letzten Akt auf Marthas Seite, um zusammen mit ihr Nick lächerlich zu machen, obwohl das Thema der Verhöhnung seine eigene Hahnreischaft ist:

Martha (zu Nick): Hiergeblieben! Mein Mann will 'was trinken.
Nick: Von mir kriegt er nichts!
George: Martha, das ist wirklich zuviel verlangt. Schließlich ist er dein Hausbursch', nicht meiner.
Nick: Ich bin ...
Martha: ... von Kopf bis Fuß ...
Nick: Kein Hausbursch'!

Martha und *George* zusammen (sie singen): Ich bin von Kopf bis Fuß auf Hausbursch' eingestellt...
Nick: Abgrundtief böse...
George (beendet grinsend den Satz für Nick): Kinder...? Hm? Hab' ich recht? Böse Kinder, die nur auf böse Streiche sinnen...? Die so tun, als sei das Leben ein Kinderspiel? Haben Sie das sagen wollen?
Nick: Ein kindisches Spiel!
George: Na, na, na, na! Mach dir nicht in die Hose, Junge!
Martha: Das ist das einzige, was er vielleicht noch kann. Er hat den Tatterich, so hat er sich die Nase begossen.
George: Ach, der Arme... [S. 118]

Ihre riskanten Herausforderungen werden immer ungewöhnlicher, wenn das Übertrumpfen oder «Vornehmen» des anderen immer weniger Zurückhaltung und immer mehr Phantasie erfordert. Martha ist z. B. über ein besonders erschreckendes Späßchen Georges begeistert: Sie ist gerade dabei, George vor Nick und Putzi lächerlich zu machen, als dieser auf die Bühne zurückkommt, seine Hände hinterm Rücken, und zuerst nur in Putzis Blickfeld; Martha erzählt unterdessen mit offensichtlichem Genuß, wie sie George niederboxte:

Martha: Dabei war's ein unglücklicher Zufall ... ein vertrackter Zufall! (George zieht ein Gewehr mit kurzem Lauf hinter seinem Rücken hervor und zielt damit ruhig auf Marthas Hinterkopf. Putzi schreit... springt auf. Nick springt auf, und gleichzeitig dreht Martha sich um und erblickt George. George drückt ab.)
George: Bum!
(Ein großer, gelb-roter chinesischer Sonnenschirm schießt aus dem Lauf und öffnet sich. Putzi schreit noch einmal, diesmal eher vor Erleichterung und aus Verwirrtheit.)
Nick (lacht): Heiliger Bimbam!
(Putzi ist außer sich. Martha lacht auch ... sie bricht fast zusammen vor Lachen. George nimmt an dem allgemeinen Gelächter und Durcheinander teil, das sich nach und nach wieder legt.)
Putzi: Ach, du lieber Himmel!
Martha (fröhlich): Wo hast du das her, du Strolch?!
(...)
George (ein wenig zerstreut): Ich hab's schon eine ganze Weile. Hat's dir Spaß gemacht?
Martha (kichert): Du Strolch! [S. 38 f.]

Marthas Fröhlichkeit und Kichern mag zum Teil ihrer Erleichterung nach dem ausgestandenen Schreck zuzuschreiben sein, aber es liegt darin auch das fast sinnliche Vergnügen an einer gut gespielten Partie, ein Vergnügen, das beide teilen:

George (beugt sich zu Martha hinunter): Das hat dir Spaß gemacht, hm?
Martha: Ähem, das war lustig. (Sanft): Gib mir einen Kuß. [S. 39]

Diese Harmonie kann jedoch nicht lange dauern, denn so wie ihre Rivalität sexuelle Aspekte hat, ist ihr sexuelles Verhalten weitgehend Rivalität, und als Martha sich George nun direkt nähern will, erhebt dieser Einwände; sie wiederum will nicht locker lassen, und George gewinnt schließlich einen Pyrrhussieg [S. 39], indem er sie abweist und an die Adresse seiner Gäste die Unschicklichkeit ihres Verhaltens kommentiert.

Der von beiden verwandte Stil stellt also eine weitere Einschränkung dar, eine zusätzliche Redundanz in ihrem Spiel. Im Hasardspiel der von ihnen eingegangenen Risiken scheinen sie sich zwar gegenseitig zu bestätigen, doch sind die Fronten zwischen ihnen so erstarrt, daß diese Ich- und Du-Bestätigungen nur vorübergehend sind und sich auf ihnen nichts Neues aufbauen kann.

5.42 *Der Sohn.* Der imaginäre Sohn ist ein Thema, das besondere Beachtung erfordert. Viele Rezensenten, die sonst sehr positiv über das Stück im allgemeinen urteilen, lehnen diesen Aspekt ab. Malcolm Muggeridge bemerkt: «Das Stück fällt im dritten Akt auseinander, als die bedauerliche Geschichte mit dem imaginären Kind entwickelt wird» [105, S. 58], und Howard Taubman protestiert:

> Herr Albee will uns weismachen, daß sein älteres Ehepaar 21 Jahre lang die Vorstellung nährte, daß sie einen Sohn haben, daß seine imaginäre Existenz ein Geheimnis ist, das sie zutiefst bindet und trennt, und daß die Tatsache, daß George ihn für tot erklärt, ein Wendepunkt sein könnte. Dieser Teil der Geschichte klingt unwahr, und seine Unglaubwürdigkeit beeinträchtigt die Glaubwürdigkeit der beiden Hauptpersonen [147].

Diese Ansicht steht vor allem in Widerspruch zur klinischen Erfahrung. Die Glaubwürdigkeit einer Vorstellung hat weder etwas mit dem für sie nötigen Grad der Wirklichkeitsverfälschung zu tun noch damit, daß sie von beiden Partnern geteilt werden muß. Seit der klassischen Folie à deux sind viele kollektive Wirklichkeitsverzerrungen beschrieben worden. Laing und Esterson [88, S. 120] z. B. referieren über eine Familie, die «Edens», deren Umbenennung aller Familienbeziehungen zu einem ungewöhnlichen Grad zwischenmenschlicher Unwirklichkeit geführt hatte. Mit Ausnahme der siebzehnjährigen Tochter fanden sich aber alle Familienmitglieder in diesem völlig unwirklichen Beziehungssystem, das anscheinend hauptsächlich der Tochter wegen ins Leben gerufen worden war, gut zurecht. Die nachfolgende Liste stellt den Schlüssel für die Umbenennungen dar:

Wirkliche Verwandtschaftsbeziehung zur Tochter	*Benennung, die die Tochter anzuwenden hatte*
Vater	Onkel
Mutter	Mammi
Tante (Mutters Schwester)	Mutter
Onkel (Gatte der Tante)	Daddy – später Onkel
Vetter	Bruder

Wie gesagt, war das einzige Familienmitglied, das sich in diesem Chaos von Identitäten und Beziehungen nicht zurechtfand, die Tochter, die schließlich mit einer akuten Katatonie in eine Heilanstalt eingewiesen werden mußte...

Ferreira nennt diese Wirklichkeitsentstellungen «Familienmythen» und meint damit

eine Reihe von ziemlich eng zusammenhängenden Meinungen aller Familienmitglieder sowohl über einander als auch über die Stellung jedes einzelnen innerhalb der Familie – Meinungen, die trotz ihrer offensichtlichen Wirklichkeitsferne von niemandem in Zweifel gezogen werden [40, S. 457].

Wichtig an dieser Formulierung ist erstens, daß der Mythus nicht blind geglaubt zu werden braucht, und zweitens, daß die Täuschung sozusagen im gegenseitigen Weismachen liegt und nicht in den Individuen selbst. Was den ersten Punkt betrifft, bemerkt Ferreira: «Das individuelle Familienmitglied kann sogar wissen, daß das Bild weitgehend falsch ist und nicht mehr als eine Art offizieller Parteilinie darstellt» [40, S. 458]. Auch Albee behauptet nirgends, daß George und Martha «wirklich» einen Sohn zu haben glauben. Wenn sie darüber sprechen, so tun sie es in offensichtlich unpersönlicher Weise und beziehen sich nicht auf eine Person, sondern auf einen Mythus. Bei der ersten Erwähnung des fiktiven Sohns am Anfang des Stücks spricht George über Marthas «Lieblingsnummer... deine Lieblingsnummer, der Junge» [S. 15]. Später spielt er sogar mit dieser Doppelbedeutung:

George: ... Du hast davon angefangen. Wann kommt er nach Hause, Martha?
Martha: Ach, laß mich in Ruhe. Es tut mir leid, daß ich es erwähnt habe!

George: Daß du «*ihn*» erwähnt hast, ... nicht «*es*». Du hast «*ihn*» erwähnt. Er ist auf deinem Mist gewachsen, mehr oder weniger. Na, wann erscheint er denn, der Fehltritt unserer Liebe? Hat er morgen nicht Geburtstag?
(...)
Martha: Ich will nicht davon reden!
George: Das kann ich dir nachfühlen. (Zu Putzi und Nick): Martha redet nicht gern davon ... von «*ihm*» ... Es tut ihr leid, daß sie es ... «*ihn*» ... in die Welt gesetzt hat. [S. 46]

So konsequent behalten sie die Unterscheidung zwischen «Sohn» und «Sohnmythus» während des ganzen Stückes bei, daß die Annahme, sie glaubten wirklich an die Existenz des Sohnes, einfach unmöglich ist. Das beweist besonders Marthas Reaktion auf Georges Mitteilung vom Tod des «Sohns» – sie zittert am ganzen Leib vor Wut und vor Schmerz über den Verlust: «*... Das darfst du nicht! Du kannst nicht machen, was du willst! Ich lasse dich nicht!*» [S. 138]

Wenn dem aber so ist, warum dann die Fiktion, einen Sohn zu haben? Wiederum ist das *Wofür* die sinnvollere Frage als das *Warum*. Ferreira bemerkt dazu:

> Der Familienmythus stellt Ruhepunkte in der Beziehung dar. Er weist Rollen an und schreibt Verhalten vor, das seinerseits die Rollen stärkt und festigt. Davon abgesehen läßt sich sagen, daß sein Inhalt eine kollektive Abweichung darstellt, eine Abweichung, die wir «Pathologie» nennen könnten. Zugleich aber ist der Familienmythos durch die bloße Tatsache seines Bestehens ein Teil des Lebens, ein Stück Wirklichkeit, mit dem die in diese Familie geborenen Kinder konfrontiert sind und das sie genauso beeinflußt wie auch die Außenstehenden, die damit in Berührung kommen [40, S. 462].

Der Sohn ist imaginär, die Interaktion über ihn aber nicht: Sie ist eine zwischenmenschliche Wirklichkeit, deren Verstehen für das Verstehen des Beziehungssystems unerläßlich ist.

Die Grundvoraussetzung, für diese Interaktion ist eine Koalition zwischen George und Martha. Um die Fiktion des Sohns aufrechtzuerhalten, müssen sich beide darüber einig sein; denn im Gegensatz zu einem wirklichen Kind, das, einmal gezeugt, ein wirkliches Leben lebt, bedarf es hier einer beständigen Einigung, um den Mythus immer neu zu zeugen. Und auf diesem Gebiet können sich die beiden offenbar einigen, können sie etwas gemeinsam ohne Hader erleben [6]. Ihre

---

6 Von den uns bekannten Rezensionen erwähnt nur die Duglore Pizzinis diese Möglichkeit; danach ist der imaginäre Sohn «ein Traumgebilde, das dem kinderlosen Ehepaar inmitten seiner Kloakenhäuslichkeit immerhin noch Ansätze zur Gemeinsamkeit bescherte...» [112, S. 10].

Phantasie über den Sohn ist so unwahrscheinlich und so persönlich, daß sie sich vielleicht gerade deswegen Einverständnis über sie leisten können. Obwohl sie über den Sohn genauso zu streiten imstande sind wie über alles andere, verleiht er ihren symmetrischen Eskalationen dennoch eine gewisse Stabilität – eben die Notwendigkeit, den Mythus miteinander zu teilen. *Ihr Kindmythus ist ein homöostatischer Mechanismus.* Im Mittelpunkt ihres Lebens haben sie also eine stabile symmetrische Koalition, und diese ermöglicht es ihnen, den Mythus in allen Einzelheiten auszubilden. So z. B. beschreibt Martha die Kindheit ihres Sohns in einer fast traumartigen Reminiszenz:

Martha: Und als er größer wurde ... – oh, er war so gescheit, so klug ... ging er zwischen uns ... (Sie breitet die Arme aus.) ... und gab uns seine Hände ... Halt suchend ... und die Berührung unserer Hände ... war gleichzeitig auch ein gegenseitiger Schutz ... um sich selbst zu beschützen ... und *uns.* [S. 132]

Wir können fast mit Sicherheit annehmen, daß einem wirklichen Kind von George und Martha dieselbe Aufgabe zugefallen wäre. Obwohl wir dies im Stück selbst nicht beobachten können, müssen wir Ferreiras Vermutung beipflichten:

Es hat den Anschein, daß der Familienmythus dann konstelliert wird, wenn gewisse Spannungen zwischen Familienmitgliedern bestimmte Grenzen erreichen und bestehende Beziehungen tatsächlich oder vermeintlich zu stören drohen. Der Familienmythus wirkt dann wie ein Homöostat, der durch die «Temperatur» der Familie aktiviert wird. Wie jeder homöostatische Mechanismus bewahrt er das Familiensystem davor, sich selbst zu beschädigen oder gar zu zerstören. Er hat daher die Eigenschaften eines Sicherheitsventils; er ist lebenswichtig ... [40, S. 462]

Das Stück aber befaßt sich nicht mit dieser Funktion des Familienmythus, sondern mit seiner Zerstörung. Was die Existenz des Sohns betrifft, darf nicht als Munition für Georges und Marthas Gefechte verwendet werden. Die Verletzung dieser ungeschriebenen Regel, selbst in der Hitze des Gefechts, gilt als wirklich verwerflich:

Martha: Georges Schwierigkeiten bestehen darin ... sein Problem ist, daß unser kleiner ... ha, ha, ha, HA! ... daß unser Sohn ... – und das frißt an seinen Eingeweiden ... – daß unser Sohn nicht von ihm sein könnte.
George (ernst): Du bist durch und durch schlecht.
Martha: Und dabei hab' ich dir schon hunderttausendmal gesagt, mein Schatz, ich würde von keinem andern empfangen als von dir ... das weißt du doch, mein Schatz.
George: ... durch und durch.
Putzi (aus tiefem trunkenen Leid): Du lieber, lieber Gott!

Nick: Ich glaube, das ist keine Thema für ...
George: Martha lügt. Ich will, daß Sie das wissen. Martha lügt. Es gibt sehr wenige Dinge auf dieser Welt, deren ich sicher bin ...: Staatsgrenzen, die Höhe des Meeresspiegels, politische Treue, Moralität ... für keinen dieser Begriffe würde ich die Hand ins Feuer legen ... Doch die *eine* Sache auf dieser untergehenden Welt, deren ich vollkommen sicher bin, ist meine Partnerschaft, meine genetische Partnerschaft in der Erzeugung unseres blond-äugigen, blau-haarigen ... Sohnes. [S. 47]

Und doch ist es George, der, soweit sich das feststellen läßt, den ersten Schritt unternimmt, der schließlich die Wandlung seiner Beziehung zu Martha in Gang setzt. Gleich zu Beginn des Stückes versetzt ihn Marthas Anweisung, die Tür zu öffnen, in das Dilemma, ihr entweder gehorchen oder die Gäste draußen warten lassen zu müssen. Er kommt schließlich ihrem Befehl nach – nicht aber, ohne in typisch symmetrischer Weise sofort wieder Gleichheit herzustellen: Er verbietet ihr, den Sohn zu erwähnen [S. 15]. Wie George selbst jedoch später ausdrücklich feststellt, besteht eine Spielregel, wonach sie den Sohn keinem Außenstehenden gegenüber erwähnen dürfen («Du hast dich nicht an die Spielregeln gehalten. Du hast über ihn geredet...» [S. 141]). Aus diesem Grund scheint Georges plötzlicher Hinweis auf dieses Verbot sowohl völlig unmotiviert als auch unwichtig. Die beiden haben aber auch eine Spielregel höherer Ordnung – auf der ihr ganzes Spiel beruht –, wonach weder der eine noch der andere das Verhalten des Partners bestimmen darf. Daher *muß* jeder Befehl abgelehnt werden und fordert das gegenteilige Verhalten geradezu heraus. Von dem Augenblick an, in dem George es Martha völlig unnötigerweise verbietet, den Sohn zu erwähnen, ist es praktisch sicher, daß Martha ihn erwähnen wird:

George: Tu du mir nur den einen Gefallen und zieh nicht deine Lieblingsnummer ab.
Martha: Lieblingsnummer? Abziehen? Wie redest du mit mir? Was soll das heißen?
George: Lieblingsnummer! Fang bloß nicht mit deiner Lieblingsnummer an.
Martha: Du redest wie deine halbstarken Studenten. Was willst du? Was ist das? Meine Lieblingsnummer?
George: Der Junge. Sprich nicht von unserem Jungen.
Martha: Was hältst du eigentlich von mir?
George: Viel zuviel.
Martha (jetzt ist ihr Zorn echt): So?! Wenn ich will, red' ich vom Jungen, solang's mir paßt!

George: Tu mir den Gefallen und laß den Jungen aus dem Spiel.
Martha (drohend): Er ist genauso mein Junge wie deiner. Wenn ich will, red' ich von ihm.
George: Ich geb' dir den guten Rat, tu's nicht, Martha.
Martha: Ich brauch' deinen Rat nicht. (Es klopft.) Herei-ein. (Zu George): Geh, mach die Tür auf!
George: Ich hab' dich gewarnt.
Martha: Ja, ja, ja ... geh schon, mach auf! [S. 15]

Sowie sich die erste Gelegenheit bietet, erzählt Martha Putzi von ihrem Sohn und seinem Geburtstag[7]. Von nun an ist, was bisher ein homöostatischer Mechanismus war, nur noch eine zusätzliche Waffe in ihrem Kampf, und George vernichtet schließlich den Sohn unter Anrufung eines für beide geltenden Rechts («Ich habe das Recht, Martha... Ich habe das Recht, ihn jederzeit zu töten» [S. 141]).

Was sich vor uns auf der Bühne abspielt, ist der Verlust der Regelsteuerung eines Systems, der schließlich zum Zusammenbruch einer langjährigen Beziehungsstruktur führt. Mehr als irgend etwas anderes ist das Stück die Geschichte einer Systemwandlung, einer Änderung der Spielregeln eines Beziehungsspiels, die unserer Ansicht nach durch eine kleine, aber vielleicht unvermeidliche Verletzung einer der Spielregeln ausgelöst wird. Das Stück sagt nichts über die neue Struktur, die neuen Spielregeln aus; es veranschaulicht lediglich die Folge von Ereignissen, die die alte Struktur zu ihrem Zusammenbruch führen[8].

Was nun geschehen soll, bleibt unklar: Ist der «Tod» des Sohns eine Neukalibrierung, die dem System eine neue Funktionsmöglichkeit verleiht? Oder hat George, wie Ferreira [41, S. 195] es sieht, lediglich

---

7 Nach dem «Tod» kann sie sich aber interessanterweise nicht daran erinnern:
George: Du hast dich nicht an die Spielregeln gehalten. Du hast über ihn geredet ... du hast mit Außenstehenden über ihn geredet.
Martha (ihre Augen füllen sich mit Tränen): Das ist nicht wahr. Nie.
George: Doch. Du hast über ihn geredet.
Martha: Mit ... mit wem? Mit wem?
Putzi: Mit mir. Mit mir haben Sie über ihn geredet.
Martha (weinend): *Ich bin so vergeßlich!* Manchmal ... manchmal ... nachts ... spät nachts ... wenn alle durcheinander reden ... vergesse ich mich ... Ich will dann auch reden ... etwas sagen ... über ihn ... aber ... aber ich *beherrsche mich* ...! Ich beherrsche mich ... obwohl ich reden möchte ... [S. 141]

8 In Abschnitt 7.2 werden wir uns mit den allgemeinen Aspekten von Veränderungen zu befassen haben, deren Ursprung entweder innerhalb oder außerhalb des Systems liegt.

«den Mythus des lebenden Sohns zerstört, um an seine Stelle den des toten Sohns zu setzen?»

5.43 *Metakommunikation zwischen George und Martha.* Wenn George und Martha über ihr Spiel sprechen, so metakommunizieren sie im Sinne von Abschnitt 2.33 über ihre Beziehung. Dies ist aus verschiedenen Gründen von Interesse, deren einer ihr «Spielbewußtsein» ist. Damit soll gesagt sein, daß Georges und Marthas zahlreiche Hinweise auf und ihre Anrufungen von Spielregeln die beiden zu einem ungewöhnlichen Paar machen, dessen Beziehung auf einer fast zwanghaften Beschäftigung mit dem Erfinden, Benennen und Spielen bizarrer und grausamer Spiele zu beruhen scheint – oder wie George sich und Martha beschreibt: «Böse Kinder, die nur auf böse Streiche sinnen... die so tun, als sei das Leben ein Kinderspiel...» [S. 118]. Das Wesen ihrer Metakommunikation hängt damit unmittelbar zusammen, denn wir werden sehen, daß *sogar die Kommunikationen über ihre Kommunikationen denselben Spielregeln unterworfen sind.*

An zwei Stellen [S. 90 ff, und S. 124 f.] besprechen George und Martha eingehend ihre Beziehung. Die erste dieser beiden metakommunikativen Auseinandersetzungen enthüllt, wie grundverschieden beide ihre Beziehung sehen und wie George, als ihm diese Verschiedenheit bewußt wird, Martha typischerweise für verrückt hält (vgl. Abschnitt 3.4). Diese Auseinandersetzung beginnt, als Martha gegen das Spiel «Die Gästefalle» protestiert, das sie anscheinend für unzulässig und nicht in Einklang mit den Spielregeln stehend hält:

George (er kann seinen Zorn kaum mehr beherrschen): Du sitz'st da in deinem Sessel... Du sitz'st da, und der Schnaps läuft dir aus dem Maul, du sabberst... und du demütigst mich, du zerfetzt mich... *Die ganze Nacht...!* ... und das findest du völlig in Ordnung... das findest du richtig...

Martha: Du bist hart im Nehmen!

George: Ich bin es nicht!

Martha: Du bist es! Du hast es gern! Darum hast du mich geheiratet!
(Pause.)

George: Das ist eine schandbare, krankhafte Lüge.

Martha: Weißt du das denn nicht? Weißt du das noch immer nicht?

George (schüttelt den Kopf): Ach... Martha.

Martha: Meine Arme sind so schwach und müde, George, daß ich die Peitsche nicht mehr halten kann.

George (starrt sie ungläubig an): Du bist verrückt!

Martha: Dreiundzwanzig lange Jahre!

George: Du bist geistig umnachtet... Martha, du bist wahnsinnig.
Martha: Ich habe mir mein Leben anders vorgestellt!
George: Ich war immer der Meinung, daß du dich selber kennst... ich wußte nicht... Das habe ich nicht gewußt. [S. 91 f.]

Dies ist ein ungewöhnlich klares Beispiel für die Pathologie ihrer Interpunktion. George sieht sein eigenes Verhalten als gerechtfertigte Vergeltung für Marthas Angriffe, während Martha sich sozusagen als Prostituierte sieht, die dafür bezahlt wird, ihn zu «peitschen»; beide glauben, nur auf die Handlungen des Partners zu reagieren, nicht aber diese Handlungen auch zu bedingen. Sie können das Wesen des Spiels in seiner Gesamtheit, seiner Kreisförmigkeit nicht überblicken, da sie ja *in* dem Spiel stehen und ihnen infolgedessen der Überblick fehlt. Ihre verschiedenen Perspektiven werden so zum Material weiterer symmetrischer Eskalationen, und das obige Gespräch setzt sich fort:

Martha (Wut überkommt sie): Ich kenne mich.
George (als ob sie ein Insekt wäre): Nein... nein... du bist... krank.
Martha (schreit wieder): *Ich zeig' dir, wer hier krank ist! Ich zeig' es dir!* [S. 92]

Die Auseinandersetzung darüber, wer krank, im Unrecht oder mißverstanden ist, läuft dem uns nun schon vertrauten Endpunkt zu, an dem beide ihre Unfähigkeit, gegenseitiges Verständnis zu erreichen, in derselben Weise demonstrieren, in der sie über diese Unfähigkeit selbst streiten:

George: Jeden Monat einmal, Martha! Einmal im Monat! Ich habe mich längst daran gewöhnt... Einmal im Monat bescherst du mir die unverstandene kleine Martha mit der rauhen Schale und dem guten Kern, das gutherzige Mädchen in der Zwangsjacke, die Jungfrau, die ein Hauch von Güte wieder zum Erröten brächte. Ich bin zu oft drauf 'reingefallen, öfters als mir lieb ist. Ich denke nicht gern an den Trottel, den du aus mir gemacht hast. Ich glaube dir nicht mehr... ich glaube dir einfach nicht. Der Punkt, an dem wir beide uns treffen könnten, existiert schon lange nicht mehr.

Martha (wieder gewappnet): Vielleicht hast du recht. Mit einem Nichts kann man sich nicht treffen, und du *bist* ein Nichts! *Klick!* Auf Papas Party heut' abend hat's klick gemacht. (Triefende Verachtung, aber darunter liegt hilflose Wut und Verlorenheit.) Ich habe dich beobachtet... auf Papas Party... Ich hab' dagesessen und hab' dich beobachtet... wie du 'rumhocktest. Und ich hab' die jüngeren Männer um dich herum beobachtet, die Männer, aus denen eines Tages etwas werden wird. Ich hab' gesessen und hab' dich beobachtet... Und du warst gar nicht vorhanden! Und da schnappte das Schloß zu! Es schnappte schlußendlich, endgültig zu! Und ich schrei' es heraus, und es ist mir ganz gleichgültig, was passiert, und ich mach' einen Krach, wie du ihn noch nie erlebt hast.

George (gestochen): Bitte! Ich fange dich in deiner eigenen Schlinge.

Martha (hoffnungsvoll): Drohst du mir, George? Hm?
George: Ja, ich drohe dir, Martha.
Martha (sie tut, als ob sie ihn anspucken würde): Dann mach dich auf etwas gefaßt, mein Schatz.
George: Ich warne dich, Martha ... ich reiße dich in Stücke.
Martha: Dazu braucht's einen Mann mit Mumm in den Knochen.
George: Willst du den totalen Krieg?
Martha: Von mir aus ...: Totaler Krieg.
(Stille. Sie scheinen beide erleichtert zu sein, wieder im Besitz ihrer Kräfte, hochmütig.) [S. 95 f.]

Wieder hat George Martha herausgefordert, was natürlich nicht besagen soll, daß er diese oder irgend eine andere Runde von sich aus begann; diese Runden haben keinen Anfang. Martha reagiert mit einem Frontalangriff, und George übertrumpft sie mit einer Herausforderung, die sie nicht ignorieren kann. Und so beginnen sie eine neue Runde desselben alten Spiels, nur mit noch höheren Einsätzen, erleichtert, wieder hochmütig, aber um nichts weiser oder reifer geworden. Denn nichts unterscheidet letzten Endes ihre Metakommunikationen von ihren Kommunikationen; eine Bitte, ein Ultimatum, eine Bemerkung *über* ihr Spiel ist keine Ausnahme, unterliegt denselben Spielregeln und kann daher kein Gehör finden.

In ihrer zweiten metakommunikativen Auseinandersetzung, in der Martha sich George völlig unterwirft und ihn immer wieder aufzuhören bittet, ist das Ergebnis unweigerlich dasselbe:

Martha (macht eine zarte Bewegung, um ihn zu berühren): Bitte, George, kein Spiel mehr ... ich ...
George (schlägt sie heftig auf die Hand): Rühr mich nicht an! Faß deinen Gymnasiasten hin!
(Martha stößt einen schwachen Angstschrei aus. Er packt sie am Haar und zieht sie am Schopf nach hinten): Paß gut auf, Martha, du hast dir einen lustigen Abend gemacht ... für dich war das eine lustige Nacht. Aber es ist noch nicht zu Ende, Martha. Du kannst nicht einfach aufhören, weil du plötzlich die Nase voll hast. Es geht weiter, und jetzt bin ich an der Reihe ... und gegen das, was ich jetzt vorhabe, war deine nächtliche Eskapade ein Osterspaziergang. So! Wach auf! (Mit der freien Hand ohrfeigt er sie leicht.) Ich will, daß du mein kleines Spielchen mit offenen Augen mitmachst. Ich will dich geistesgegenwärtig ... schlagfertig will ich dich sehen.
Martha (wehrt sich): Laß mich los!
George (schlägt sie wieder leicht): Nimm dich zusammen!
(Noch ein Schlag.) Ich will dich kampflustig .. zeig, daß du Haare auf den Zähnen hast ... denn jetzt wirst du «gebeutelt» ...! Ich will, daß du dich wehrst!

(Erneuter Schlag. Martha kratzt ihn, er weicht zurück und läßt sie los. Sie steht auf.)
Martha: Gut, George. Was willst du von mir, George?
George: Ich will, daß du dich dem Kampf stellst. Ich will einen ebenbürtigen Gegner, mein Schatz, weiter nichts.
Martha: Den sollst du haben!
George: Ich will dich rasen sehen ... vor Wut.
Martha: Ich bin rasend!
George: Nicht genug!
Martha: Du wirst dich wundern!
George: Um so besser, Martha. Unser nächstes Spiel geht auf Leben und Tod.
Martha: Deinen Tod!
George: Täusch dich nicht! Da kommen die lieben Kinderchen ... Sieh dich vor, Martha.
Martha (macht ein paar Schritte, fast wie ein Boxer vor dem Kampf): Ich bin bereit, George. [S. 124 f.]

Nick und Putzi kommen zurück, und die Austreibung beginnt.

George und Martha spielen, was in Abschnitt 7.2 als «Spiel ohne Ende» definiert wird, nämlich ein Spiel, in dem die Selbstrückbezüglichkeit der Spielregeln zu Paradoxien führt, die *innerhalb* des Systems nicht gelöst werden können.

5.44 *Einschränkung.* Wie bereits in Abschnitt 4.42 beschrieben, bringt jeder Austausch von Mitteilungen eine Einschränkung der Zahl der nächstmöglichen Mitteilungen (oder, im weiteren Sinn, Verhaltensformen) mit sich. Die aufeinander abgestimmte Natur des Spiels zwischen George und Martha, ihr geteilter Mythus und die Allgegenwart ihrer Symmetrie stehen im Dienst der stabilisierenden Einschränkung, die wir Beziehungsregeln genannt haben.

Beispiele dafür, wie solche Einschränkungen in einer neugeformten Beziehung zustande kommen, finden sich in verschiedenen Auseinandersetzungen zwischen George und Nick. Nick macht es durch sein anfängliches Verhalten und durch seine Einwendungen klar, daß er in den Konflikt zwischen George und Martha nicht hineingezogen werden will. Wie aber das in Abschnitt 5.411 angeführte Beispiel [S. 23] beweist, nützt ihm dieser Vorsatz wenig. Zu Beginn des zweiten Aktes erlebt der nun schon vorsichtig gewordene Nick dieselbe Eskalation von oberflächlicher Konversation zu einem heftigen Zusammenstoß:

George: ... Es ist oft allerhand los bei uns.
Nick (kühl): Das kann ich mir vorstellen.
George: Eine kleine Kostprobe haben Sie ja schon genossen.

Nick: Ich gebe mir die größte Mühe ...
George: ... nicht mit hineingezogen zu werden? Haben Sie das sagen wollen?
Nick: Ja, das hab' ich sagen wollen.
George: Ich kann's Ihnen nachfühlen.
Nick: Es ist mir im höchsten Grad peinlich.
George (sarkastisch): Ach? Wirklich?
Nick: Ja. Wirklich. Außerordentlich peinlich.
George: (äfft ihn nach): Ja. Wirklich. Außerordentlich peinlich. (Dann, zu sich selber): Es ist widerlich!
Nick: Bitte! Ich habe überhaupt nichts ...
George: Wi-der-lich! (Leise, aber sehr intensiv): Glauben Sie, mir macht das Spaß ...? Dieses ... wie soll ich es nennen ...? ... dieses jämmerliche Theater ...: wenn sie mich bloßstellt bis zur Lächerlichkeit ... mich abkanzelt ... kein gutes Haar an mir läßt ... vor allem ... (mit einer geringschätzigen Handbewegung) ... vor Ihnen? Glauben Sie, das macht mir Spaß?
Nick (kalt, unfreundlich): Nein, das kann ich mir kaum vorstellen.
George: Das können Sie sich kaum vorstellen, hm?
Nick (feindselig): Nein. Das kann ich mir wirklich nicht vorstellen!
George (vernichtend): Ihre Anteilnahme bewegt mich tief ... Ihr Mitgefühl rührt mich zu Tränen! Zu großen, salzigen, unwissenschaftlichen Tränen!
Nick (mit großer Verachtung): Ich seh' nicht ein, warum Sie das Bedürfnis haben, Außenstehende damit zu beglücken.
George: Ich?
Nick: Wenn Sie und Ihre Frau das Verlangen haben, sich wie zwei ...
George: Ich? Ich hab' das Verlangen?!
Nick: ... zwei wilde Tiere aufzuführen, warum tun Sie's nicht, wenn niemand ...
George (lacht in seinem Zorn): Sie kleiner, scheinheiliger Spießer ...
Nick: Ich hab' die Nase voll! (Stille) Gehen Sie nicht zu weit! [S. 56 ff.]

In dieser Auseinandersetzung zwingt Georges sarkastischer Angriff auf Nicks Neutralität diesen in noch größere, verächtliche Zurückhaltung. Das aber ärgert George, der, obwohl er zuerst vielleicht Nicks Sympathie suchte, ihn nun so lange beleidigt, bis dieser ihn bedroht. Nicks Versuch, nicht zu kommunizieren, führt zu immer tieferer Verwicklung mit George, während Georges Bemühungen, Nick die Interpunktion seiner eigenen Beziehung mit Martha zu erklären, diesem lediglich beweist, wie unerträglich er (George) sein kann. Es ist unvorstellbar, daß die weitere Entwicklung der Beziehung zwischen den beiden Männern nicht weitgehend durch die nunmehr bestehende Struktur bedingt sein wird.

5.45 *Zusammenfassung.* Es dürfte im Laufe unserer Ausführungen klar geworden sein, daß sogar die Beschreibung eines verhältnismäßig einfachen fiktiven Familiensystems sehr umfangreich ist, da die Anwendungsmöglichkeiten selbst einiger weniger Beziehungsregeln zahllos sind und sich über einen weiten Bereich praktischer Gegebenheiten erstrecken können. Im folgenden wollen wir versuchen, eine ganz allgemeine Zusammenfassung des Interaktionssystems George–Martha zu geben.

5.451 Ein System ist stabil in bezug auf gewisse seiner Variablen, wenn diese innerhalb festgelegter Grenzen bleiben, und dies gilt auch für Georges und Marthas dyadisches System. «Stabilität» scheint der für ihre häuslichen Guerillaunternehmen am wenigsten zutreffende Ausdruck zu sein, doch hängt dies von den in Betracht gezogenen Variablen ab. Georges und Marthas Auseinandersetzungen sind schlagfertig, lautstark, schockierend; Zurückhaltung und gesellschaftlicher Takt werden nur zu rasch über Bord geworfen, und es scheint, daß es für sie überhaupt keine Grenzen gibt. An jedem beliebigen Punkt des Stückes wäre es schwierig zu mutmaßen, *was* als nächstes geschehen wird. Es wäre aber verhältnismäßig leicht, zu beschreiben, *wie* es geschehen wird. Denn die Variablen, die die Stabilität eines solchen Systems gewährleisten, liegen auf der Beziehungs-, nicht auf der Inhaltsstufe, und auf der Beziehungsstufe zeigen George und Martha einen Grad von Redundanz, der in einem erstaunlichen Gegensatz zum Feuerwerk ihres jeweiligen Verhaltens steht[9].

5.452 Die Grenzen dieses Verhaltens unterliegen der Kalibrierung, der «Einstellung» des Systems. Die Symmetrie des Verhaltens von George und Martha definiert ihre Beziehung sowie eine ganz bestimmte «untere Grenze», was bedeutet, daß nichtsymmetrisches Verhalten nur selten und ganz vorübergehend beobachtet werden kann. Die «obere Grenze» ist durch negative Rückkopplungen während ihrer kurzen Perioden von Komplementarität und durch den Sohn-

[9] Auf der Basis klinischer Beobachtungen und gewisser experimenteller Nachweise [57] scheint die Annahme gerechtfertigt, daß pathogene Familien im allgemeinen viel starrere Kommunikationsstrukturen aufweisen als sogenannte normale. Dies steht in scharfem Widerspruch zu der Behauptung der Soziologen, daß solche Familien chaotisch und desorganisiert seien. Die Lösung dieses Widerspruchs ist indessen abermals in der Wahl des Abstraktionsgrades und der Definition der in Betracht gezogenen Variablen zu suchen. Äußerste Starrheit der intrafamiliären Beziehungen kann dort, wo die Familie mit der extrafamiliären Welt in Berührung kommt, sehr wohl als Chaos erscheinen oder sogar für diese chaotischen Erscheinungen verantwortlich sein.

mythus festgelegt. Dieser Mythus bedarf zu seiner Aufrechterhaltung der Zusammenarbeit beider Partner und bedingt so eine relativ stabile Symmetrie – bis schließlich der Unterschied zwischen Sohnmythus und sonstigem Verhalten zusammenbricht und auch der Mythus nicht mehr unantastbar und homöostatisch ist. Doch selbst im Bereich der Symmetrie sind Georges und Marthas Verhaltensmöglichkeiten begrenzt; ihre Symmetrie ist fast immer die des *potlatch*[10] und besteht im Vernichten statt im Erreichen gemeinsamer Ziele oder anderer Leistungen.

5.453 Mit der zur Vernichtung des Sohns führenden Eskalation erreicht die Handlung einen Punkt, der eine Neukalibrierung, eine Stufenfunktion, in Georges und Marthas System bedeuten könnte. Die Eskalation verlief ungehemmt bis zur Durchbrechung der Systemgrenzen. Eine neue Form der Interaktion ist jetzt notwendig – es sei denn, sie setzten den Sohnmythus in der von Ferreira vermuteten Form fort. George und Martha sprechen nun offen von ihrer Angst und ihrer Unsicherheit, in die sich etwas Hoffnung mischt:

Martha: Mußtest du ... mußtest du wirklich?
George (Pause): Ja.
Martha: War es ...? Mußtest du wirklich?
George (Pause): Ja.
Martha: Ich bin nicht sicher ...
George: Es war höchste Zeit.
Martha: Wirklich?
George: Ja.
Martha (Pause): Mir ist kalt.
George: Es ist spät.
Martha: Ja.
George (lange Stille): Wir kommen drüber weg.
Martha (lange Stille): Ich ... weiß nicht.
George: Doch. Sicher.
Martha: Ich bin nicht so sicher.
George: Doch. Doch.
Martha: Nur wir ... beide?
George: Ja.
Martha: Glaubst du nicht, wir könnten ...
George: Nein, Martha.
Martha: Ja. Nein. [S. 142 f.]

---

10 Ein Ritual gewisser Indianerstämme im Nordwesten der Vereinigten Staaten, in dem die Häuptlinge in der *Zerstörung* ihres Besitzes wetteifern, indem sie in symmetrischer Eskalation ihr eigenes Hab und Gut verbrennen.

6. KAPITEL

PARADOXE KOMMUNIKATION

6.1 Über das Wesen der Paradoxien

Seit zweitausend Jahren beschäftigen die Paradoxien den menschlichen Geist und haben auch heute noch nichts von ihrer Faszination verloren. Einige der bedeutsamsten Errungenschaften unseres Jahrhunderts auf dem Gebiete der Logik, der Mathematik und der Wissenschaftslehre beruhen mittelbar oder unmittelbar auf der Berücksichtigung von Paradoxien, so z. B. die Entwicklung der Metamathematik oder die Beweistheorie, die logische Typentheorie, Probleme der Widerspruchsfreiheit, Berechenbarkeit, Entscheidbarkeit usw. Entmutigt durch die komplexe und esoterische Natur dieser Wissensgebiete, neigt man dazu, die Paradoxien als etwas beiseite zu schieben, das für praktische Lebensprobleme zu abstrakt ist, oder man erinnert sich noch einiger klassischer Paradoxien aus der Schulzeit – dann aber wohl nur als amüsante Merkwürdigkeiten ohne praktische Bedeutung. Der Zweck dieses und der beiden folgenden Kapitel ist es jedoch, nachzuweisen, daß es im Wesen der Paradoxien vieles gibt, das von unmittelbarer pragmatischer und sogar existentieller Bedeutung ist, und daß die Paradoxien nicht nur in menschlicher Kommunikation ihr Unwesen treiben, sondern auch unser Verhalten und unseren Geisteszustand beeinflussen können, indem sie unser Vertrauen in die Folgerichtigkeit unserer Welt erschüttern. In Abschnitt 7.4 werden wir ferner zu zeigen versuchen, daß der absichtliche Gebrauch von Paradoxien im Sinne der Hippokratischen Maxime «Similia similibus curantur» große therapeutische Bedeutung hat. Wir glauben, daß unsere Ausführungen über die Paradoxien durch deren überragende praktische Wirkungen gerechtfertigt sind und daher nicht einen Rückzug in einen Elfenbeinturm darstellen, obwohl wir erst ihre abstrakten, logischen Grundlagen untersuchen müssen.

6.11 *Definition.* Eine Paradoxie läßt sich als ein *Widerspruch* definieren, *der sich durch folgerichtige Deduktion aus widerspruchsfreien*

Prämissen ergibt. Diese Definition erlaubt es uns, sofort alle jenen «falschen» Paradoxien auszuschließen, die auf einem verborgenen Denkfehler oder einem absichtlich in das Argument eingebauten Trugschluß beruhen[1]. Aber bereits an diesem Punkt wird unsere Definition unklar, denn die Teilung der Paradoxien in wahre und falsche ist sehr relativ. Unsere heutigen widerspruchsfreien Prämissen können die Irrtümer und Trugschlüsse von morgen sein. So war z. B. Zenos Paradoxie von Achilles und der Schildkröte, die er nicht einholen konnte, zweifellos eine «wahre» Paradoxie, solange man nicht wußte, daß unendliche konvergierende Reihen (in diesem Fall die immer kleiner werdende Entfernung zwischen Achilles und der Schildkröte) einen endlichen Grenzwert haben. Als dies entdeckt wurde und damit eine bisher für verläßlich gehaltene Annahme sich als Trugschluß erwies, bestand die Paradoxie nicht mehr. Quine bemerkt hierzu:

> Revisionen eines Begriffssystems sind nichts Seltenes. Sie finden in kleinem Ausmaß mit jedem Fortschritt der Wissenschaft statt und in größerem Maßstab mit den großen Fortschritten, wie z. B. der Kopernikanischen Revolution oder dem Übergang von Newtons Mechanik zur Relativitätstheorie Einsteins. Wir können hoffen, daß wir uns mit der Zeit sogar an die größten derartigen Änderungen gewöhnen und die neuen Lehrsätze natürlich finden werden. Es gab eine Zeit, in der die Lehre, daß die Erde um die Sonne kreise, sogar von den Männern, die diese Lehre akzeptierten, die Kopernikanische Paradoxie genannt wurde. Und vielleicht wird eine Zeit kommen, da Aussagen ohne Tiefzahlen oder ähnliche Vorsichtsmaßregeln wirklich so unsinnig erscheinen, wie es die Antinomien beweisen. [116, S. 88 f.]

6.12 *Die drei Arten von Paradoxien.* Der im obigen Zitat enthaltene Ausdruck «Antinomien» wird manchmal gleichbedeutend mit «Paradoxien» verwandt, obwohl er meist den Paradoxien vorbehalten bleibt, die in formalen Systemen wie Logik und Mathematik auftreten. (Der Leser wird sich vielleicht fragen, wo sonst noch Paradoxien auftreten

---

[1] Ein typisches Beispiel einer solchen Paradoxie ist die Geschichte von den sechs Männern, die sechs Einzelzimmer wollten, während der Gastwirt nur fünf freihatte. Er «löste» das Problem, indem er den ersten Mann in Zimmer Nr. 1 unterbrachte und einen anderen Mann bat, dort einige Minuten mit dem ersten zu warten. Dann wies er dem dritten Mann Zimmer Nr. 2 an, dem vierten Zimmer Nr. 3 und dem fünften Zimmer Nr. 4. Hierauf ging er zu Zimmer Nr. 1 zurück, holte den sechsten Mann, der dort gewartet hatte, und gab ihm Zimmer Nr. 5. Voilà!

(Der Trugschluß besteht natürlich darin, daß der zweite und der sechste Mann als eine Person behandelt werden.)

könnten; dieses und das nächste Kapitel sollen zeigen, daß sie auch im Gebiet der Semantik und der Pragmatik möglich sind.) Nach Quine ergibt eine Antinomie «eine Selbstkontradiktion durch übliche einwandfreie Ableitung» [116, S. 85]. Stegmüller [140, S. 24] ist in seiner Definition ausführlicher und nennt eine Antinomie eine logische Aussage, die sowohl kontradiktorisch als auch beweisbar ist. Wenn wir also einen Satz S_i haben und einen zweiten kontradiktorischen Satz $-S_i$, der somit die Verneinung des ersten ist (und «*nicht* S_i» oder «S_i ist falsch» bedeutet), so können diese beiden Sätze zu einem dritten, S_k, gemacht werden, wobei dann $S_k = S_i$ und $-S_i$. Wir erhalten dadurch einen formalen Widerspruch, denn nichts kann sowohl es selbst als auch nicht es selbst sein, d. h. sowohl wahr als auch falsch. Wenn aber, wie Stegmüller ausführt, durch Ableitung sowohl S_i als auch seine Negation, $-S_i$, bewiesen werden können, dann ist auch S_k beweisbar, und wir haben eine Antinomie. Somit ist jede Antinomie eine Kontradiktion, nicht aber, wie wir noch sehen werden, jede Kontradiktion eine Antinomie.

Nun existiert jedoch eine zweite Gruppe von Paradoxien, die sich von den Antinomien nur in einem wichtigen Punkt unterscheiden: Sie treten nicht in mathematischen oder logischen Systemen auf – beruhen also nicht auf Begriffen wie Zahl und Klasse [2] –, sondern haben ihren Ursprung in verborgenen Regelwidrigkeiten der Struktur unserer Sprache [3]. Diese zweite Gruppe wird oft als *semantische Antinomien oder paradoxe Definitionen* bezeichnet.

Schließlich gibt es eine dritte Gruppe von Paradoxien, und diese ist die am wenigsten erforschte, gleichzeitig aber für unsere Untersuchungen die wichtigste, da diese Paradoxien in zwischenmenschlichen Situationen auftreten und Verhalten beeinflussen. Wir nennen diese

---

2 Statt «Klasse» wird im Deutschen oft auch der Ausdruck «Menge», statt «logischer Typentheorie» (siehe unten) auch «Mengenlehre» verwendet.

3 Mit dieser Unterscheidung folgen wir Ramsey [117, S. 20], der nachstehende Klassifizierung einführte:

Gruppe A:
1. Die Klasse aller Klassen, die sich nicht selbst als Element enthalten.
2. Die Beziehung zwischen zwei Beziehungen, wenn eine nicht sich sich selbst zur anderen hat.
3. Burali Fortis Kontradiktion der größten Ordnungszahl.

Gruppe *pragmatische Paradoxien* und werden sehen, daß sie in *paradoxe Handlungsaufforderungen* und *paradoxe Voraussagen* eingeteilt werden können.

Zusammenfassend läßt sich also sagen, daß es drei Arten von Paradoxien gibt:

1) die logisch-mathematischen Paradoxien (Antinomien),
2) die paradoxen Definitionen (semantische Antinomien),
3) die pragmatischen Paradoxien (paradoxe Handlungsaufforderungen und paradoxe Voraussagen),

die den drei Hauptgebieten der menschlichen Kommunikationslehre zugeordnet werden können, nämlich die erste der logischen Syntax, die zweite der Semantik und die dritte der Pragmatik. Im folgenden wollen wir für jede dieser drei Arten Beispiele geben und ferner zeigen, wie die wenig bekannten pragmatischen Paradoxien sozusagen aus den anderen beiden Formen hervorgehen.

6.2 *Die logisch-mathematischen Paradoxien*

Die berühmteste Paradoxie dieser Gruppe ist «die Klasse aller Klassen, die sich nicht selbst als Element enthalten». Sie beruht auf folgenden Prämissen. Eine Klasse ist die Gesamtheit aller Objekte, die eine gewisse Eigenschaft gemeinsam haben. So bilden z.B. alle Katzen der Gegenwart, Vergangenheit und Zukunft die Klasse der Katzen. Durch Konstruktion dieser Klasse werden alle anderen Objekte des logischen Universums zur Klasse der Nichtkatzen, da sie alle eine Eigenschaft gemeinsam haben: Sie sind *nicht* Katzen. Daraus folgt, daß jede Aussage, wonach etwas beiden dieser Klassen angehört, eine einfache

---

Gruppe B: 4. «Ich lüge.»
5. Die kleinste ganze Zahl, die in nicht weniger als neunzehn Silben genannt werden kann.
6. Die kleinste undefinierbare Ordnungszahl.
7. Richards Kontradiktion.
8. Weils Kontradiktion betreffend «heterologisch».

(Zur Vermeidung von Unklarheiten muß hiezu bemerkt werden, daß Ramsey «Kontradiktion» im Sinne von «Paradoxie» oder «Antinomie» verwendet.) Alle diese Paradoxien sind in jedem Lehrbuch der höheren Logik beschrieben.

Kontradiktion ist, denn nichts kann eine Katze und gleichzeitig *nicht* eine Katze sein. Das Auftreten dieses Widerspruchs ist nichts Besonderes – es beweist lediglich, daß ein Grundgesetz der Logik verletzt wurde, aber die Logik selbst ist dadurch nicht beeinträchtigt.

Lassen wir nun Katzen und Nichtkatzen beiseite und überlegen wir uns auf der nächsthöheren logischen Stufe, was es mit den Klassen selbst auf sich hat. Wir sehen unschwer, daß Klassen entweder sich selbst als Element enthalten können oder auch nicht. Die Klasse aller Begriffe z. B. ist selbst ein Begriff, die Klasse aller Katzen dagegen ist selbst keine Katze – sie hat weder Fell noch Krallen. Auf dieser zweiten Stufe finden wir das logische Universum also wieder in zwei Klassen eingeteilt, und wieder wäre eine Aussage, wonach eine Klasse sich sowohl selbst als Element enthält *als auch nicht,* ein einfacher Widerspruch, der keine weitere Beachtung verdient.

Wenn wir aber dieselbe Operation nochmals auf der nächsthöheren Stufe durchführen, so geschieht etwas Unerwartetes. Wir brauchen dazu nur alle Klassen, die sich selbst als Element enthalten, zu einer neuen Klasse, *E,* zusammenzufassen und alle Klassen, die sich *nicht* selbst als Element enthalten, zur Klasse *N* zu machen. Wenn wir nun untersuchen, ob Klasse *N* sich selbst als Element enthält oder nicht, fallen wir kopfüber in Russells berühmte Paradoxie. Es sei festgehalten: Die Teilung des Universums in sich selbst enthaltende und nicht sich selbst enthaltende Klassen ist erschöpfend; *per definitionem* kann es hier keine Ausnahme geben. Diese Einteilung muß also auch für die Klassen *E* und *N* selbst gelten. Nimmt man also an, daß Klasse *N* sich selbst als Element enthält, so ist sie *nicht* ein Element ihrer selbst, denn *N* ist ja die Klasse aller Klassen, die sich nicht selbst als Element enthalten. Angenommen aber, Klasse *N* enthält sich nicht selbst. In diesem Fall erfüllt sie die Bedingung des Sich-Selbst-Enthaltens, eben weil sie sich nicht selbst enthält, denn Nicht-sich-selbst-Enthalten ist ja die wesentliche Eigenschaft aller Klassen, aus denen sich Klasse *N* zusammensetzt. Dies nun ist nicht mehr eine einfache Kontradiktion, sondern eine wirkliche Antinomie, da das paradoxe Resultat auf rigoroser Ableitung und nicht auf einer Verletzung logischer Gesetze beruht. Wenn also nicht irgendwo in den Begriffen von Klasse und Zugehörigkeit zu Klassen ein verborgener Trugschluß liegt, ist der logische Schluß unvermeidlich, daß Klasse *N* sich nur dann selbst als Element enthält, wenn sie sich nicht selbst enthält, und umgekehrt.

Tatsächlich liegt hier ein Trugschluß vor. Er wurde von Russell durch die Einführung seiner *logischen Typenlehre* aufgezeigt. Im wesentlichen postuliert diese Theorie, daß – wie Russell [159] es formuliert – *was immer die Gesamtheit einer Klasse (Menge) betrifft, nicht selbst Teil dieser Klasse sein darf.* Mit anderen Worten, die Russellsche Paradoxie erweist sich als eine Vermischung von logischen Typen (oder Stufen). Eine Klasse ist von höherem Typ als ihre Elemente; um sie zu konstruieren, muß man eine Stufe in der Hierarchie der logischen Typen hinaufgehen. Wenn man also, wie wir es taten, behauptet, daß die Klasse aller Begriffe selbst ein Begriff sei, so ist dies nicht falsch, sondern *sinnlos*. Dieser Unterschied ist wesentlich, denn wenn die Aussage nur falsch wäre, so müßte ihre Negation wahr sein, was offensichtlich nicht der Fall ist.

6.3 Paradoxe Definitionen

Das Beispiel von der Klasse aller Begriffe bietet einen nützlichen Übergang von den logischen zu den semantischen Paradoxien (den paradoxen Definitionen oder semantischen Antinomien). Wie wir gesehen haben, ist «Begriff» auf der niedrigeren Stufe, also als Element einer Klasse, nicht identisch mit «Begriff» auf der nächsthöheren Stufe, d. h. der Klasse selbst. Da aber derselbe *Name,* «Begriff», für beide verwendet wird, entsteht eine linguistische Illusion von Identität. Um dieser Falle zu entgehen, müßten *logische Typenmarkierungen* – Tiefzahlen in formalen Systemen, Anführungszeichen oder Kursivdruck im allgemeineren Sprachgebrauch – immer dann verwendet werden, wenn die Gefahr besteht, daß eine Stufenverwirrung entstehen könnte. Erst dann wird es klar, daß in unserem Beispiel Begriff_1 und Begriff_2 nicht identisch sind und daß die Annahme einer sich selbst als Element enthaltenden Klasse verworfen werden muß. Außerdem sehen wir, daß in diesen Fällen Widersprüchlichkeiten der Sprache und nicht der Logik die Wurzel des Übels sind.

Wahrscheinlich die berühmteste aller semantischen Antinomien ist die jenes Mannes, der von sich selbst sagt: «Ich lüge.» Wenn man diese Aussage bis zu ihrem logischen Schluß verfolgt, so stellt sich wiederum heraus, daß sie nur dann wahr ist, wenn sie nicht wahr ist – d. h., daß der Mann nur dann lügt, wenn er die Wahrheit sagt, und umgekehrt wahrheitsgetreu ist, wenn er lügt. In diesem Fall kann die logische Typenlehre zur Beseitigung der Paradoxie nicht verwendet werden, da Wörter und Verbindungen von Wörtern keine vergleichbare logische Typenhierarchie haben. Wenn wir uns nicht täuschen, war es wiederum Bertrand Russell, der als erster an eine Lösung dachte. Im letzten Absatz seiner Einleitung zu Wittgensteins *Logisch-philosophischen Abhandlungen* erwähnt er fast beiläufig: «Diese Schwierigkeiten legen meiner Meinung nach die Möglichkeit nahe, daß jede Sprache, wie Herr Wittgenstein sagt, eine Struktur hat, über die *in der Sprache selbst* nichts ausgesagt werden kann, daß es aber vielleicht eine andere Sprache gibt, die von der Struktur der ersten Sprache handelt und selbst eine neue Struktur hat, und daß diese Hierarchie von Sprachen möglicherweise unbegrenzt ist» [126, S. 23]. Diese Anregung wurde von Carnap wie von Tarski aufgegriffen und zur *Theorie der Sprachstufen* entwickelt. Sie postuliert, daß auf der untersten Stufe einer Sprache Aussagen über Objekte gemacht werden. Dies ist der Bereich der *Objektsprache*. Sobald wir aber etwas *über* diese Sprache sagen wollen, müssen wir eine Metasprache verwenden, und eine Metametasprache, wenn wir über die Metasprache reden wollen, und so fort in theoretisch unendlichem Progreß.

Wenn wir diesen Begriff der Sprachstufen auf die semantische Antinomie des Lügners anwenden, so sehen wir, daß seine Behauptung zwei Aussagen enthält, obwohl sie nur aus zwei Wörtern besteht. Die eine Aussage wird in der Objektsprache, die andere in der Metasprache getroffen und sagt etwas *über* die Aussage in der Objektsprache aus, nämlich, daß sie nicht wahr ist. Gleichzeitig aber ist, fast wie durch einen Taschenspielertrick, impliziert, daß die Aussage in der Metasprache selbst eine der Aussagen ist, über die die Metaaussage (hier die Selbstdefinition «Ich bin ein Lügner») gemacht wird, d. h., daß sie selbst auch eine Aussage in der Objektsprache ist (also: «Ich lüge, wenn ich sage, ‚Ich bin ein Lügner'»). In der Theorie der Sprachstufen ist diese Selbstrückbezüglichkeit von Sätzen, die etwas über ihre eigene Wahrheit oder Falschheit (oder ähnliche Eigenschaften wie Beweisbarkeit, Definierbarkeit, Entscheidbarkeit usw.) aussagen, gleichbedeutend mit dem Begriff des Sich-selbst-Enthaltens einer Klasse in der logischen Typenlehre; beide sind sinnlos.

Nur zögernd folgen wir Laien dem Beweis der Logiker, daß die Aussage des Lügners sinnlos sein soll. Irgendwo scheint da ein Haken zu sein, und dieser Eindruck ist noch stärker bei einer anderen berühmten paradoxen Definition. In einem kleinen Dorf, so lautet die Geschichte, lebt ein Barbier, der alle Männer rasiert, die sich nicht selbst rasieren. Wiederum müssen wir feststellen, daß diese Teilung der Dorfbewohner in Selbstrasierer und Nichtselbstrasierer einerseits erschöpfend ist, daß sie uns andererseits aber geradewegs in eine Paradoxie führt, wenn wir versuchen, den Barbier selbst der einen oder der andern Gruppe zuzuordnen. Und wiederum beweist exakte Deduktion, daß es keinen solchen Barbier geben kann; trotzdem aber fühlen wir uns nicht überzeugt und fragen uns: Warum nicht? Mit diesem hartnäckigen Zweifel im Sinn wollen wir uns nun den verhaltensmäßigen – pragmatischen – Folgen der Paradoxien zuwenden.

6.4 *Pragmatische Paradoxien*

6.41 *Paradoxe Handlungsaufforderungen.* Während die Paradoxie vom Barbier fast immer in der eben erwähnten Form dargestellt wird, besteht zumindest eine etwas abweichende Version. Es ist die von Reichenbach [119] verwendete, in der, anscheinend ohne besonderen Grund, der Barbier ein Soldat ist, dem vom Hauptmann befohlen wird, alle Soldaten der Kompanie zu rasieren, die sich nicht selbst rasieren, aber keine anderen. Reichenbach kommt selbstverständlich zum *logischen* Schluß, «daß es den Kompaniebarbier im definierten Sinne nicht geben kann».

Was immer die Gründe des Autors gewesen sein mögen, die Geschichte in dieser etwas ungewöhnlichen Form darzustellen – sie liefert jedenfalls ein Beispiel par excellence für eine pragmatische Paradoxie. Denn es besteht letztlich kein Grund, weshalb ein solcher Befehl, ungeachtet seiner *logischen* Absurdität, nicht tatsächlich gegeben werden kann. Die wesentlichen Bestandteile der Situation sind die folgenden:

1. Eine bindende komplementäre Beziehung (Offizier und Untergebener).

2. Innerhalb dieser Beziehung wird ein Befehl (eine Handlungsaufforderung) gegeben, der befolgt werden muß, aber nicht befolgt werden darf, um befolgt zu werden. (Der Befehl definiert den Barbier als Selbstrasierer, wenn und nur wenn er sich *nicht* selbst rasiert, und umgekehrt.)

3. Der die inferiore Position in dieser Beziehung einnehmende Soldat kann den Rahmen der Beziehung nicht verlassen oder die Paradoxie dadurch auflösen, daß er über ihre Absurdität kommentiert, d. h. metakommuniziert (dies wäre gleichbedeutend mit Insubordination).

Ein Mensch in dieser Lage befindet sich in einer sogenannten *unhaltbaren Situation.* Während also vom rein logischen Gesichtspunkt der Befehl des Hauptmanns sinnlos ist und es den Barbier angeblich nicht geben kann, sehen die Dinge im wirklichen Leben ganz anders aus. Pragmatische Paradoxien, besonders paradoxe Handlungsaufforderungen, kommen in der Tat viel häufiger vor, als man zunächst annehmen würde. Sobald wir die Paradoxien in zwischenmenschlichen Kontexten zu untersuchen beginnen, stellen sie nicht mehr nur eine faszinierende Beschäftigung für den Logiker oder den Wissenschaftsphilosophen dar, sondern werden zu einer Angelegenheit von unmittelbarer praktischer Bedeutung für den Geisteszustand der Kommunikanten, ob diese nun Individuen, Familien, Gesellschaften oder Nationen sind[4].

6.42 *Beispiele pragmatischer Paradoxien.* Die folgenden Beispiele, die sich von einem rein theoretischen Gedankenmodell über litera-

---

[4] Außerhalb des Gebiets der Psychopathologie wurde diese praktische Bedeutung der Paradoxien unseres Wissens bisher nur von Wittgenstein postuliert:

Die verschiedenen, halb scherzhaften Einkleidungen des logischen Paradoxes sind nur insofern interessant, als sie einen daran erinnern, daß eine ernsthafte Einkleidung des Paradoxes von Nöten ist, um seine Funktion eigentlich zu verstehen. Es fragt sich: Welche Rolle kann ein solcher logischer Irrtum in einem Sprachspiel spielen? [164, S. 179]

(Wittgensteins Begriff des «Sprachspiels» ist unserem Begriff der «Kommunikationsstruktur» oder des «Beziehungsspiels» im Wesen verwandt.)

rische und historische Beispiele bis zur klinischen Kasuistik erstrekken, sollen das oben Gesagte illustrieren.

Beispiel 1: Es ist syntaktisch und semantisch korrekt zu schreiben: *Paris ist eine Großstadt.* Aber es wäre inkorrekt zu schreiben: *Paris ist zweisilbig,* denn in diesem Fall müssen Anführungszeichen verwendet werden, also: *«Paris» ist zweisilbig.* Der Unterschied zwischen den beiden Sätzen besteht darin, daß sich das Wort «Paris» im ersten Satz auf ein Objekt (die Stadt) bezieht, im zweiten dagegen auf den Namen der Stadt und daher auf sich selbst. Die beiden Verwendungen des Wortes «Paris» gehören somit verschiedenen Sprachstufen an (der erste Satz ist in der Objektsprache, der zweite in der Metasprache), und die Anführungszeichen dienen als logische Typenmarkierungen [5] (vgl. 106, S. 30 f., Fußnote).

Wir wollen nun die sonderbare Möglichkeit ins Auge fassen, daß jemand die beiden Sätze zu einem zusammenfaßt (Paris ist eine Großstadt und zweisilbig), seiner Sekretärin diktiert und ihr mit Entlassung droht, wenn sie diesen Satz nicht fehlerfrei niederschreiben kann oder will. Selbstverständlich kann sie es nicht – genausowenig, wie wir es eben konnten. Und was wären die pragmatischen Wirkungen dieser Kommunikation? Lassen wir uns nicht durch die Absurdität dieses Beispiels von seiner theoretischen Bedeutung ablenken. Es besteht kein Zweifel, daß Kommunikationen dieser Art eine unhaltbare Situation schaffen. Da die Mitteilung paradox ist, muß jede Reaktion auf sie in dem von ihr gesetzten Rahmen ebenfalls paradox sein. Es ist einfach nicht möglich, sich in einem widersprüchlichen oder unlogischen Kontext konsequent und logisch zu verhalten. Solange die Sekre-

---

5 Anerkennung muß in diesem Zusammenhang dem Mathematiker Frege gezollt werden, der schon 1893 warnte:

Man wird sich vielleicht über den häufigen Gebrauch des Anführungszeichen wundern; ich unterscheide damit die Fälle, wo ich vom Zeichen selbst spreche, von denen, wo ich von seiner Bedeutung spreche. So pedantisch dies auch erscheinen mag, ich halte es doch für nothwendig. Es ist merkwürdig, wie eine ungenaue Rede- oder Schreibweise, die ursprünglich vielleicht nur aus Bequemlichkeit und der Kürze halber, aber mit vollem Bewußtsein ihrer Ungenauigkeit gebraucht wurde, zuletzt das Denken verwirren kann, nachdem jenes Bewußtsein geschwunden ist. Hat man es doch fertiggebracht, die Zahlzeichen für die Zahlen, den Namen für das Benannte, das bloße Hilfsmittel für den eigentlichen Gegenstand der Arithmetik zu halten [46, S. 4].

tärin in dem ihr vom Chef aufgezwungenen Kontext verbleibt, hat sie nur zwei Möglichkeiten: etwas niederzuschreiben und dabei unvermeidlich einen Verstoß gegen die Syntax zu begehen oder sich zu weigern, etwas aufzuschreiben. Im ersten Fall kann der Chef ihr Unfähigkeit, im zweiten Widersetzlichkeit vorwerfen, was den schon mehrfach erwähnten typischen Anschuldigungen von Verrücktheit oder Böswilligkeit nicht allzu unähnlich ist. Im einen wie im anderen Fall wird die Sekretärin vermutlich emotional reagieren, z. B. mit Weinen oder Zorn.

Gegen all dies könnte man vielleicht einwenden, daß sich kein normaler Mensch so verhalten würde wie dieser imaginäre Chef. Doch das ist ein *non sequitur*. Denn zumindest theoretisch – und sehr wahrscheinlich auch in den Augen der Sekretärin – bestehen zwei mögliche Gründe für dieses Verhalten: Entweder sucht der Chef einen Vorwand für ihre Entlassung und benützt dafür einen abscheulichen Trick, oder er ist nicht normal. Man beachte, daß Böswilligkeit oder Verrücktheit wieder als einzig mögliche Erklärung erscheinen.

Eine völlig andere Situation ergibt sich, wenn die Sekretärin nicht innerhalb der durch das Diktat gesetzten Grenzen bleibt, sondern zur Situation selbst Stellung nimmt; d. h., wenn sie nicht auf den *Inhalt* der Kommunikation ihres Chefs reagiert, sondern über die Kommunikation kommuniziert. Damit tritt sie aus den von ihm gesetzten Kontext heraus und ist nicht mehr im Dilemma gefangen. Im allgemeinen ist dieser Schritt aber nicht einfach. Vor allem ist es – wie schon wiederholt bemerkt – schwierig, über Kommunikation zu kommunizieren. Die Sekretärin müßte erklären, warum die Situation unhaltbar ist und in welche Zwangslage sie dadurch gerät, und das allein wäre keine geringe Leistung. Der andere Grund, weshalb Metakommunikation keine einfache Lösung darstellt, ist, daß es dem Chef ein leichtes wäre, ihre Reaktion auf der Metastufe (der Beziehungsstufe) unter Berufung auf seine Autoriät nicht nur nicht zu gestatten, sondern sie als weiteren Beweis für ihre Unfähigkeit oder Unverschämtheit zu betrachten[6].

[6] Die Taktik, Metakommunikationen zu blockieren, um jemand am Verlassen einer unhaltbaren Situation zu hindern, war Lewis Carroll anscheinend wohlbekannt: Nachdem die Weiße und die Schwarze Königin Alice mit ihren Fragen völlig durcheinandergebracht haben (vgl. Abschnitt 3.22), fächeln sie ihren Kopf mit Blättern, und die Gehirnwäsche geht weiter:

Beispiel 2: Paradoxe Selbstdefinitionen vom Lügnertyp sind relativ häufig, wenigstens in unserer klinischen Praxis. Ihre pragmatische Wirkung wird augenfälliger, wenn wir bedenken, daß diese Selbstdefinitionen nicht nur einen logisch sinnlosen Inhalt übermitteln, sondern auch die Beziehung des Senders zum Empfänger definieren. Die Beziehung der Teilnehmer in einer solchen Kommunikationsstruktur ist nämlich viel weniger durch die Absurdität des Inhaltsaspekts beeinträchtigt als dadurch, daß die Beziehungsdefinition weder vermeidbar noch klar verständlich ist. Die folgenden Variationen dieses Themas sind fast wahllos kürzlich gehaltenen Interviews entnommen:

a) Interviewer: Was sind Ihrer Meinung nach, Herr X, die Hauptprobleme in Ihrer Familie?

Herr X.: Mein Beitrag zu unseren Problemen ist, daß ich ein Gewohnheitslügner bin – andere Leute nennen es vielleicht ... hm, oh Unwahrheit oder Übertreibung oder Aufschneiden –, aber es ist wirklich Lügen ...

Wir glauben, annehmen zu dürfen, daß dieser Mann die Lügnerparadoxie nicht kannte und uns somit nicht absichtlich zu foppen versuchte. Das Resultat blieb aber dasselbe, denn was kann man angesichts einer so paradoxen Beziehungsdefinition tun?

b) Eine Familie, bestehend aus den Eltern und ihrem ziemlich fettleibigen zwanzigjährigen Sohn, der angeblich schwachsinnig ist, interpretieren gemeinsam das englische Sprichwort: «*A rolling stone gathers no moss*» («Auf einem rollenden Stein wächst kein Moos») als Teil eines standardisierten Familieninterviews [154]:

«Jetzt fehlt ihr nichts mehr», sagte die Schwarze Königin.
«Kannst du Sprachen? Was heißt Larifari auf französisch?»
«Larifari ist doch gar nicht deutsch», erwiderte Alice ernsthaft.
«Sagt ja auch keiner», versetzte die Schwarze Königin.
Diesmal schien es Alice, als hätte sie einen Ausweg gefunden. «Wenn Ihr mir sagt, welche Sprache 'Larifari' ist, dann sag ich Euch auch, was es auf französisch heißt!» rief sie siegesbewußt.
Aber die Schwarze Königin richtete sich nur ziemlich steif auf und sagte: «Königinnen handeln nicht.» [31, S. 235]

Vater: Als Sprichwort bedeutet das für uns, für Mutter und mich, daß, wenn wir beschäftigt sind, wie ein rollender Stein ... verstehst du? ... wenn wir uns bewegen, dann ... werden wir nicht zu ... fett, du bist dann geistig lebhafter ...
Sohn: Das bedeutet es?
Mutter: Verstehst du jetzt?
Sohn: Ich komm' dahinter.
Mutter (gleichzeitig): ... verstehst du?
Sohn: Ja, ich verstehe.
Vater (gleichzeitig): Daß es gut wäre für ...
Sohn (unterbricht): *Für Schwachsinn.*
Vater (weitersprechend): ... tätig sein ...
Mutter (zum Sohn): Oh, du meinst, daß es *das* bedeutet – ein rollender Stein ...
Sohn (unterbricht): *Nicht schwachsinnig sein, das bedeutet es.*
Mutter: Also ...
Vater (unterbricht): Ja, beschäftigt sein würde helfen, das ist – ich glaube, das ist richtig.

Wie kann man sich einem «Schwachsinnigen» [7] gegenüber verhalten, der über die Möglichkeit spricht, etwas gegen seinen Schwachsinn zu unternehmen, und sogar diese Bezeichnung verwendet? Wie der Lügner, steht auch er einmal innerhalb und dann wieder außerhalb des durch die Diagnose (also einer Selbstdefinition) festgelegten Bezugsrahmens und führt damit die Diagnose in typisch schizophrener Weise ad absurdum. Die Verwendung der diagnostischen Bezeichnung schließt den Zustand aus, auf den sich die Bezeichnung bezieht.

c) Während der Besprechung der sexuellen Schwierigkeiten eines Ehepaars und ihrer individuellen Einstellung gegenüber verschiedenen Formen sexuellen Verhaltens ergab sich, daß der Mann moralisch sehr unter seiner Masturbation litt. Er sagte, daß das abweisende Verhalten seiner Frau ihn oft zum Masturbieren zwinge, daß ihn aber, «um ganz aufrichtig zu sein», die Abnormalität und die Sündhaftigkeit dieses Verhaltens sehr bedrücke (er war katholisch und hielt Masturbation für eine Todsünde). Der Therapeut antwortete ihm, er könne zur Frage der Sündhaftigkeit nicht Stellung nehmen; was aber

---

7 Der Intelligenzquotient des Patienten hatte sich in wiederholten Tests als zwischen 50 und 80 liegend erwiesen. Kurz vor diesem Interview weigerte sich der Patient, sich nochmals testen zu lassen, weil er angeblich die Testaufgaben nicht verstehen konnte. (Im Laufe der weiteren Behandlung wurde es klar, daß er schizophren war; seine Remission verlief zufriedenstellend, und seine Leistungen übertreffen auf vielen Gebieten die Ergebnisse der Tests.)

die Abnormalität betreffe, so bewiesen zahlreiche Umfragen, daß die Angaben der Katholiken auf eine geringere Häufigkeit von Masturbation deuteten als die der Durchschnittsbevölkerung. Der Mann erwiderte darauf verächtlich: «Katholiken lügen immer über Sex.»

Beispiel 3: Die vielleicht häufigste Form, in der sich Paradoxien in zwischenmenschlichen Beziehungen ergeben können, ist die einer Aufforderung zu bestimmtem Verhalten, das seiner Natur nach nur spontan sein kann. Der Prototyp dieser Aufforderungen ist daher: «Sei spontan!» Diese Art von Aufforderung versetzt den Empfänger in eine unhaltbare Situation, da er, um ihr nachzukommen, spontan in einem Kontext von Gehorsam, von Befolgung, also von Nichtspontaneität, sein müßte. Einige Variationen dieses Grundthemas sind:

a) «Du solltest mich lieben.»
b) «Ich möchte, daß du mich mehr beherrschst.» (Forderung einer Frau an ihren passiven Gatten.)
c) «Es sollte dir ein Vergnügen machen, mit den Kindern zu spielen – wie anderen Vätern.»
d) «Sei nicht so gehorsam!» (Eltern zu ihrem Kind, das sie für zu nachgiebig halten.)
e) «Du weißt, daß es dir freisteht zu gehen; kümmere dich nicht, wenn ich zu weinen beginne.» (Aus einem Roman von W. Styron.) [144, S. 33]

Die Stammkunden des mikrokosmischen Superbordells in Genets *Balkon* sind alle in diesem Dilemma gefangen. Die Mädchen werden dafür bezahlt, die für die imaginären Selbstdefinitionen der Kunden nötigen Komplementärrollen zu spielen; aber es bleibt doch alles unwirklich, denn der «Bischof» weiß, daß die Sünderin nicht eine «wirkliche» Sünderin, der «Richter», daß die Diebin nicht eine «wirkliche» Diebin ist usw. In gewisser Hinsicht ist das auch das Problem des Homosexuellen, der sich nach einem «wirklichen» Mann sehnt, nur um immer wieder feststellen zu müssen, daß dieser selbst auch ein Homosexueller ist, sein muß. In all diesen Fällen weigert sich der andere schlimmstenfalls, die Komplementärrolle zu spielen, oder tut bestenfalls das Richtige aus dem falschen Grund, und der falsche Grund ist immer die *Befolgung* des Gewünschten, das sich spontan ergeben sollte und nicht, weil man es *verlangte.* In den Begriffen von Symmetrie und Komplementarität sind diese Aufforderungen paradox, da sie Spontaneität im Rahmen einer als komplementär definierten Beziehung verlangen. Spontaneität gedeiht in Freiheit und erstickt unter Zwang[8].

Beispiel 4: Ideologien sind besonders anfällig für Paradoxien – vor allem, wenn ihre Metaphysik in Antimetaphysik besteht. Die Gedanken Rubaschows, des Helden in Koestlers Roman *Sonnenfinsternis,* sind in dieser Beziehung beispielhaft:

> Die Partei leugnete den freien Willen des Individuums – und forderte gleichzeitig seine freiwillige Hingabe. Sie leugnete seine Fähigkeit, zwischen zwei Möglichkeiten zu wählen – und forderte gleichzeitig, daß es ständig die rechte Wahl treffe. Sie leugnete sein Vermögen, zwischen Gut und Bös zu unterscheiden – und sprach gleichzeitig in pathetischen Tönen von Schuld und Verrat. Das Individuum stand im Zeichen der ökonomischen Fatalität, ein Rad im Uhrwerk, das, vor Urzeiten einmal in Gang gesetzt, unaufhaltsam und unbeeinflußbar abschnurrte – und die Partei verlangte, daß das Rad gegen das Uhrwerk aufstehe und seinen Ablauf ändere. Irgendwo mußte ein Fehler in dieser Rechnung stecken; die Gleichung ging nicht auf [82, S. 229].

Es liegt im Wesen der Paradoxien, daß auf ihnen beruhende «Gleichungen» nicht aufgehen. Wo Paradoxien menschliche Beziehungen vergiften, entsteht Krankheit. Rubaschow kennt die Symptome, aber sucht vergeblich nach dem Heilmittel:

> Unsere Prinzipien waren alle richtig, aber unsere Resultate waren alle falsch. Das ist ein krankes Jahrhundert. Wir erkannten die Krankheit und ihre Struktur mit mikroskopischer Schärfe, aber wo wir das Messer ansetzten, um zu heilen, entstand ein neues Geschwür. Unser Wollen war hart und rein, die Menschen sollten uns lieben. Aber sie hassen uns. Warum sind wir hassenswert?
>
> Wir brachten euch die Wahrheit, und sie klang in unserem Mund wie die Lüge. Wir bringen euch die Freiheit, und sie sieht in unseren Händen wie die Peitsche aus. Wir bringen euch das lebendige Leben, und wo unser Wort ertönt, da verdorren die Bäume, und es raschelt wie welkes Laub. Wir künden euch

[8] Freiheit selbst hat paradoxe Merkmale. Für Sartre ist die einzige Freiheit, die wir nicht haben, die, nicht frei zu sein. In ähnlichem Sinn verfügt das Schweizerische Zivilgesetzbuch (Artikel 27): «... Niemand kann sich seiner Freiheit entäußern oder sich in ihrem Gebrauch in einem das Recht oder die Sittlichkeit verletzenden Grade beschränken.» Und Berdjajev faßt Dostojewskis Anschauung über die Freiheit wie folgt zusammen:

> Die Freiheit kann nicht identifiziert werden mit dem Guten, mit der Wahrheit, mit der Vollkommenheit. Die Freiheit hat ihre eigene selbständige Natur, die Freiheit ist Freiheit und nicht das Gute. Und eine jede Vermengung und Identifizierung der Freiheit mit dem Guten und der Vollkommenheit selbst ist eine Verneinung der Freiheit, ist ein Bekenntnis zu Gewalt und Nötigung. Das zwangsweise Gute ist schon nicht mehr das Gute, es wird so zum Bösen [21, S. 54].

die wunderbare Zukunft, und unsere Verkündigung klingt wie ein fades Gestotter und rohes Gebell [82, S. 55 f.].

Beispiel 5: Vergleichen wir dies mit dem autobiographischen Bericht eines Schizophrenen [15], so sehen wir, daß sein Dilemma im wesentlichen dem Rubaschows gleicht. Der Patient wird von seinen «Stimmen» in eine unhaltbare Situation gebracht und dann der Täuschung oder Widersetzlichkeit bezichtigt, wenn er außerstande ist, den paradoxen Aufforderungen der «Stimmen» nachzukommen. Das Außergewöhnliche an diesem Bericht ist, daß er vor fast 130 Jahren, also lange vor der Formulierung moderner psychiatrischer Theorien, verfaßt wurde:

Ich wurde von Befehlen des – wie ich annahm – Heiligen Geistes gequält, andere Dinge zu sagen, und sobald ich es versuchte, wurde ich furchtbar dafür gerügt, daß ich in meiner eigenen Stimme und nicht in einer mir gegebenen zu sprechen begann. Diese widersprüchlichen Befehle waren, damals wie auch jetzt noch, der Grund für die Verwirrtheit meines Benehmens, und diese Vorstellungen wurden zum Hauptgrund meiner schließlich völligen Umnachtung. Denn mir wurde zu sprechen befohlen unter Androhung schrecklicher Strafen und der Gefahr, den Zorn des Heiligen Geistes herauszufordern und die Schuld schnödester Undankbarkeit auf mich zu laden; aber sobald ich zu sprechen ansetzte, wurde ich gleichzeitig hart und demütigend dafür getadelt, daß ich nicht die Formulierung verwendete, die ein Geist mir eingegeben hatte; und wenn ich es wiederum versuchte, machte ich es trotzdem falsch, und wenn ich mich innerlich damit entschuldigte, daß ich ja nicht wußte, was ich tun sollte, wurde ich der Lüge und Täuschung bezichtigt und der Unwilligkeit, das zu tun, was mir befohlen wurde. Dann verlor ich meine Geduld und begann, das Gewünschte wahllos herauszusagen, entschlossen, damit zu zeigen, daß mich nicht Furcht oder mangelnder Wille daran hinderten. Doch sobald ich dies tat, spürte ich beim Sprechen, wie schon zuvor, den Schmerz in den Nerven meines Gaumens und meiner Kehle, was mich überzeugte, daß ich mich nicht nur gegen Gott auflehnte, sondern auch gegen die Natur; und ich fiel in eine qualvolle Stimmung von Hoffnungslosigkeit und Undankbarkeit zurück [15, S. 32 f.].

Beispiel 6: Als im Jahre 1616 die japanischen Obrigkeiten zur Verfolgung der zum Christentum Übergetretenen ansetzten, ließen sie ihren Opfern die Wahl zwischen einem Todesurteil und einer Abschwörung, die ebenso umständlich wie paradox war. Die Formel dieser Abschwörung findet sich bei Sansom in einer Studie über die Wechselwirkung zwischen den europäischen und asiatischen Kulturen. Sansom schreibt:

Bei seiner Ableugnung des christlichen Glaubens mußte jeder Abtrünnige die Gründe dafür in einer vorgeschriebenen Formel wiederholen ... Diese Formel ist ein unfreiwilliger Tribut an die Macht des christlichen Glaubens, denn nachdem die Abtrünnigen ihrer Religion (meist unter Zwang) abgeschworen hatten, wurden sie mit einer kuriosen Logik zu einem Eid bei den Mächten gezwungen, die sie gerade verleugnet hatten: «Im Namen des Vaters, des Sohnes und des Heiligen Geistes, der heiligen Maria und aller Engel ... und wenn ich diesen Eid breche, so möge ich die Gnade Gottes auf ewig verlieren und in den elenden Zustand Judas Iskariots stürzen.» In einer noch weiteren Abkehr von der Logik folgte darauf ein Eid auf buddhistische und schintoistische Gottheiten [127, S. 176].

Es ist der Mühe wert, die Folgen dieser Paradoxie zu analysieren. Die Japaner hatten es sich zur Aufgabe gemacht, den Glauben einer ganzen Gruppe von Menschen zu ändern – ein bekanntlich schwieriges Unternehmen, da jeder Glaube sowohl mächtig als auch unantastbar ist. Von Anfang an muß es ihnen klar gewesen sein, daß die üblichen Methoden der Überredung, des Zwangs oder der Bestechung wirkungslos bleiben würden. Denn diese Methoden können zwar Lippendienst erzwingen, aber niemals den Zweifel klären, ob die Seelen der Apostaten «wirklich» geändert wurden. Und dieser Zweifel würde selbst durch die überschwänglichsten Beteuerungen nicht beschwichtigt werden, da sowohl die aufrichtig Bekehrten als auch jene, die ihr Leben retten und gleichzeitig ihren Glauben bewahren wollen, sich gleich verhalten würden.

Vor die schwierige Aufgabe gestellt, eine wirkliche Sinnesänderung herbeizuführen, entschied sich die japanische Obrigkeit also für den Schwur, wobei es ihr offensichtlich klar war, daß dieser nur dann bindend sein konnte, wenn er bei den christlichen und nicht nur bei den schintoistischen und buddhistischen Göttern geleistet wurde. Doch diese «Lösung» führte sie geradewegs in die Unentscheidbarkeit selbstrückbezüglicher Aussagen. Die vorgeschriebene Eidesformel sollte nämlich ihre bindende Gewalt aus der Anrufung gerade jener Gottheit erhalten, der durch den Eid abgeschworen wurde. Mit anderen Worten, es handelte sich um eine Aussage *innerhalb* eines klar umrissenen Bezugsrahmens (der christlichen Glaubenslehre), die etwas *über* diesen Bezugsrahmen und daher über sich selbst aussagte, nämlich den Rahmen und damit den Schwur selbst negierte. Die beiden Worte *innerhalb* und *über* verdienen hier besondere Beachtung. Angenommen, *C* sei die Gesamtheit aller Aussagen, die innerhalb des Rahmens der christlichen Glaubenslehre gemacht werden können.

Eine Aussage über *C* ist dann eine Meta-Aussage, also eine Aussage in der Metasprache über eine Aussage in der Objektsprache. Damit erweist sich, daß der Schwur sowohl ein Element von *C* ist, da er die Dreifaltigkeit anruft, gleichzeitig aber auch eine Meta-Aussage, die *C* verneint. Dies aber führt in die inzwischen wohlbekannte logische Sackgasse. Keine Aussage, die innerhalb eines Bezugssystems gemacht wird, kann gleichzeitig sozusagen aus diesem System heraustreten und sich selbst negieren. Das erinnert sowohl an die Paradoxie des Lügners als auch an das Dilemma des Träumenden mit seinem Alptraum: Was immer er innerhalb des Traums unternehmen mag, ist zwecklos[9]. Er kann seinem Alptraum nur durch Aufwachen entgehen, d.h. durch Verlassen des Traums. Denn Erwachen ist nicht mehr ein Teil des Traums, es ist ein völlig anderer Bewußtseinszustand, es ist sozusagen Nichttraum. Theoretisch könnte der Alptraum endlos andauern, wie das manche schizophrene Alpträume offensichtlich tun, denn nichts innerhalb eines bestimmten Rahmens hat die Macht, den Rahmen

---

9 Man vergleiche hierzu folgende Szene aus Lewis Carrolls *Alice hinter den Spiegeln.* Wie *Alice im Wunderland* ist auch dieses Buch viel eher eine Sammlung eingekleideter logischer Probleme als ein Kinderbuch. Zwiddeldum und Zwiddeldei unterhalten sich über den schlafenden Schwarzen König:

«Er träumt», sagte Zwiddeldei; «und was glaubst du wohl, träumt er?»

Alice sagte: «Das weiß keiner.»

«Nun, *dich* träumt er!» rief Zwiddeldei und klatschte triumphierend in die Hände. «Und wenn er aufhört, von dir zu träumen, was meinst du, wo du dann wärst?»

«Wo ich jetzt bin, natürlich», sagte Alice.

«So siehst du aus!» entgegnete Zwiddeldei verächtlich. «Gar nirgends wärst du. Du bist doch nur so etwas, was in seinem Traum vorkommt!»

«Der König da», fügte Zwiddeldum hinzu, «bräuchte bloß aufzuwachen, und schon gingst du aus – peng! – wie eine Kerze!»

«Gar nicht!» rief Alice empört. «Und außerdem, wenn *ich* nur etwas bin, was in seinem Traum vorkommt, was seid denn *ihr,* möchte ich gerne wissen?»

«Das nämliche», sagte Zwiddeldei.

«Das nämliche, das nämliche!» rief Zwiddeldum.

Dabei schrie er so laut, daß Alice nun doch lieber sagte: «Still doch! Du weckst ihn noch auf mit deinem Geschrei.»

«Na, du wärst mir die Rechte!» sagte Zwiddeldum. «Ihn aufwecken! Wo du doch nur in seinem Traum vorkommst. Das weißt du doch ganz genau, daß du nicht wirklich bist!»

«*Doch* bin ich wirklich!» sagte Alice und begann zu weinen. [31, S. 175 f.]

selbst zu verneinen. Gerade aber dies war es, was – *mutatis mutandis* – der Schwur erreichen sollte.

Unseres Wissens bestehen keine geschichtlichen Belege über die Wirkung des Schwurs auf die Bekehrten oder auf die ihn abnehmenden Behörden, aber es ist nicht schwierig, darüber zu spekulieren. Das Dilemma derjenigen, die den Eid leisteten, ist ziemlich klar. Indem sie dem Christentum abschwörten, verblieben sie innerhalb des Rahmens der paradoxen Eidesformel und waren damit in der Paradoxie gefangen. Freilich müssen ihre Chancen, sich aus der Schlinge zu ziehen, sehr gering gewesen sein. Sobald sie den Schwur geleistet hatten, fanden sie sich in einem unerhörten religiösen Dilemma. Vom Zwang abgesehen – war der Eid bindend oder nicht? Wenn sie Christen bleiben wollten, machte dann nicht gerade dies den Schwur bindend und exkommunizierte sie? Wenn sie sich dagegen aufrichtig vom Christentum abkehren wollten, waren sie dann nicht gerade durch den Schwur um so fester daran gebunden? In letzter Konsequenz bricht die Paradoxie hier in die Metaphysik ein. Es liegt im Wesen jedes Schwurs, daß er auch die angerufene Gottheit bindet. War dann aber für den Bekehrten nicht Gott selbst in einer unhaltbaren Situation, und wenn ja, wo bestand dann noch irgendwelche Hoffnung auf einen Ausweg?

Die Paradoxie muß aber auch die Verfolger selbst erfaßt haben. Es konnte ihnen unmöglich entgangen sein, daß die Eidesformel den christlichen Gott über ihre eigenen Götter setzte. Anstatt daher «den Vater, den Sohn, den Heiligen Geist, die heilige Maria und alle Engel» aus den Seelen ihrer Opfer zu verbannen, setzten sie sie sogar auf den Thron ihrer eigenen Religion. Sie mußten sich also schließlich im Widerspruch ihrer eigenen Eidesformel verwickelt gefunden haben, die dem abschwört, was sie anruft, und anruft, wem sie abschwört.

An dieser Stelle ist es angebracht, kurz zum Thema der Gehirnwäsche Stellung zu nehmen, also einer Beeinflussung, die sich fast ausschließlich auf pragmatische Paradoxien zu stützen scheint. Die Geschichte lehrt, daß es grundsätzlich zwei Arten von Usurpatoren des Geistigen gibt: jene, für die die körperliche Vernichtung der Andersdenkenden eine hinlängliche Lösung ist und die sich wenig darum kümmern, ob sie das Denken ihrer Opfer «wirklich» ändern, und jene, denen aus eschatologischer Rücksicht, die eines besseren Zweckes würdig wäre, sehr viel daran liegt. Wir können annehmen, daß die letzteren im Vorgehen der ersteren einen schockierenden Mangel an Geistigkeit beklagen, doch soll uns das hier nicht weiter beschäftigen. Jedenfalls besteht das Hauptanliegen der zweiten Gruppe in der seelischen Verwandlung ihrer Opfer und erst dann in ihrer Vernichtung. O'Brien, der Folterer in *Neunzehnhundertvierundachtzig,* ist ein vollendeter Meister auf diesem Gebiet, das er seinem Opfer erklärt:

«... Für jeden Ketzer, den man auf dem Scheiterhaufen verbrannte, standen tausende andere auf. Warum das? Weil die Inquisition ihre Feinde in der Öffentlichkeit tötete und sie tötete, während sie noch unbußfertig waren: recht eigentlich sie deshalb tötete, *weil* sie unbußfertig waren. Die Menschen starben, weil sie ihren wahren Glauben nicht aufgeben wollten ... Später ... da gab es die deutschen Nazis und die russischen Kommunisten ... Wir begehen keine solchen Fehler. Alle Geständnisse, die hier abgelegt werden, sind echt. Wir machen sie echt ... Sie werden sowohl aus der Vergangenheit wie aus der Zukunft gestrichen. Sie werden überhaupt nie existiert haben.»

Warum sich dann die Mühe machen, mich zu foltern? dachte Winston ...

O'Brien lächelte leise. «Sie sind ein Fehler im Muster. Sie sind ein Fleck, der ausgemerzt werden muß. Habe ich Ihnen nicht soeben gesagt, daß wir anders sind als die Verfolger der Vergangenheit? *Wir geben uns nicht zufrieden mit negativem Gehorsam, auch nicht mit der kriecherischsten Unterwerfung. Wenn Sie sich am Schluß beugen, so muß es freiwillig geschehen.* Wir vernichten den Ketzer nicht, weil er uns Widerstand leistet: solange er uns Widerstand leistet, vernichten wir ihn niemals. Wir bekehren ihn, bemächtigen uns seiner geheimsten Gedanken, formen ihn um. Wir brennen alles Böse und allen Irrglauben aus ihm aus; wir ziehen ihn auf unsere Seite, nicht nur dem Anschein nach, *sondern tatsächlich, mit Herz und Seele.* Wir machen ihn zu einem der Unsrigen, ehe wir ihn töten. Es ist für uns unerträglich, daß irgendwo in der Welt ein irrgläubiger Gedanke existieren sollte, mag er auch noch so geheim und machtlos sein.» [109, S. 296 ff.]

Hier also ist die «Sei spontan!»-Paradoxie in ihrer krassesten Form. Der Leser wird freilich nicht im Zweifel darüber gelassen, daß O'Brien wahnsinnig ist, aber während O'Brien nur eine Romanfigur ist, ist sein Wahnsinn der eines Hitlers, Himmlers, Heydrichs und vieler anderer.

Beispiel 7: Eine sehr ähnliche Situation wie zwischen den japanischen Christen und ihren Verfolgern ergab sich 1938 zwischen Sigmund Freud und den Nazibehörden, nur daß in diesem Fall die Paradoxie vom Opfer den Verfolgern aufgezwungen wurde und noch dazu in einer Weise, die es ihm ermöglichte, sich aus der Schlinge zu ziehen. Die Nazis hatten Freud eine Ausreiseerlaubnis aus Österreich unter der Bedingung versprochen, daß er eine Erklärung unterzeichne, wonach er «von den deutschen Behörden und im besonderen von der Gestapo mit der meinem wissenschaftlichen Ruf gebührenden Achtung und Rücksicht behandelt wurde...» [78, Band III, S. 268]. Mag dies auch in Freuds persönlichem Fall wahr gewesen sein, so lief das Dokument im Kontext der brutalen Verfolgung der Wiener Juden trotzdem auf eine schamlose Vortäuschung von Fairness seitens der Behörden hinaus, die offensichtlich versuchten, aus Freuds internationaler Berühmtheit Kapital für ihre Nazipropaganda zu schlagen. Die Gestapo hatte also ein Interesse an Freuds Unterschrift, und Freud muß sich vor die Wahl gestellt gesehen haben, die Unterschrift zu leisten und damit dem Feind unter Verlust seiner persönlichen Integrität zu helfen oder nicht zu unterschreiben und die Folgen dieser Weigerung auf sich zu nehmen. Nach den Begriffen der Experimentalpsychologie befand er sich also in einem Aversions-Aversions-Konflikt (vgl. Abschnitt 6.434). Freud brachte es jedoch fertig, den Spieß umzudrehen und die Nazis in ihrer eigenen Falle zu fangen. Als der Gestapobeamte das Dokument zur Unterschrift brachte, fragte Freud, ob er noch einen Satz hinzufügen dürfe. Offensichtlich im Vollgefühl seiner Machtposition stimmte der Beamte zu, und Freud schrieb: «Ich kann die Gestapo jedermann aufs beste empfehlen.» Damit waren die Rollen vertauscht; denn nachdem die Gestapo einmal Freud zum Lob gezwungen hatte, konnte sie nicht gut weiteres «spontanes» Lob ablehnen. Für die Weltöffentlichkeit aber, die in zunehmendem Maß gewahr wurde, was in jenen Tagen in Wien vorging, konnte dieses «Lob» nur einen vernichtenden Sarkasmus bedeuten, der die Erklärung Freuds für Propagandazwecke unbrauchbar machte. Es war Freud also gelungen, die Erklärung durch eine Aussage zu entwerten, die als *Teil* der Erklärung deren Inhalt zwar zu bekräftigen schien, gleichzeitig aber durch ihren offensichtlichen Sarkasmus den Sinn der *gesamten* Erklärung negierte.

Beispiel 8: In *Les Plaisirs et les Jours* gibt Proust ein ausgezeichnetes Beispiel für eine pragmatische Paradoxie, wie sie sich aus dem Widerspruch zwischen gesellschaftlichen Verhaltensnormen und individuellen Gefühlen ergeben kann. Alexis ist dreizehn Jahre alt und auf dem Weg zu seinem Onkel, der an einer unheilbaren Krankheit leidet. Dabei kommt es zu folgendem Gespräch zwischen ihm und seinem Hauslehrer:

Als er zu sprechen ansetzte, errötete er tief:

«Monsieur Legrand, ist es besser, wenn mein Onkel glaubt, daß ich weiß, daß er sterben muß, oder nicht?»

«Er soll es nicht glauben, Alexis.»

«Aber wenn er mit mir darüber spricht?»

«Er wird mit Ihnen nicht darüber sprechen.»

«Er wird mit mir nicht darüber sprechen?» sagte Alexis überrascht, denn das war die einzige Möglichkeit, die er nicht vorausgesehen hatte: jedesmal, wenn er begann, sich den Besuch bei seinem Onkel vorzustellen, hörte er ihn mit der Milde eines Priesters vom Tode sprechen.

«Aber wenn er doch darüber spricht?»

«Dann sagen Sie, daß er sich täuscht.»

«Und wenn ich weine?»

«Sie haben heute schon zuviel geweint, Sie werden bei ihm nicht weinen.»

«Ich werde nicht weinen!» rief Alexis verzweifelt, «aber dann wird er denken, daß ich keinen Kummer fühle, daß ich ihn nicht liebe ... mein kleiner Onkel!»

Und er brach in Tränen aus. [114, S. 19 f.]

Wenn Alexis aus Besorgnis um seinen Onkel seine Besorgnis verheimlicht, dann muß er befürchten, unbesorgt und daher lieblos zu erscheinen.

Beispiel 9: Ein junger Mann fühlte, daß seine Eltern das Mädchen ablehnten, das er zu heiraten beabsichtigte. Sein Vater war ein wohlhabender, zielbewußter, gut aussehender Mann, der seine Frau und seine drei Kinder vollkommen beherrschte. Die Mutter, eine stille, zurückgezogene Frau, lebte in der sekundären Komplementärposition dahin und war mehrmals «zur Erholung» in einem Sanatorium gewesen. Eines Tages ließ der Vater den jungen Mann in sein Arbeitszimmer kommen – eine Maßnahme, die außergewöhnlichen Anlässen vorbehalten war – und sagte ihm: «Louis, ich möchte dir etwas sagen. Wir Alvarados heiraten immer Frauen, die besser sind als wir.» Da der Vater auch in Ton und Miene durchaus ernsthaft schien und außerdem keinen Zweifel darüber ließ, daß damit alles zum Thema gesagt war, fand sich der Sohn vor die Notwendigkeit gestellt, die Bedeutung dieser Äußerung selbst zu ergründen. Wie immer er sie auch zu deuten versuchte, stets stieß er auf einen verwirrenden Widerspruch, der ihn schließlich in seinem Entschluß wankend machte, das Mädchen zu heiraten.

Die Äußerung des Vaters läßt sich in folgender Weise amplifizieren: Wir Alvarados sind *überlegene* Menschen, u. a. heiraten wir nach oben.

Diese letztere Bemerkung steht aber nicht nur in krassem Widerspruch zu den Tatsachen, die der Sohn tagtäglich feststellen kann, sondern bedeutet unabhängig davon auch, daß die Alvarado-Männer ihren Frauen *unterlegen* sind. Das wiederum negiert die Behauptung, die damit bekräftigt werden sollte. Wenn also der Anspruch des Vaters auf allgemeine Überlegenheit der Alvarados, einschließlich der Definition der Gattin und ihrer selbst, wahr ist, dann ist er nicht wahr.

Beispiel 10: Im Verlauf der psychotherapeutischen Behandlung eines jungen Mannes regte der Psychiater an, die in einer anderen Stadt wohnenden Eltern des Patienten sollten wenigstens zu einer gemeinsamen Sitzung kommen, damit gewisse Familienprobleme zusammen mit ihnen erörtert werden könnten. Während dieser Sitzung wurde es bald klar, daß die Eltern meist nur dann übereinstimmten, wenn sich das Gespräch um die Schwierigkeiten ihres Sohns drehte, daß sie aber sonst in vieler Hinsicht uneins waren. Es stellte sich ferner heraus, daß der Vater während der Kindheit des Sohns infolge einer Depression fünf Jahre arbeitsunfähig gewesen war und daß die Familie während dieser Zeit vom Vermögen der Gattin gelebt hatte. Im weiteren Verlauf des Interviews tadelte der Vater seinen Sohn scharf, weil dieser nicht mehr Verantwortlichkeit an den Tag legte und nicht unabhängiger und erfolgreicher war. Dies veranlaßte den Therapeuten zu der vorsichtigen Bemerkung, daß zwischen Vater und Sohn vielleicht mehr Ähnlichkeit bestehe, als es den beiden bewußt sei... Während diese Andeutung bei den beiden Männern auf taube Ohren zu stoßen schien, nahm die Mutter sofort dazu Stellung und griff den Psychiater als Störenfried an. Dann blickte sie mit Liebe und Bewunderung auf ihren Sohn und sagte: «Was wir mehr als irgend etwas anderes wünschen, ist, daß Georg eine so glückliche Ehe wie wir haben möge.» So ausgedrückt, ist die einzig mögliche Schlußfolgerung die, daß eine glückliche Ehe unglücklich ist und, nach derselben Logik, eine unglückliche Ehe glücklich.

Nach dieser Sitzung war der junge Mann deprimiert, und in seinem nächsten Interview versuchte er vergeblich, dieser Stimmung auf die Spur zu kommen. Als der Therapeut ihn an die Paradoxie der mütterlichen Äußerung erinnerte, griff er diese sofort auf. Er bemerkte, daß seine Mutter ihm «solche Sachen» wahrscheinlich seit Jahr und

Tag gesagt habe, daß es ihm aber bisher nie möglich gewesen sei, sie so klar zu erkennen wie jetzt. Gleichzeitig erinnerte er sich an häufige Träume, in denen er eine schwere Last trug, sich gegen etwas wehrte oder von etwas hinuntergezogen wurde, ohne aber je dieses Etwas erkennen zu können.

Beispiel 11: Die Mutter einer Schizophrenen benachrichtigte den behandelnden Psychiater telephonisch, daß der Zustand ihrer Tochter sich wieder verschlechtere. Damit meinte die Mutter gewöhnlich, daß sich das Mädchen unabhängiger benahm und ihr widersprach. So z. B. hatte die Tochter sich kürzlich eine eigene Wohnung genommen – ein Schritt, mit dem die Mutter sich noch nicht abgefunden hatte. Als der Psychiater sich erkundigte, worin das angeblich gestörte Verhalten der Tochter diesmal bestand, antwortete die Mutter: «Nun, heute z. B. wollte ich, daß sie zum Abendessen zu uns komme, und wir hatten eine lange Debatte, weil sie nicht kommen wollte.» Auf die Frage, ob und wie dieser Zank schließlich beigelegt worden sei, erwiderte die Mutter ärgerlich: «Ich überredete sie schließlich, doch zu kommen, denn ich weiß ja, daß sie kommen will, und außerdem hat sie nicht wirklich den Mut, nein zu sagen.»

So wie die Mutter die Dinge sieht, bedeutet ein «Nein» der Tochter, daß diese in Wirklichkeit doch kommen möchte, denn die Mutter weiß besser als die Tochter, was in deren wirrem Kopf vorgeht. Was aber, wenn die Tochter ja sagt? Ein «Ja» bedeutet nicht «ja», sondern nur, daß die Tochter nicht nein sagen kann. Mutter und Tochter sind damit gleicherweise in dieser paradoxen Kodifizierung ihrer Kommunikationen gefangen.

Beispiel 12: Eine charmante, haarsträubende Sammlung paradoxer mütterlicher Kommunikationen wurde kürzlich von Greenburg veröffentlicht. Hier ist eine seiner Perlen:

> Schenken Sie Ihrem Sohn Marvin zwei Sporthemden: Wenn er zum erstenmal eines der beiden trägt, blicken Sie ihn traurig an und sagen Sie: «Das andere gefällt dir nicht?» [54, S. 16]

6.43 *Die Doppelbindungstheorie* [10]. Die Wirkungen von Paradoxien in menschlicher Interaktion wurden zum erstenmal 1956 von Bateson,

---

[10] Englisch: *double bind theory.* Wir glauben, daß es am besten ist, diesen Ausdruck wörtlich aus dem Englischen zu übersetzen, da er sich selbst in der

Jackson, Haley und Weakland unter dem Titel «*Toward a Theory of Schizophrenia*» [18] beschrieben. Diese Forschungsgruppe ging an die Phänomene der schizophrenen Kommunikationen von einem Gesichtspunkt aus heran, der sich radikal von jenen Hypothesen unterscheidet, die in der Schizophrenie primär intrapsychische Störungen (z. B. eine Denkstörung, Ich-Schwäche, Überschwemmung des Bewußtseins durch Primärprozesse oder dergleichen) sehen, die dann sekundär die zwischenmenschlichen Beziehungen des Patienten beeinflussen. Bateson und seine Mitarbeiter fragten sich dagegen, durch welche Beziehungsstrukturen jene Verhaltensformen bedingt werden könnten, auf die sich die Diagnose einer Schizophrenie stützt. Der Schizophrene, so postulierten sie, «muß in einer Welt leben, in der die Ereignisabläufe solcher Art sind, daß sein ungewöhnliches Kommunikationsverhalten in gewissem Sinn angebracht ist» [18, S. 253]. Dieses Postulat ermöglichte es ihnen nicht nur, rein begrifflich den zu engen Rahmen der schizophrenen Endogenese [11] zu sprengen, sondern auch bestimmte Strukturen zwischenmenschlicher Wechselbeziehungen zu identifizieren, für die sie den Ausdruck *double bind* prägten. Diese Charakteristika sind auch der gemeinsame Nenner des sonst eher verwirrenden Potpourris von Beispielen im letzten Abschnitt.

6.431 In etwas abgeänderter und erweiterter Form können die Bestandteile einer Doppelbindung wie folgt beschrieben werden:

Originalsprache mehr durch seine Prägnanz als durch seine semantische Evidenz eingebürgert zu haben scheint. Im Deutschen bestehen unseres Wissens bereits zwei Übersetzungen: Stierlins *Beziehungsfalle* [143] und Lochs *Zwickmühle* [94].

[11] Wie bereits in Abschnitt 1.5 betont, betrachten wir unsere Studie als Beitrag, der zusätzliche Dimensionen für das Verstehen menschlichen Verhaltens aufzeigen, nicht aber andere psychopathologische Theorien leugnen will. Zu bemerken ist jedoch, daß die den funktionellen Psychosen zugeschriebene Endogenese zumindest in semantischer Sicht ein Kuriosum *sui generis* darstellt. Endogen sind diese Störungen ja nur in dem Sinn, daß sie offensichtlich nicht exogen sind, wie z. B. die meisten der toxischen Psychosen. Durch diese *per eliminationem* zuwege gekommene *Benennung* «endogen» wird ihnen aber unversehens auch eine *Eigenschaft* zugeschrieben, so daß sie nunmehr endogen «sind», weil sie so *heißen*, und nicht umgekehrt endogen heißen, weil sie es tatsächlich *sind* – eine faszinierende Illustration dessen, was Stuart Chase die «Tyrannei der Worte» nennt oder wovor die Semantiker warnen, wenn sie darauf verweisen, daß das Wort nicht das Ding ist, die Landkarte nicht das Land und die Speisekarte nicht die Mahlzeit.

1. Zwei oder mehrere Personen stehen zueinander in einer engen Beziehung, die für einen oder auch alle von ihnen einen hohen Grad von physischer und/oder psychischer Lebenswichtigkeit hat. Derartige Situationen ergeben sich u. a. in Familien (besonders zwischen Eltern und Kindern), in Krankheit, Gefangenschaft, materieller Abhängigkeit, Freundschaft, Liebe, Treue zu einem Glauben, einer Sache oder einer Ideologie, in durch gesellschaftliche Normen oder Traditionen bedingten Lagen, der psychotherapeutischen Situation usw.

2. In diesem Kontext wird eine Mitteilung gegeben, die a) etwas aussagt, b) etwas über ihre eigene Aussage aussagt und c) so zusammengesetzt ist, daß diese beiden Aussagen einander negieren bzw. unvereinbar sind. Wenn also die Mitteilung eine Handlungsaufforderung ist, so wird sie durch Befolgung mißachtet und durch Mißachtung befolgt; handelt es sich um eine Ich- oder Du-Definition, so ist die damit definierte Person es nur, wenn sie es nicht ist, und ist es nicht, wenn sie es ist. Die Bedeutung der Mitteilung ist also unentscheidbar im Sinne von Abschnitt 3.333.

3. Der Empfänger dieser Mitteilung kann der durch sie hergestellten Beziehungsstruktur nicht dadurch entgehen, daß er entweder über sie metakommuniziert (sie kommentiert) oder sich aus der Beziehung zurückzieht. Obwohl also die Mitteilung logisch sinnlos ist, ist sie eine pragmatische Realität: Man kann nicht *nicht* auf sie reagieren, andererseits aber kann man sich ihr gegenüber auch nicht in einer angebrachten (nichtparadoxen) Weise verhalten, denn die Mitteilung selbst ist paradox. Diese Situation kann für den Empfänger oft noch weiter durch das mehr oder weniger ausgesprochene Verbot erschwert sein, des Widerspruchs oder der tatsächlichen Zusammenhänge gewahr zu werden. Eine in einer Doppelbindung gefangene Person läuft also Gefahr, für richtige Wahrnehmungen bestraft und darüber hinaus als böswillig oder verrückt bezeichnet zu werden, wenn sie es wagen sollte, zu behaupten, daß zwischen ihren tatsächlichen Wahrnehmungen und dem, was sie wahrnehmen «sollte», ein wesentlicher Unterschied besteht[12].

---

[12] Dies gilt natürlich auch für die Wahrnehmung der Stimmung oder des Verhaltens einer anderen Person. Vgl. Johnson et al., aus deren Bericht über Schizophrenieforschung an der Mayo-Klinik folgendes Zitat entnommen ist:

Dies ist das Wesen der Doppelbindung.

6.432 Seit seiner Formulierung hat der Begriff der Doppelbindung zunehmende Beachtung in der Psychiatrie[13] und den Verhaltenswissenschaften im allgemeinen [151] gefunden und drang sogar in den Jargon der Politiker ein [96]. Die Frage seiner pathogenen Wirkung wurde rasch zu dem am häufigsten mißverstandenen Aspekt der Theorie. Bevor wir mit unseren Ausführungen fortfahren können, müssen wir uns daher diesem Problem zuwenden.

Es besteht kein Zweifel, daß die Welt, in der wir leben, alles andere als logisch ist und daß die meisten von uns ihre Normalität bewahren können, obwohl wir alle doppelbindenden Situationen ausgesetzt sind. Doch diese Situationen sind vereinzelt und vorübergehend, wenngleich sie zur Zeit des Erlebens durchaus traumatischer Natur sein können. Eine ganz andere Situation kommt aber dann zustande, wenn Doppelbindungen zu einer chronischen Erscheinung und damit langsam zu einer gewohntheitsmäßigen Erwartung werden. Dies gilt natürlich vor allem für die Kindheit, da alle Kinder zu dem Schluß neigen, daß ihre eigenen Erlebnisse auch die aller andern sein und daher sozusagen universale Gültigkeit haben müssen. Hier handelt es sich also nicht um vereinzelte Traumata; wir haben es vielmehr mit einer ausgeprägten Beziehungsstruktur zu tun. Die wechselseitigen Eigenschaften dieser Strukur werden etwas deutlicher, wenn wir uns vor Augen halten, daß dem Wesen der menschlichen Kommunikation nach eine Doppelbindung nicht ein linearer Ablauf von Ursache und Wirkung sein kann. Wenn, wie wir in Abschnitt 6.431 gesehen haben,

---

Wenn, wie dies häufig der Fall war, die Kinder den Zorn oder die Feindseligkeit eines Elternteils wahrnahmen, so verneinte dieser sofort seinen Zorn und beharrte darauf, daß auch das Kind ihn verneine, so daß das Kind vor dem Dilemma stand, ob es den Eltern oder seinen eigenen Sinneswahrnehmungen glauben sollte. Wenn es seinen Sinnen vertraute, behielt es seinen sicheren Kontakt mit der Wirklichkeit; vertraute es dagegen dem Vater (bzw. der Mutter), so behielt es die notwendige Beziehung bei, verzerrte aber seine Wirklichkeitswahrnehmung [77, S. 143].

Für praktisch dieselbe Struktur verwendet Laing [87] den Ausdruck «Mystifikation».

[13] Für diesen wesentlichen Beitrag zum Verständnis der Schizophrenie erhielten die oben genannten Autoren den Frieda-Fromm-Reichmann-Preis 1961/62 der Akademie für Psychoanalyse in New York.

eine Doppelbindung paradoxes Verhalten bedingt, so wirkt dieses Verhalten selbst als Doppelbindung auf den Doppelbinder zurück[14]. Sobald sich diese Wechselwirkung einmal ausgebildet hat, ist es praktisch sinnlos, zu fragen, *wann, wie* und *warum* sie zustande kam, da pathologische Systeme – wie im 5. Kapitel veranschaulicht wurde und im 7. Kapitel begründet werden soll – eine eigenartige selbstverewigende Eigenschaft haben. Wir sind daher der Ansicht, daß die Frage der pathogenen Folgen von Doppelbindungen nicht in den Begriffen von Ursache und Wirkung beantwortet werden kann, die für das medizinische Krankheitsmodell – z. B. die Beziehung zwischen Infektion und Entzündung – gelten. Die Doppelbindung *verursacht* nicht Schizophrenie. Man kann lediglich sagen, daß dort, wo Doppelbindungen zur vorherrschenden Beziehungsstruktur werden und wo sich die diagnostische Aufmerksamkeit auf den sichtlich am meisten gestörten Partner beschränkt[15], das Verhalten dieser Person den diagnostischen Kriterien des klinischen Bildes von Schizophrenie entspricht. Nur in diesem Sinn kann die Doppelbindung ursächlich und daher pathogen genannt werden. Diese Unterscheidung mag talmudisch erscheinen – wir halten sie jedoch für unerläßlich, um den Schritt von der Vorstellung, Schizophrenie sei die mysteriöse Geisteskrankheit

---

[14] Diese Gegenseitigkeit besteht sogar dort, wo alle Macht scheinbar in den Händen der einen Seite liegt und die andere Seite völlig hilflos ist, wie z. B. im Fall politischer Verfolgung. Denn wie Sartre [128] gezeigt hat, ist der Folterer letzten Endes ebenso entwürdigt wie sein Opfer. Man vergleiche dazu auch Weißbergs Bericht [158] über seine Erlebnisse während der Großen Säuberung in der UdSSR und Meerloos [101] Begriff des «mysteriösen masochistischen Pakts» zwischen dem Gehirnwäscher und seinem Opfer.

Ausführliche Untersuchungen über die Gegenseitigkeit von Doppelbindungen in Familien wurden von Weakland [155] sowie von Sluzki et al. [137] verfaßt.

[15] Es ist nicht möglich, hier auf alle Aspekte und Verzweigungen der Doppelbindungstheorie einzugehen, aber die Frage des Grades der Gestörtheit erfordert eine kurze Abschweifung. Wir haben immer wieder feststellen können, daß die Eltern schizophrener Patienten auf den ersten Blick normale, gut angepaßte Individuen zu sein scheinen, was den Mythus noch glaubhafter macht, daß diese Familien durchaus glücklich wären, wenn sie nicht einen Psychotiker in ihrer Mitte hätten. Aber selbst wenn man sich in Abwesenheit des Patienten mit den anderen Familienmitgliedern etwas länger abgibt, kommen die merkwürdigen Ungereimtheiten ihrer Kommunikation bald zum Vorschein. Wir möchten in diesem Zusammenhang nochmals auf die von Laing und Esterson [88] ver-

eines Individuums, zu der Auffassung der Schizophrenie als einer spezifischen Kommunikationsstruktur zu machen.

6.433 Damit können wir zu den schon erwähnten drei Bestandteilen einer Doppelbindung (vgl. Abschnitt 6.431) zwei weitere hinzufügen, um ihre Beziehung zur Schizophrenie zu definieren:

1. Wo Doppelbindungen von längerer oder sogar chronischer Dauer sind, werden sie zu gewohnheitsmäßigen und schwer beeinflußbaren Erwartungen hinsichtlich der Natur menschlicher Beziehungen und der Welt im allgemeinen, und diese Erwartungen bedürfen schließlich keiner weiteren Verstärkungen.

2. Das durch Doppelbindungen verursachte paradoxe Verhalten hat selbst doppelbindende Rückwirkungen, und dies führt zu sich selbst verewigenden Kommunikationsstrukturen. In künstlicher Isolierung betrachtet, entspricht das Verhalten des am auffälligsten gestörten Kommunikationsteilnehmers den klinischen Kriterien der Schizophrenie.

6.434 Doppelbindungen sind also nicht einfach widersprüchliche, sondern wirklich paradoxe Handlungsforderungen. Bei der Beschreibung der Antinomien haben wir bereits den wesentlichen Unterschied zwischen einer Kontradiktion und einer Paradoxie untersucht und da-

---

öffentlichten zahlreichen klinischen Beispiele verweisen sowie auf eine Pionierarbeit Searles', der das folgende Zitat entnommen ist:

Die Mutter eines hochgradig schizophrenen jungen Mannes z. B., die selbst eine sehr nervöse Person war und mit maschinengewehrartiger Schnelligkeit sprach, überschüttete mich mit einem wahren Schwall von Erklärungen, die in bezug auf ihren Gefühlston so widerspruchsvoll waren, daß sie mich momentan geradezu betäubten: «Er war sehr glücklich. Ich kann mir nicht vorstellen, wie das über ihn gekommen sein soll. Er war mit seiner Stelle als Radiotechniker in der Werkstätte von Herrn Mitchell in Lewiston sehr zufrieden. Ich glaube nicht, daß auch nur ein einziger der Techniker vor Edward es dort länger als ein paar Monate ausgehalten hat. Aber Edward verstand sich mit ihm ausgezeichnet. Wie oft kam er nach Hause und sagte (die Mutter imitiert einen erschöpften Seufzer): ‚Ich kann es nicht eine Minute länger aushalten'» [135, S. 3 f.]

Ein ähnliches Beispiel, das aus einem unserer eigenen Forschungsprojekte stammt, ist das einer Mutter, deren schizophrener Sohn eines Tages mit seinem Kleinkalibergewehr Löcher in Möbel, Wände und Fenster der Wohnung zu schießen begann. Auf die Frage, was sie in dieser gefährlichen Situation getan habe, antwortete die Mutter ärgerlich: «Ich sagte ihm zum hundertsten Male, daß er nicht *in* der Wohnung spielen soll.»

bei festgestellt, daß jede Antinomie eine logische Kontradiktion, aber nicht jede logische Kontradiktion eine Antinomie ist. Derselbe Unterschied besteht zwischen widersprüchlichen und paradoxen Handlungsaufforderungen (Doppelbindungen) und ist von großer Bedeutung, da die pragmatische Wirkung dieser zwei Formen von Handlungsaufforderungen sehr verschieden ist.

Die logische Struktur unserer Sprache, die damit eng verbundenen Denkvorgänge und ganz allgemein unsere Wirklichkeitswahrnehmungen beruhen so grundsätzlich auf der Aristotelischen Regel, wonach *A* nicht gleichzeitig auch *Nicht-A* sein kann, daß diese Form von Kontradiktion zu offensichtlich falsch ist, um ernst genommen zu werden. Selbst die Widersprüche des täglichen Lebens sind nicht pathogen. Wer vor zwei sich gegenseitig ausschließenden Alternativen steht, muß sich entscheiden, wobei sich die getroffene Entscheidung sehr rasch als falsch erweisen oder man zu lange zögern und deshalb scheitern kann. Dieses Dilemma mag so nebensächlich sein wie unsere tagtäglichen kleinen Verzichte, oder so schrecklich wie die Zwangslage eines Menschen, der, vom Feuer im Obergeschoß eines Hauses überrascht, nur die Wahl zwischen Verbrennen und einem Todessprung aus dem Fenster hat. In den klassischen Experimenten, in denen ein Organismus einer Konfliktsituation ausgesetzt wird (Appetenz-Aversion, Appetenz-Appetenz oder Aversion-Aversion), liegt die Wurzel des Konflikts im Widerspruch zwischen den gebotenen oder aufgezwungenen Alternativen. Die verhaltensmäßigen Wirkungen dieser Experimente können sich von Unentschiedenheit oder Fehlentscheidungen bis zum Verhungern als Folge der Vermeidung weiterer elektrischer Schläge erstrecken, führen aber nie zu der spezifischen Pathologie, die dann auftritt, wenn der Konflikt wirklich paradox ist.

Diese Pathologie läßt sich in den berühmten Pawlow-Experimenten beobachten, in denen einem Hund zuerst der Unterschied zwischen einem Kreis und einer Ellipse gelehrt und dann die Unterscheidung zunehmend schwieriger und schließlich unmöglich gemacht wird, indem man die Ellipse langsam so verändert, daß sie sich mehr und mehr der Kreisform nähert. Unserer Ansicht nach enthält diese Versuchsanordnung sämtliche Bestandteile einer Doppelbindung, und für ihre verhaltensmäßigen Wirkungen prägte Pawlow bekanntlich den Ausdruck «Experimentalneurose». Das Wesen dieser Situation besteht darin, daß der Versuchsleiter dem Versuchstier zuerst die lebenswichtige Notwendigkeit richtiger Unterscheidung aufzwingt und ihm dann *innerhalb dieses Rahmens* die Unterscheidung unmöglich macht. Der Hund ist damit sozusagen in eine Welt geworfen, in der sein Überleben von der Befolgung eines Gesetzes abhängt, das sich selbst verletzt; damit enthüllt sich das Gorgonenhaupt der Paradoxie. In diesem Stadium des Experiments beginnt das Versuchstier, typische Verhaltensstörungen zu zeigen; es kann in ein Koma verfallen oder bösartig werden und weist zusätzlich alle physischen Begleiterscheinungen großer Angst auf. Bei Versuchstieren, die nicht zuerst auf Diskrimination abgerichtet werden, tritt dieses Verhalten nicht ein.

Zusammenfassend läßt sich sagen: Der wichtigste Unterschied zwischen einer widersprüchlichen und einer paradoxen Handlungsvorschrift besteht darin, daß man im Fall der ersteren eine Alternative wählen muß und damit eine andere verliert oder erleidet. Dieses Ergebnis kann höchst unerfreulich sein – jede Rose hat Dornen, und selbst das kleinere Übel ist doch immer noch ein Übel. Im Fall der widersprüchlichen Handlungsvorschrift bleibt also die Wahl logisch möglich. Die paradoxe Handlungsvorschrift dagegen macht die Wahl selbst unmöglich: Weder die eine noch die andere Alternative steht tatsächlich offen, und ein selbstverewigender, oszillierender Prozeß wird in Gang gesetzt.

Zusätzlich möchten wir auf die interessante Tatasche verweisen, daß keineswegs nur Primaten oder Säugetiere schlechthin den paralysierenden Wirkungen pragmatischer Paradoxien unterliegen; auch Organismen mit verhältnismäßig rudimentärem Hirn und Nervensystem sind für sie anfällig. Dies legt die Vermutung nahe, daß es sich dabei um ein grundlegendes Existenzproblem handelt.

6.435 Um jedoch zur menschlichen Kommunikation zurückzukehren, wollen wir uns kurz den Wirkungen zuwenden, die die Doppelbindung auf das Verhalten hat. Wie in Abschnitt 4.42 erwähnt, verringert das Auftreten jeder einzelnen Mitteilung die Zahl der nächstmöglichen Mitteilungen. Im Fall der Doppelbindungen ist diese zunehmende Verhaltenseinengung besonders drastisch, und nur ganz wenige Reaktionen sind pragmatisch möglich. Die folgende Aufzählung kann keinen Anspruch auf Vollständigkeit erheben, umfaßt aber die wichtigsten Reaktionen:

Angesichts der unhaltbaren Absurdität jeder Doppelbindung wird der Betroffene zu der Annahme neigen, daß er bedeutsame Anhaltspunkte übersehen muß, die entweder in der Situation selbst enthalten sind oder ihm von nahestehenden Personen gegeben werden können. Was letztere betrifft wird er in seiner Unsicherheit vermutlich dadurch bestärkt werden, daß vom Standpunkt der anderen die Situation durchaus logisch und natürlich erscheint. Der Verdacht, daß diese bedeutsamen Anhaltspunkte ihm von den anderen absichtlich vorenthalten werden, wäre nur eine Variation des Themas. In beiden Fällen – und das scheint uns der springende Punkt zu sein – wird der Betroffene unter dem Druck der Notwendigkeit stehen, diese Anhaltspunkte zu finden, und sich schließlich gezwungen fühlen, die vergebliche Suche nach einem Sinn auf unwahrscheinliche und beziehungslose Phänomene auszudehnen. Diese Abkehr von den wirklichen Gegebenheiten seiner Situation wird um so verständlicher, wenn wir uns daran erinnern, daß ein wesentlicher Bestandteil jeder Doppelbindung das Verbot ist, der in ihr enthaltenen Kontradiktion gewahr zu werden.

Andererseits kann der Betroffene aber auch zu jener Taktik Zuflucht nehmen, die Rekruten sehr rasch als die bestmögliche Reaktion auf die konfuse Logik (bzw. das Fehlen jeder Logik) des Militärlebens erkennen, nämlich allen Anordnungen buchstabengetreu zu gehorchen und sich, wenigstens nach außen hin, jedes eigenen Denkens zu enthalten. Statt sich also auf eine endlose Suche nach verborgenen Bedeutungen zu begeben, ist der Betroffene in diesem Fall nur zur Beachtung der oberflächlichsten Erscheinungsformen menschlicher Beziehungen bereit und wird daher a priori die Möglichkeit verwerfen, daß Mitteilungen sich untereinander durch verschiedene Wichtigkeitsgrade unterscheiden können. Es ist nicht schwer, sich vorzustellen, daß dieses Verhalten einem Außenstehenden dumm erscheinen würde, denn die Unfähigkeit, zwischen Wichtigem und Unwichtigem zu unterscheiden, gehört zum Wesen der Dummheit.

Die dritte mögliche Reaktion besteht in einem Rückzug aus menschlichen Beziehungen, soweit die Unmöglichkeit, nicht zu kommunizieren, dies erlaubt. Zum Teil wenigstens läßt sich dies durch weitgehende physische Selbstisolierung bewerkstelligen oder, wo diese Isolierung nicht im gewünschten Grad möglich ist, durch Blockierung des Kommunikationsempfangs. Was die Möglichkeit dieser Blockierung betrifft, darf nochmals auf das in Abschnitt 3.234 erwähnte Phänomen der Wahrnehmungszensur verwiesen werden. Die sich auf diese Weise isolierende Person würde anderen zurückgezogen, unnahbar und autistisch vorkommen. Praktisch dasselbe Resultat – d. h. Flucht aus Doppelbindungen – ließe sich auch durch hyperaktives Verhalten erzielen, das so intensiv und andauernd ist, daß dadurch praktisch alle Kommunikationen aus der Umwelt übertönt würden.

Diese drei Reaktionen auf die Unentscheidbarkeit tatsächlicher oder erwarteter Doppelbindungen entsprechen, wie die Autoren der Doppelbindungstheorie betonen, im Wesen den klinischen Bildern der Schizophrenien, nämlich dem Paranoid, der Hebephrenie und der (stuporösen oder agitierten) Katatonie. Sie fügen hinzu:

> Diese drei Alternativen sind nicht die einzigen. Wesentlich ist, daß der Betroffene die eine Alternative nicht wählen kann, die ihm zu entdecken helfen würde, was andere meinen ... Durch diese Unfähigkeit ist er wie ein selbstregulierendes System, das seinen Regler verloren hat; es durchläuft endlose, doch stets systematische Schwankungen [18, S. 256].

6.44 *Paradoxe Voraussagen* [16]. Ungefähr im Jahre 1940 tauchte eine neue, besonders faszinierende Paradoxie auf. Ihr Ursprung scheint unbekannt, aber sie fand sehr rasch Aufmerksamkeit in Fachkreisen und wurde zum Gegenstand zahlreicher Abhandlungen, von denen nicht weniger als zehn allein in der Fachzeitschrift *Mind* erschienen [17]. Wie wir sehen werden, hat diese Paradoxie eine besondere Bedeutung für unsere Untersuchungen, da sie eine zwischenmenschliche Situation par excellence darstellt.

6.441 Von den verschiedenen Einkleidungen der Paradoxie wählen wir die folgende:

> Der Direktor einer Schule kündigt seinen Schülern an, daß er zwischen Montag und Freitag der nächsten Woche eine Prüfung abhalten wolle, die für die Schüler insofern unerwartet kommen werde, als sie den Termin erst am Mor-

---

16 Teile dieses Abschnitts wurden zuerst in [153] veröffentlicht.

17 Eine Übersicht über einige der früheren Artikel und eine ausführliche Darstellung dieser Paradoxie findet sich bei Nerlich [108]; vgl. auch Gardners [50] ausgezeichnetes Resümee, das die meisten der Einkleidungen enthält, in denen diese Paradoxie dargestellt worden ist.

gen des Prüfungstages selbst erfahren würden. Die Schüler (die nicht auf den Kopf gefallen zu sein scheinen) erwidern darauf, daß eine solche Prüfung unmöglich sei, es sei denn, der Direktor verletze den Wortlaut seiner eigenen Ankündigung und beabsichtige nicht, eine *unerwartete* Prüfung an *einem Tag der nächsten Woche* zu halten. Sie begründen dies wie folgt: Wenn die Prüfung bis Donnerstag abend nicht stattgefunden hat, so kann sie nicht unerwartet am Freitag abgehalten werden, denn der Freitag ist der letzte mögliche Prüfungstag. Wenn aber der Freitag auf diese Weise wegfällt, kann auch der Donnerstag eliminiert werden. Am Mittwoch abend bleiben nämlich nur zwei Tage übrig, Donnerstag und Freitag. Der Freitag kommt, wie wir bereits gesehen haben, nicht in Frage. Dies läßt nur den Donnerstag übrig, so daß eine Prüfung am Donnerstag nicht mehr unerwartet wäre. In derselben Weise scheiden aber auch der Mittwoch, Dienstag und schließlich der Montag aus – eine *unerwartete* Prüfung ist unmöglich. Es kann angenommen werden, daß der Direktor sich diesen «Beweis» schweigend anhört und dann z. B. am Donnerstag morgen die Prüfung abhält. Vom Augenblick seiner Ankündigung hatte er den Donnerstag als Prüfungstag vorgesehen, und die Schüler stehen nun vor einer Prüfung, die gerade deswegen unerwartet ist, weil sie sich selbst überzeugt hatten, daß sie nicht unerwartet sein könne.

Es fällt nicht schwer, in dieser Geschichte die nun schon vertrauten Merkmale der Paradoxie zu entdecken. Die Schüler führten eine anscheinend einwandfreie logische Ableitung von den in der Ankündigung des Direktors enthaltenen Prämissen durch und kamen zu dem Schluß, daß eine unerwartete Prüfung unmöglich ist. Der Direktor kann dagegen die Prüfung an jedem beliebigen Schultag der betreffenden Woche abhalten, ohne den Wortlaut seiner Ankündigung auch nur im geringsten zu verletzen. Das Überraschendste an dieser Paradoxie ist, daß es sich bei näherer Untersuchung herausstellt, daß die Prüfung sogar am Freitag abgehalten und dennoch unerwartet sein kann. Ja, der Kern der Geschichte ist gerade die am Donnerstag abend bestehende Situation, während die Einbeziehung der anderen Wochentage nur zur Ausschmückung und nebensächlichen Komplizierung des Problems dient. Am Donnerstag abend ist Freitag als einzig möglicher Prüfungstag übrig geblieben, und das macht eine Prüfung am Freitag absolut vorhersehbar, «Sie *muß* morgen sein, wenn sie überhaupt stattfinden soll; sie *kann nicht* morgen stattfinden, da sie nicht unerwartet wäre» – so sehen es die Schüler. Wie sich nun aber erweist, ist es gerade diese Schlußfolgerung, die es dem Direktor ermöglicht, eine unerwartete Prüfung am Freitag (oder jedem beliebigen anderen Schultag dieser Woche) in voller Übereinstimmung mit seiner Ankündigung zu halten. Selbst wenn die Schüler erkennen, daß die Prüfung gerade deswegen unerwartet abgehalten werden kann, weil sie mit ihrer Schlußfolgerung die Unerwartetheit eliminierten, hilft ihnen diese Entdeckung nicht im geringsten. Sie beweist vielmehr nur, daß die Prüfung am Freitag gerade deswegen *unerwartet* stattfinden kann, weil sie für die Schüler am Donnerstag abend *nicht mehr unerwartet* ist.

Es handelt sich hier also um eine wirkliche Paradoxie:

1. Die Ankündigung enthält eine Voraussage in der Objektsprache («Eine Prüfung wird abgehalten werden»).

2. Sie enthält eine Voraussage in der Metasprache, die die Voraussagbarkeit von (1) negiert, nämlich, «die (vorausgesagte) Prüfung wird unvoraussagbar sein.»

3. Die zwei Voraussagen schließen sich gegenseitig aus.

4. Es liegt in der Macht des Direktors, die Schüler am Verlassen des durch seine Ankündigung gesetzten Rahmens (Teilnahme an Prüfungen ist ja obligatorisch) und am Finden zusätzlicher Information zu verhindern, die ihnen die Entdeckung des Prüfungstages ermöglichen würde.

6.442 So viel über die logische Struktur der Ankündigung des Schuldirektors. Wenn wir uns nun ihren pragmatischen Wirkungen zuwenden, ergeben sich zwei überraschende Schlußfolgerungen. Die erste ist, daß das logische Dilemma nur dann entstehen kann, wenn die Schüler durch ihre spitzfindige Ableitung zu dem Schluß kommen, daß die Prüfung in der angekündigten Form unmöglich ist. Dann, und nur dann, ergibt sich nämlich die Situation, in der sich die Voraussage einer unerwarteten Prüfung erfüllen kann. Das bedeutet aber nicht mehr und nicht weniger, als daß die Zwangslage nur dank des logischen Denkens der Schüler möglich ist. Wären sie nicht so intelligent, so würden sie vermutlich die subtile Komplexität des Problems übersehen, die Prüfung als unerwartbar erwarten und damit den Direktor ad absurdum führen. Denn sobald sie sich unlogischerweise mit der Tatsache abfinden, daß das Unerwartete erwartet werden muß, ist keine Prüfung zwischen Montag und Freitag für sie unerwartet. Hat es nicht also den Anschein, als ob ihre fehlerhafte Logik ihre Haltung realistischer mache? Denn es besteht wirklich kein Grund, weshalb die Prüfung nicht an einem beliebigen Schultag der betreffenden Woche stattfinden kann, und nur die logisch scharf denkenden Schüler können das nicht einsehen.

In der Psychotherapie mit intelligenten Schizophrenen hat man immer wieder den Eindruck, daß der Zustand dieser Patienten viel besser, viel «normaler» wäre, wenn sie nur irgendwie die Schärfe ihres Denkens abstumpfen und damit seine lähmende Wirkung auf ihre Handlungen vermindern könnten. In ihrer eigenen Weise scheinen sie alle Nachkommen des Kellermenschen in Dostojewskis *Aus dem Dunkel der Großstadt* zu sein, der erklärt:

> ... Meine Herren, ich schwöre Ihnen, daß allzuviel erkennen – Krankheit ist, eine richtige, rechte Krankheit [36, S. 8].
>
> ... Die Inertie erdrückte mich. Denn die direkte, gesetzmäßige, unmittelbare Frucht der Erkenntnis, – das ist die Inertie, d. h., das bewußte Hände-im-Schoß-Stillsitzen. Das habe ich schon früher erwähnt. Wiederhole es, wiederhole es nachdrücklichst: alle Tatmenschen sind ja nur tätig, weil sie stumpfsinnig und beschränkt sind. Wie das erklären? Ganz einfach: infolge ihrer Beschränktheit nehmen sie die nächsten und zweitrangigen Ursachen für die Urgründe, und so überzeugen sie sich schneller und leichter als die anderen, daß sie eine unwandelbare Basis für ihre Tätigkeit gefunden haben, nun, und geben sich damit zufrieden, – und das ist doch die Hauptsache. Denn um eine Tätigkeit zu beginnen, muß man vorläufig vollständig beruhigt sein, auf daß nicht die geringsten Zweifel mehr übrigbleiben. Nun, wie aber soll z. B. ich mich beruhigen? Wo sind bei mir die Urgründe, auf die ich mich stützen kann, wo die Basis? Woher soll ich sie nehmen? Ich übe mich im Denken, und folglich zieht bei mir jeder Urgrund sofort einen anderen, noch älteren, hinter sich her, und so geht es weiter bis in die Unendlichkeit. Derart ist eben das Wesen aller Erkenntnis und alles Denkens [36, S. 23 f.].

Wenn, wie wir in Abschnitt 6.435 gesehen haben, Doppelbindungen mit Verhalten einhergehen, das der paranoiden, hebephrenen oder katatonen Untergruppe der Schizophrenie entspricht, so scheint es, daß paradoxe Voraussagen zusammen mit Verhalten auftreten, das der typischen Untätigkeit und Abulie der einfachen Schizophrenie gleichkommt.

6.443 Die zweite Schlußfolgerung, die sich uns aufdrängt, ist vielleicht noch bestürzender als diese scheinbare Verteidigung schlampigen Denkens. Das Dilemma der Schüler wäre nämlich auch dann unmöglich, wenn sie dem Direktor nicht unbedingt vertrauten. Ihre Schlußfolgerung steht und fällt mit der Annahme, daß sie dem Direktor vertrauen können und müssen. Mißtrauen in ihn würde die Paradoxie zwar nicht logisch, wohl aber pragmatisch auflösen. Wenn man ihm nicht trauen kann, dann hat es auch keinen Zweck, seine Ankündigung ernst zu nehmen, und unter diesen Umständen ist es das beste, eine Prüfung irgendwann zwischen Montag und Freitag zu erwarten. (Dies bedeutet, daß sie nur den Teil der Ankündigung ernst nehmen, der in der Objektsprache ist, also «nächste Woche wird eine Prüfung abgehalten werden», und den Meta-Aspekt ihrer Voraussagbarkeit unbeachtet lassen.) Wir kommen somit zu der betrüblichen Schlußfolgerung, daß nicht nur logisches Denken, sondern auch Vertrauen uns für diese Form der Paradoxie anfällig macht.

6.444 Es mag den Anschein haben, daß solche Paradoxien selten, wenn überhaupt, in wirklichen Lebenssituationen auftreten. Diese Annahme trifft aber vor allem auf dem Gebiet der schizophrenen Kommunikation nicht zu. Der Schizophrene spielt sowohl die Rolle der Schüler als auch die des Direktors. Wie die Schüler ist er in der Sackgasse von Logik und Vertrauen gefangen. Aber er ist insofern auch in der Position des Direktors, als er Mitteilungen aussendet, die unentscheidbar sind. In den Schlußbemerkungen seines Referats über diese Form von Paradoxie hat Nerlich die Sachlage mit aller Klarheit umrissen, obwohl sich seine Bemerkungen nicht auf Schizophrenie beziehen: «Eine Möglichkeit, nichts zu sagen, ist, sich selbst zu widersprechen. Und wenn man es fertig bringt, sich selbst zu widersprechen, indem man sagt, daß man nichts sagt, dann widerspricht man sich schließlich nicht einmal» [108, S. 513]. Wenn, wie wir in Abschnitt 2.23 und 3.2 postulierten, der Schizophrene versucht, nicht zu kommunizieren, dann besteht die einzige uns bekannte «Lösung» seiner Zwangslage im Gebrauch unentscheidbarer Mitteilungen, die über sich selbst aussagen, daß sie nichts besagen.

6.445 Doch auch außerhalb rein schizophrener Kommunikation können paradoxe Voraussagen ihr Unwesen in menschlichen Beziehungen treiben. Dies ist z. B. der Fall, wenn Person *A* das volle Vertrauen von *B* genießt und *B* mit einer Handlung bedroht, die ihn *(A)* vertrauensunwürdig machen würde. Das folgende Beispiel soll dies näher erläutern:

Ein Ehepaar sucht psychotherapeutische Hilfe, da beide unter der übermäßigen Eifersucht der Frau leiden. Der Gatte erweist sich als ein übertrieben starrer, moralistischer Mann, der sehr stolz auf seinen asketischen Lebensstil ist und darauf, daß «ich niemals in meinem Leben irgend jemandem Grund gegeben habe, an meinem Wort zu zweifeln». Rein oberflächlich und in monadischer Sicht erscheint er also als das unwahrscheinlichste Objekt fraulicher Eifersucht. Seine Frau, die aus einem ganz anderen Milieu stammt, hat sich in die inferiore Komplementärposition gefügt, jedoch mit einer Ausnahme: Sie ist nicht willens, auf ihren Cocktail vor dem Abendessen zu verzichten – eine Gewohnheit, die für ihn als Antialkoholiker widerlich ist und seit Beginn ihrer Ehe den Anlaß für viele Streitereien lieferte. Vor etwa zwei Jahren drohte er ihr in einer Aufwallung von Zorn: «Wenn du dieses Laster nicht aufgibst, lege ich mir auch eines zu» und ließ durchblicken, daß er damit Affären mit anderen Frauen meinte. Doch die Wirkung blieb aus, und einige Monate später entschloß sich der Mann, ihr ihre Cocktails um des häuslichen Friedens willen offiziell zu gestatten. An diesem Punkt nun brach ihre Eifersucht aus, deren Grund war und weiterhin ist: Er ist absolut vertrauenswürdig; daher muß er seine Drohung wahrmachen und untreu (also vertrauensunwürdig) sein. Genau wie sie, ist auch er hilflos im Netz seiner paradoxen Voraussage gefangen, da er letztlich keine Möglichkeit hat, ihr überzeugend zu versichern, daß seine Drohung impulsiv war und nicht ernst genommen werden sollte.

Die Struktur seiner Drohung ist identisch mit jener der Prüfungsankündigung des Schuldirektors. In der Sicht seiner Frau besagt sie:

1. Ich bin absolut vertrauenswürdig.

2. Ich werde dich nun durch Vertrauensunwürdigkeit (Untreue, Täuschung) strafen.

3. Ich werde also vertrauenswürdig bleiben, indem ich vertrauensunwürdig bin, denn wenn ich jetzt nicht dein Vertrauen in meine eheliche Treue zerstöre, wäre ich nicht mehr vertrauenswürdig.

Vom semantischen Standpunkt ergibt sich die Paradoxie aus den beiden verschiedenen Bedeutungen von «vertrauenswürdig». In (1) wird das Wort in der Metasprache verwendet und bezieht sich dort auf die gemeinsame Eigenschaft *aller* seiner Handlungen, Versprechungen und Haltungen. In (2) gehört das Wort der Objektsprache an und bezieht sich auf eheliche Treue. Das gleiche gilt für die beiden Verwendungen des Wortes «unerwartet» in der Ankündigung des Schuldirektors. Auch hier wird dasselbe Wort einmal in der Metasprache und einmal in der Objektsprache verwendet, was zu bemerkenswerten pragmatischen Folgen führt.

6.446 *Vertrauen – das Gefangenendilemma.* In menschlichen Beziehungen beruhen alle Voraussagen in der einen oder der anderen Weise auf Vertrauen. Wenn Person *A* von *B* einen Scheck erhält, so bleibt für sie die Frage, ob dieser Scheck gedeckt ist oder nicht, vorderhand unbeantwortbar. In diesem Sinne sind *A's* und *B's* Lagen sehr verschieden. *B* weiß, ob sein Scheck gedeckt ist oder nicht; *A* kann ihm lediglich vertrauen oder mißtrauen[18], denn er wird erst dann Gewißheit haben, wenn er den Scheck bei der Bank zur Einlösung vorlegt. Es liegt in der Natur menschlicher Kommunikation, daß es keine Möglichkeit gibt, einen anderen Menschen zum Teilhaber von Informationen oder Wahrnehmungen zu machen, die nur einem selbst zugänglich sind. Der andere kann einem bestenfalls vertrauen oder mißtrauen, aber er kann es nicht *wissen.* Andererseits aber ist ein Grad von Vertrauen unerläßlich, denn die meisten menschlichen Tätigkeiten kämen praktisch zum Erliegen, wenn Menschen nur auf Grund direkter Informationen oder Wahrnehmungen handelten. Bei weitem die meisten unserer Entscheidungen beruhen auf Vertrauen. Vertrauen spielt also eine wichtige Rolle in der Abschätzung künftiger Ereignisse und, im engeren Sinn, deren Voraussagbarkeit.

Bisher haben wir zwischenmenschliche Situationen in Betracht gezogen, in denen ein Partner unmittelbare Information besitzt und der andere nur die Möglichkeit hat, der Übermittlung dieser Information zu vertrauen oder mißtrauen. Der Direktor weiß, daß er die Prüfung am Donnerstag morgen abhalten wird; der Gatte weiß, daß er keine Absicht hat, seine Frau zu betrügen; der Mann, der einen Scheck ausstellt, weiß (meistens), ob er gedeckt ist oder nicht. In zwischenmenschlichen Situationen von der Art des *Gefangenendilemmas*[19] be-

---

[18] *A's* Vertrauen wird selbstverständlich durch etwaige frühere Erfahrungen mit *B* bestimmt, und die Erfahrung, die er mit *B* im vorliegenden Fall macht, wird den Grad seines Vertrauens in *B* in Zukunft mitbestimmen. Für unsere augenblicklichen Überlegungen darf dies jedoch beiseite gelassen werden.

[19] Bekanntlich ist das Gefangenendilemma (der Name stammt von einer be-

sitzen aber weder der eine noch der andere Partner unmittelbare Information. Beide sind daher auf ihr Vertrauen in den anderen angewiesen, auf eine Abschätzung ihrer eigenen Vertrauenswürdigkeit in den Augen des anderen und auf ihre Voraussage des Entscheidungsverfahrens des anderen, von dem sie wissen, daß es weitgehend auf dessen Voraussagen über ihr eigenes Entscheidungsverfahren beruht. Wie wir nun sehen werden, führen diese Voraussagen unweigerlich zu Paradoxien.

Das spieltheoretische Modell des Gefangenendilemmas läßt sich am einfachsten durch die folgende (oder jede beliebige ähnliche) Matrix darstellen:

	b_1	b_2
a_1	5, 5	−5, 8
a_2	8,−5	−3,−3

In dieser Spielsituation haben Spieler *A* und Spieler *B* je zwei Alternativen. *A* kann a_1 oder a_2 und *B* entweder b_1 oder b_2 wählen. Beiden sind die durch die Matrix festgelegten Gewinne und Verluste bekannt. So weiß *A* z.B., daß er und *B* je 5 Punkte gewinnen, wenn er a_1 und *B* b_1 wählt; wenn *B* aber die Alternative b_2 wählt, verliert *A* 5 Punkte und *B* gewinnt 8 Punkte. *B* befindet sich in derselben Lage gegenüber *A*. Ihr Dilemma besteht darin, daß beide nicht wissen können, welche Alternative der andere wählen wird, da sie auf Grund der Spiel-

stimmten Einkleidung des Spielmodells) ein Nicht-Nullsummenspiel im Sinne der mathematischen Spieltheorie. Das heißt, daß der Gewinn des einen Spielers nicht dem Verlust des (oder der) anderen entspricht und die Summe von Gewinn und Verlust daher nicht Null ist, wie z.B. beim Würfeln, Wetten usw. Bei Nicht-Nullsummenspielen ist Koalition und Zusammenarbeit nicht nur nicht unmöglich (wie in Nullsummenspielen), sondern kann sogar die beste Spielstrategie für alle Spieler sein, auch wenn sie ausschließlich auf ihren eigenen Vorteil bedacht sind. Um diesen wichtigen Unterschied näher zu umreißen, sei folgendes bemerkt: Bis zur Erfindung der Kernwaffen waren Kriege (wenigstens theoretisch) Nullsummenspiele, aus denen ein Sieger und ein Besiegter hervorging. Seit 1945 ist die Lage zumindest zwischen den Supermächten ein Nicht-Nullsummenspiel, da beide bei einem Atomkrieg verlieren würden und für beide daher wenigstens begrenzte Zusammenarbeit im eigenen Interesse und zum Vorteil beider ist.

regeln gleichzeitig wählen müssen, über ihre Wahl aber nicht kommunizieren können.

Unter diesen Bedingungen erweist es sich, daß, gleichgültig ob das Spiel nur einmal oder hundertmal hintereinander gespielt wird, die Entscheidung (a_2, b_2) die sicherste ist, obwohl sie jedesmal einen Verlust von je 3 Punkten für beide Spieler bedeutet[20]. Eine viel vernünftigere Lösung wäre natürlich (a_1, b_1), da sie beiden Spielern einen Gewinn von je 5 Punkten bringt. Diese Entscheidung kann aber nur unter der Voraussetzung gegenseitigen Vertrauens erreicht werden. Wenn nämlich Spieler *A* seine Entscheidung rein vom opportunistischen Gesichtspunkt seines maximalen Gewinns und minimalen Verlustes trifft und Grund zur Annahme hat, daß ihm *B* genügend vertraut, um b_1 zu wählen, dann hat *A* allen Grund, a_2 zu wählen, da das dadurch zustande kommende Resultat (a_2, b_1) *A* einen maximalen Gewinn gibt. Wenn *A* aber ein genügend scharfer Denker ist, so muß er sich sagen, daß *B* genau denselben Gedankengang verfolgen kann und daher b_2 statt b_1 spielen wird, besonders wenn auch *B* annimmt, daß *A* ihm genügend vertraut, und er selbst genügend Vertrauen hat, daß *A* a_1 wählen wird. Damit kommen wir zu der traurigen Schlußfolgerung, daß (a_2, b_2) die einzig vernüftige, d. h. sicherste Strategie für beide Spieler ist, daß dabei aber beide verlieren.

Dieses Resultat ist keineswegs ein rein theoretisches. Es ist die vielleicht eleganteste Abstraktion eines Beziehungsproblems, das man in der Psychotherapie von Ehen oder anderen engen Beziehungen immer wieder antrifft. Ehepartner, die in stummer Enttäuschung dahinleben und einander fast nichts zu geben imstande sind, bevölkern seit langem die Wartezimmer der Psychotherapeuten. Meist aber wird der Grund für ihr Unglücklichsein in einer individuellen Pathologie des einen oder des andern Partners gesucht, der als depressiv, passiv-aggressiv, selbstbestrafend, sadomasochistisch usw. diagnostizier wird. Alle diese Diagnosen aber lassen die wechselseitige Natur ihrer Zwangslage unberücksichtigt, die ganz unabhängig von den Persönlichkeitsstrukturen der Partner bestehen und ausschließlich im Wesen ihres Beziehungsdilem-

---

[20] Ausführliche Beschreibungen dieses Spiels finden sich in Rapoport [118] und Schelling [133].

mas liegen kann. Es ist, als ob sie sich sagten: «Vertrauen würde mich verletzbar machen, daher muß ich auf meine Sicherheit bedacht sein», und die darin enthaltene Voraussage ist: «Der andere würde mich sonst ausnützen.»

Meistens reicht die gegenseitige Beurteilung und die Definition der Beziehung durch die Partner (und ebenso durch Nationen) nur bis zu diesem Punkt. Diejenigen aber, die etwas schärfere Denker sind, können nicht an diesem Punkt haltmachen, und hier nun wird die Paradoxie des Gefangenendilemmas besonders offensichtlich. Lösung (a_2, b_2) wird unvernünftig, sobald A begreift, daß sie nur das kleinere Übel, aber eben doch ein Übel ist und daß auch *B* das so sehen muß. *B* muß also genausowenig Grund haben, dieses Resultat zu wünschen – eine Schlußfolgerung, die *A* unschwer ziehen kann. Sobald *A* und *B* zu dieser Einsicht gelangt sind, ist nicht mehr (a_2, b_2) die vernünftige Lösung, sondern vielmehr die kooperative Lösung (a_1, b_1). Mit (a_1, b_1) aber beginnt der Kreislauf wieder von neuem. Wie immer sie an ihr Dilemma herangehen – sobald sie die «vernünftigste» Lösung im Sinne ihres eigenen Interesses gefunden haben, drängt sich eine «noch vernünftigere» Lösung auf. Somit stecken sie in derselben Sackgasse wie die Schüler, die die Prüfung nur dann voraussagen können, wenn sie unvoraussehbar ist.

Moral: *Reine Logik und menschliches Vertrauen vertragen sich nicht.*

7. KAPITEL

DIE PARADOXIEN DER PSYCHOTHERAPIE

7.1 *Die Illusion der Alternativen*

7.11 In der *Geschichte des Weibs von Bath* beschreibt Chaucer die Erlebnisse eines Ritters der Tafelrunde König Arthurs, der eines Tages beim Ritt von der Jagd zurück zum Schloß auf ein junges Mädchen stößt und sie vergewaltigt. «Um dies Vergehen ward ein solcher Lärm gemacht», daß der Ritter fast hingerichtet worden wäre, wenn sich die Königin und ihre Damen nicht für sein Leben eingesetzt und Arthur ihnen die Entscheidung über das Los des Ritters überlassen hätte. Die Königin beschließt, ihm das Leben zu belassen, wenn er die Antwort auf die Frage «Was ist's, was alle Frau'n am eifrigsten erstreben?» finden kann. Sie gibt ihm dafür eine Frist von einem Jahr und einem Tag, und mit dem Todesurteil als einzige Alternative nimmt der Ritter diese Aufgabe an. Das Jahr vergeht, der letzte Tag kommt, und der Ritter ist auf dem Weg zurück zum Schloß, ohne die Antwort gefunden zu haben. Dieses Mal stößt er auf ein altes Weib, «so häßlich, wie man sich's kaum denken kann», das auf einer Wiese sitzt und ihn mit den prophetischen Worten anspricht: «Herr, hier geht kein Weg hinaus.» Als sie von seiner mißlichen Lage erfährt, sagt sie ihm, daß sie die Antwort wisse und sie ihm eröffnen werde, wenn er verspricht, «bei deiner Ehre, / mir das, was ich zuerst von dir begehre, / zu tun, steht irgend es in deiner Macht». Wiederum vor die Wahl zwischen zwei Alternativen gestellt (geköpft zu werden oder den Wunsch der Hexe zu erfüllen – was immer sie auch fordern mag), entscheidet sich der Ritter natürlich für die letztere und erfährt das Geheimnis: «... im allgemeinen steht / der Weiber Wunsch nach Souveränität, / daß den Geliebten oder Mann in Haft / sie halten unter ihrer Meisterschaft.» Die Königin und ihre Damen sind mit dieser Antwort vollauf zufrieden, doch nun äußert die Hexe, die ihren Teil der Abmachung gehalten hat, ihren Wunsch und verlangt, daß der Ritter sie heirate. Die Hochzeitsnacht kommt, und der Ritter liegt an ihrer Seite, unfähig, seinen Abscheu vor ihr zu überwinden. Schließlich bietet ihm die Alte wieder zwei Alternativen zur Wahl: Entweder er akzeptiert sie so, wie sie ist, und sie wird ihm Zeit seines Lebens ein treues und bescheidenes Weib sein, oder sie wird sich in ein wunderschönes junges Mädchen verwandeln, ihm aber niemals treu sein. Lange grübelt der Ritter, welcher Alternative er den Vorzug geben soll, doch schließlich wählt er weder die eine noch die andere, *sondern lehnt die Wahl selbst ab.* Dieser Höhepunkt der Geschichte ist in der einen Zeile: «*I do no fors the whether of the two*» (sinngemäß: «Ich bestehe weder auf dem einen noch auf dem anderen») enthalten. In diesem Augenblick verwandelt sich die Hexe nicht nur in ein schönes Mädchen, sondern zudem in das treueste und gehorsamste Weib.

Dem Ritter begegnet das Weibliche als unschuldiges Mädchen, Königin, Hexe und Hure, aber seine Macht über ihn bleibt hinter allen diesen Erscheinungsformen so lange dieselbe, bis er sich nicht mehr gezwungen fühlt, zu wählen und so in immer neue Zwangslagen zu geraten, sondern schließlich nicht mehr eine der Alternativen, sondern die Wahl selbst ablehnt[1]. Die *Geschichte des Weibes von Bath* ist aber auch ein tiefsinniges Kapitel weiblicher Psychologie und als solches von Stein [141] einer sehr interessanten Analyse unterzogen worden. Aus unserer Sicht würden wir sagen, daß, solange die Frau den Mann durch eine endlose Illusion von Alternativen doppelbindet und er sich nicht daraus befreien kann, auch sie nicht frei ist, sondern in der Illusion gefangen bleibt, daß Häßlichkeit oder Promiskuität ihre einzigen Alternativen sind.

7.12 Der Ausdruck *Illusion der Alternativen* wurde zum erstenmal von Weakland und Jackson [156] in einem Bericht über die zwischenmenschlichen Gegebenheiten eines schizophrenen Schubs verwendet. Sie beobachteten, daß schizophrene Patienten in ihrem Bemühen, die richtige Entscheidung zwischen zwei Alternativen zu treffen, in eine typische Zwangslage geraten: Infolge der Natur der zwischenpersönlichen Situation ist es den Patienten unmöglich, eine *richtige* Entschei-

1 Man vergleiche dies mit dem berühmten Zen *Koan* (einem paradoxen Meditationsthema), den Tai-hui mittels eines Bambusstockes gab: «Wenn ihr dies einen Stock nennt, so bejaht ihr; wenn ihr es nicht einen Stock nennt, verneint ihr. Jenseits von Bejahung und Verneinung, was wollt ihr es nennen?»

dung zu treffen, weil beide Alternativen Teile der Doppelbindung sind und der Patient daher im einen wie im andern Fall «unrecht» hat. Es bestehen also keine eigentlichen Alternativen, von denen der Patient die «richtige» wählen «sollte» – die Annahme selbst, daß eine Wahl möglich ist und daher getroffen werden soll, ist eine Illusion[2]. Die Erkenntnis aber, daß die Möglichkeit einer Wahl gar nicht gegeben ist, wäre gleichbedeutend mit dem Erkennen der illusorischen Natur der angebotenen «Alternativen» und daher letztlich des Wesens der Doppelbindung selbst. Wie wir aber in Abschnitt 6.431 und an Hand verschiedener Beispiele gesehen haben, ist das Vereiteln jeder Flucht aus der Situation und die damit verbundene Unmöglichkeit, sie von außen her durchschauen zu können, ein unerläßlicher Bestandteil der Doppelbindung. Menschen in dieser Situation sind wie der Angeklagte, den der Staatsanwalt fragt: «Haben Sie endlich aufgehört, Ihre Frau zu mißhandeln? Antworten Sie ‚ja' oder ‚nein'!» und ihm mit Bestrafung wegen Mißachtung des Gerichts droht, wenn er beide Alternativen zu verneinen versucht, weil er seine Frau *nie* mißhandelt hat. Während der imaginäre Staatsanwalt aber weiß, daß er einen üblen Trick anwendet, ist dieses Wissen und diese Absicht in wirklichen Lebenssituationen meist nicht vorhanden. Wie wir bereits gesehen haben, binden paradoxe Kommunikationen alle Partner. Die Hexe ist ebenso gefangen wie der Ritter, der Gatte im Beispiel von Abschnitt 6.445 ebenso wie seine Frau usw. Alle diese Beziehungsstrukturen haben eines gemeinsam: daß *in* ihnen selbst keine Änderung erwirkt werden kann, sondern daß eine Änderung nur durch ein *Heraustreten* aus der Struktur und von außen her möglich wird.

Im intrapsychischen Bereich hat C. G. Jung in einer wenig bekannten Schrift vor vielen Jahren einen ähnlichen Sachverhalt geschildert und dafür den Begriff *transzendente Funktion* geprägt. Er schreibt:

> ... Das Hin und Her der Argumente und Affekte stellt die transzendente Funktion der Gegensätze dar. Die Gegenüberstellung der Positionen bedeutet eine energiegeladenen Spannung, die Lebendiges erzeugt, ein Drittes, das keine logische Totgeburt ist, entsprechend dem Grundsatz: tertium non datur, sondern eine Fortbewegung aus der Suspension zwischen Gegensätzen, eine lebendige Geburt, die eine neue Stufe des Seins, eine neue Situation herbeiführt [79, S. 31].

---

2 Dies ist, wie bereits in Abschnitt 6.434 erwähnt, der grundlegende Unterschied zwischen einer Doppelbindung und einer Kontradiktion.

Über die Rolle dieser Funktion in der Therapie sagt Jung:

> ... In praxi vermittelt daher der entsprechend vorgebildete Arzt dem Patienten die transzendente Funktion, das heißt, er hilft dem Patienten, Bewußtsein und Unbewußtes zusammenzusetzen und dadurch zu einer neuen Einstellung zu gelangen [79, S. 11].

Bevor wir uns jedoch den Fragen der Therapie zuwenden können, müssen wir das Problem, wie sich in zwischenmenschlichen Systemen ein Wandel herbeiführen läßt, theoretisch untersuchen.

7.2 *Das «Spiel ohne Ende»*

Zunächst ein abstraktes Beispiel: Man vergegenwärtige sich zwei Personen, die übereinkommen, ein Spiel zu spielen, das in der Vertauschung von Bejahung und Verneinung in allen ihren gegenseitigen Kommunikationen besteht. «Ja» wird zu «nein», «ich will nicht» bedeutet «ich will» usw. Es handelt sich also um eine einfache semantische Übereinkunft, wie deren unzählige zwischen allen Menschen bestehen, die eine gemeinsame Sprache verwenden – mit der einen Ausnahme, daß diese Übereinkunft eine rein private ist. Was allerdings nicht unmittelbar klar ist, ist die Tatsache, daß die Spieler, sobald dieses Spiel einmal begonnen hat, nicht mehr so leicht zu ihrer ursprünglichen Kommunikationsweise zurückkehren können. Im Sinne der Spielregel über die Bedeutungsumkehrung bedeutet der Vorschlag «Hören wir zu spielen auf!» nämlich «Spielen wir weiter!». Um das Spiel zu beenden, wäre es notwendig, aus dem Spiel herauszutreten und *über* es zu sprechen. Jede derartige Mitteilung wäre also eine Metakommunikation, doch welche Formulierung auch immer für den Hinweis verwendet würde, daß es sich um eine Mitteilung *über* das Spiel (und nicht um einen *Teil* des Spiels) handelt, wäre selbst der Regel von der Bedeutungsumkehrung unterworfen und daher nutzlos. Der Vorschlag «Hören wir zu spielen auf!» ist unentscheidbar, da er 1) sowohl auf der Objektstufe (als Teil des Spiels) wie auf der Metastufe (als Mitteilung über das Spiel) sinnvoll ist, 2) die beiden Bedeutungen aber kontradiktorisch sind und 3) die eigenartige Natur des Spiels keinen Anhaltspunkt bietet, der es den Spielern ermöglichen würde, zu entscheiden, welche der beiden Bedeutungen gemeint ist. Diese Unentscheidbarkeit macht es ihnen also unmöglich, das Spiel zu beenden, sobald es einmal begonnen wurde. Solche zwischenpersönliche Situationen bezeichnen wir als *Spiel ohne Ende.*

Gegen das oben Gesagte könnte eingewendet werden, daß die Spieler diese Zwangslage vermeiden und das Spiel jederzeit beenden könnten, indem sie die umgekehrte Aufforderung – «Spielen wir weiter!» – verwenden. Bei näherer Prüfung stellt sich aber heraus, daß dem nicht so ist. Wie wir bereits wiederholt gesehen haben, kann keine Aussage, die innerhalb eines bestimmten Rahmens (hier innerhalb des Spiels mit der Bedeutungsumkehrung) gemacht wird, gleichzeitig auch eine gültige Aussage *über* diesen Rahmen sein. Selbst wenn die Aufforderung «Spielen wir weiter!» von dem einen Spieler gemacht und von dem anderen als «Hören wir zu spielen auf!» verstanden würde, stände der zweite Spieler dennoch vor einer unentscheidbaren Mitteilung, sofern er nicht den Boden der Logik verläßt. Denn die Spielregeln sehen keine Metakommunikation vor, und eine Mitteilung, die die Beendigung des Spieles vorschlägt, wäre notwendigerweise eine Metakommunikation. In diesem Spiel ist jede Kommunikation Teil des Spiels, und keine einzige ist davon ausgenommen, denn die Kommunikationen der Spieler sind ja der Inhalt des Spiels.

7.21 Was hätten die Spieler tun können, um ihre Zwangslage zu vermeiden? Drei Möglichkeiten bieten sich an:

1. Wenn die Spieler vorausgesehen hätten, daß sie nach Beginn des Spiels über das Spiel kommunizieren müßten, so hätten sie vereinbaren können, für das Spiel selbst die deutsche, für ihre Metakommunikationen aber eine Fremdsprache zu verwenden, z. B. Französisch. Jede Mitteilung auf französich, wie z. B. der Vorschlag, das Spiel zu beenden, würde daher unmißverständlich außerhalb der Gruppe aller Kommunikationen bleiben, auf die die Regel der Bedeutungsumkehrung anzuwenden ist. Dies würde ein durchaus brauchbares Entscheidungsverfahren für das Spiel darstellen. In wirklicher menschlicher Kommunikation wäre dieser Behelf aber nicht anwendbar, denn es besteht keine natürliche Metasprache, der nur Kommunikationen über Kommunikationen vorbehalten wären. Verhalten im allgemeinen und natürliche Sprachen im besonderen werden für Kommunikationen so-

wohl auf der Objekt- als auch auf der Metastufe verwendet, und eben dies führt zu den Problemen, die uns hier interessieren (vgl. auch Abschnitt 1.5).

2. Die Spieler hätten vor Beginn des Spiels einen Zeitraum vereinbaren (also eine Metaregel aufstellen) können, nach dessen Ablauf sie wieder zu ihrer gewöhnlichen Kommunikationsform zurückkehren würden. Es ist erwähnenswert, daß diese Lösung, obwohl sie in tatsächlicher menschlicher Kommunikation nicht anwendbar ist, auf einem außenstehenden Faktor, der Zeit, beruht, der in dem Spiel nicht mitgefangen ist.

3. Dies führt zur dritten Möglichkeit, die die einzige allgemein anwendbare zu sein scheint und außerdem den Vorteil hat, daß sie gerade dann benützt werden kann, wenn das Spiel schon begonnen hat: Die Spieler könnten ihr Problem einer dritten Person vorlegen, in bezug auf die sie beide ihre normale Kommunikationsweise beibehalten haben, und diese Person könnte das Spiel für beendet erklären.

Die therapeutische Bedeutung dieser Vermittlerrolle wird vielleicht klarer, wenn man die oben beschriebene Situation mit einem anderen Spiel ohne Ende vergleicht, in dem, der Natur der Situation entsprechend, kein Vermittler existiert, dessen Intervention angerufen werden könnte.

Die Verfassung eines imaginären Landes verbürgt das Recht unbeschränkter parlamentarischer Debatte. Dieses Gesetz erweist sich aber bald als unpraktisch, denn die politischen Parteien können jede Entscheidung durch endlose Reden vereiteln. Eine Verfassungsänderung ist also offensichtlich notwendig, die Annahme dieser Änderung jedoch unterliegt demselben Recht unbeschränkter Debatte, auf deren Beschränkung sie abzielt, und kann daher ebenfalls durch endlose Debatten unbegrenzt hinausgezögert werden. Die Regierungsmaschinerie dieses Landes ist also gelähmt und unfähig, eine Abänderung ihrer eigenen Regeln zu bewirken, denn sie ist in ein Spiel ohne Ende verstrickt.

In diesem Fall gibt es keinen Vermittler, der außerhalb des Rahmens der durch die Verfassung festgelegten Ordnung stünde. Die einzig mögliche Änderung ist daher eine gewaltsame, z. B. eine Revolution, durch die eine Partei die Macht über die anderen an sich reißt und dem Land eine neue Verfassung aufzwingt. Das Gegenstück zu einer solchen gewaltsamen Änderung im zwischenmenschlichen Bereich, d. h. zwischen Individuen, die in einem Spiel ohne Ende gefangen sind, ist Trennung, Selbstmord oder Mord. Wie wir im 5. Kapitel sahen, ist eine weniger gewaltsame Variation dieses Themas die Tötung des imaginären Sohns durch George, womit die bisherigen Regeln seiner Ehebeziehung mit Martha über den Haufen geworfen werden[3].

7.22 Unserer Ansicht nach ist die dritte oben erwähnte Möglichkeit (die der Einwirkung von außen) ein *Modell psychotherapeutischer Intervention* zur Lösung zwischenpersönlicher Spiele ohne Ende. Mit anderen Worten, der Therapeut kann als Außenstehender das beitragen, was das System aus sich selbst nicht hervorzubringen imstande ist: eine Änderung seiner Regeln. So war z. B. das in Abschnitt 6.445 beschriebene Ehepaar in ein Spiel ohne Ende verstrickt, dessen Grundregel im Anspruch des Mannes auf absolute Vertrauenswürdigkeit und in der absoluten Bereitschaft seiner Frau bestand, diese Selbstdefinition anzunehmen. In dieser Beziehung ergab sich eine für die beiden Partner unlösbare Paradoxie in dem Augenblick, da der Mann vertrauensunwürdig (untreu) zu sein versprach. Die Ausweglosigkeit der Situation lag darin, daß dieses Spiel ohne Ende, genau wie jedes andere, bestimmten Regeln unterworfen war, doch keine Metaregeln für

---

3 Auf internationaler Ebene liegen die Dinge ganz analog. Osgood beschreibt die identische Beziehungsstruktur mit folgenden Worten:

... Unsere politischen und militärischen Führer sind praktisch einstimmig in ihren öffentlichen Erklärungen, daß wir im Rüstungswettlauf führend werden und führend bleiben müssen; ebenso einstimmig schweigen sie sich aber darüber aus, was *dann* geschehen soll. Angenommen, wir erreichen den Zustand der idealen gegenseitigen Abschreckung – der Fähigkeit zur vollkommenen Vernichtung von atomsicheren Festlandbasen oder schwer zu treffenden Unterseebooten aus – *was dann?* Kein vernünftiger Mensch kann sich unseren Planeten auf ewig in zwei bewaffnete Lager gespalten vorstellen, die bereit sind, sich gegenseitig zu vernichten, und dies «Frieden» und «Sicherheit» nennen. Der springende Punkt ist, *daß die Politik der gegenseitigen Abschreckung keine Vorkehrung für ihre eigene Lösung beinhaltet.* Da nichts ewig dauert, vor allem nichts, das sich aus derart instabilen Bestandteilen zusammensetzt wie das Gleichgewicht des Terrors, müssen wir uns fragen, welches Ende dieser Zustand wohl nehmen kann. Wir haben bereits gesehen, daß die Eskalation von einem kleinen zu einem großen Krieg die einzig mögliche Lösung ist [110].

die Änderung dieser Regeln besaß. Das Wesen psychotherapeutischer Intervention in einem solchen Fall besteht also in der Herstellung eines neuen, erweiterten Systems (bestehend aus Mann, Frau *und* Therapeuten), in dem es nicht nur möglich ist, von außen her an das alte System (die eheliche Dyas) heranzugehen, sondern in dem der Therapeut sich selbst gewisser Paradoxien für seine Aufgabe bedienen kann, indem er neue Regeln in das System einführt[4].

7.3 *Die Technik der «Symptomverschreibung»*

7.31 Therapeutische Kommunikationen gehen also notwendigerweise über solche Ratschläge hinaus, die gewöhnlich, aber zweckloserweise die Betroffenen sich selbst geben bzw. die ihnen von ihren Verwandten und Freunden gegeben werden. Solche Aufforderungen beruhen auf der Meinung, daß man «mit etwas Willensstärke» seine Lage verbessern kann und daß es daher von einem selbst abhängt, zwischen Normalität und Elend zu wählen. Diese Annahme ist aber nichts anderes als eine Illusion von Alternativen. Bona-fide-Patienten – womit wir einfach Personen meinen, die nicht absichtlich simulieren – haben meist alle möglichen Arten von Selbstdisziplin und Willensakten vergeblich anzuwenden versucht, bevor sie ihren Zustand anderen mitteilten und den Rat erhielten, sich zusammenzunehmen. Es liegt im Wesen jedes Symptoms, daß es etwas Ungewolltes und daher Autonomes ist. Oder anders ausgedrückt: Ein Symptom ist eine spontane Verhaltensform, so spontan, daß selbst der Patient es als etwas Unbeherrsch-

---

4 Klinische Erfahrung lehrt allerdings, daß man für eine erfolgreiche psychotherapeutische Intervention nur eine begrenzte Zeitspanne zur Verfügung hat. Es scheint in der Natur menschlicher Beziehungen zu liegen, daß sich das neue System verhältnismäßig bald so weit verfestigt, daß der Therapeut selbst mehr oder weniger in ihm verstrickt sein kann und daher viel von seiner Nützlichkeit einbüßt. Dies trifft besonders für Familien mit einem schizophrenen Mitglied zu, deren Fähigkeit, alles zu absorbieren, das ihre Stabilität (ungeachtet der chaotischen Oberflächenmanifestationen) zu beeinträchtigen droht, wirklich erstaunlich ist. Dem Therapeuten steht dann nur die Möglichkeit offen, einen anderen Therapeuten zu konsultieren. Nur dadurch, daß er sich über dieses Problem mit einem anderen auseinandersetzt, kann er aus der Situation heraustreten, in der er gefangen ist.

bares empfindet. Dieses Schillern zwischen Spontaneität und Zwang ist es, das ein Symptom paradox macht, und zwar sowohl im subjektiven Erleben des Patienten als auch in seinen Wirkungen auf andere.

Wenn man das Verhalten einer anderen Person beeinflussen will, bestehen dafür grundsätzlich nur zwei Möglichkeiten. Die eine ist der Versuch, sie zu anderem Verhalten zu bewegen. Wie eben erwähnt, scheitert diese Methode zumindest bei symptomatischem Verhalten, da der Patient keine Kontrolle über sein Symptom hat. Die andere Möglichkeit (Beispiele dafür finden sich in Abschnitt 7.5) besteht darin, dem anderen dasjenige Verhalten vorzuschreiben, das er bereits von sich aus an den Tag legt. Im Sinne des über die Paradoxien Gesagten läuft eine solche Aufforderung auf eine «Sei spontan!»-Paradoxie hinaus. Wenn man nämlich aufgefordert wird, sich in einer bestimmten Weise spontan zu verhalten, dann kann man nicht mehr spontan sein, da die Aufforderung die Spontaneität unmöglich macht[5]. Wenn also

---

5 Die unausweichliche Wirkung dieser Kommunikationsform läßt sich sehr einfach beweisen. Wenn *A* zu *B* sagt: «Du scheinst wirklich sehr bequem in deinem Sessel zu sitzen» und *B* weiterhin anblickt, so hat er *B's* Verhalten noch gar nicht vorgeschrieben, sondern nur kommentiert, und doch wird *B* seine Stellung sofort unnatürlich und verkrampft finden und sie ändern müssen, um sein Gefühl von Behagen und Entspannung wiederzugewinnen. Oder man erinnere sich an die Fabel von der Schabe, die den Tausendfüßler fragte, wie er es fertigbringe, seine tausend Füße mit solch eleganter Leichtigkeit und vollkommener Koordination zu bewegen. Von da an konnte der Tausendfüßler nicht mehr gehen.

In einem ganz anderen Kontext, nämlich der Erforschung der Grundlagen der Mathematik, hat Ludwig Wittgenstein schon vor Jahren diesen Sachverhalt postuliert, ohne sich anscheinend Rechenschaft über die unmittelbare praktische Bedeutung seiner Überlegungen für menschliche Beziehungen zu geben:

Nehmen wir ... an, (ein) Spiel sei so, daß, wer anfängt, immer durch einen bestimmten einfachen Trick gewinnen kann. Darauf aber sei man nicht gekommen; – es ist also ein Spiel. Nun macht uns jemand darauf aufmerksam; – und es hört auf, ein Spiel zu sein.

Wie kann ich das wenden, daß es mir klar wird? – Ich will nämlich sagen: «und es hört auf ein Spiel zu sein» – nicht: «und wir sehen nun, daß es kein Spiel war».

Das heißt doch, ich will sagen, man kann es auch so auffassen: daß der Andere uns nicht auf etwas aufmerksam gemacht hat; sondern daß er uns statt unseres ein anderes Spiel gelehrt hat. – Aber wie konnte durch das neue das alte obsolet werden? – Wir sehen nun etwas anderes und können nicht mehr naiv weiterspielen [164, S. 100].

ein Therapeut seinem Patienten vorschreibt, sich symptomatisch zu verhalten, so verlangt er spontanes Benehmen und erwirkt durch diese paradoxe Aufforderung eine Verhaltensänderung des Patienten. Das Symptom ist nicht mehr spontan; indem der Patient sich der Aufforderung des Therapeuten unterwirft, tritt er außerhalb des Rahmens seines symptomatischen Spiels ohne Ende, das bis zu diesem Augenblick keine Metaregeln für die Abänderung seiner Regeln hatte.

7.32 Die Technik der *Symptomverschreibung* (als doppelbindende therapeutische Maßnahme) steht in scharfem Widerspruch zu einer Grundregel psychoanalytisch orientierter Psychotherapie, die direkte Beeinflussung von Symptomen verbietet. Diese Regel ist in den letzten Jahren aber in zunehmendem Maß in Frage gestellt worden, und es häufen sich die klinischen Erfahrungsberichte, wonach rein symptomatische Behandlung nicht notwendigerweise üble Folgen nach sich zieht; allerdings hängt hier viel davon ab, wie an das Symptom herangegangen wird. Während z. B. kein Zweifel darüber besteht, daß ein Patient mit Anorexie durch zwangsweise Ernährung deprimiert und suizidgefährdet werden kann, ist dies nicht die Art von therapeutischer Intervention, die wir hier beschreiben wollen. Es muß ferner festgehalten werden, daß das Resultat jeder Intervention weitgehend von der wissenschaftlichen Orientierung des Therapeuten abhängt. So gründet sich z. B. die Methode der sogenannten Verhaltenstherapeuten (Wolpe, Lazarus, Eysenck und anderer) auf lerntheoretische statt auf psychoanalytische Grundsätze, und man sorgt sich wenig über die in psychoanalytischer Sicht angeblich schwerwiegenden Folgen rein symptomatischer Besserungen, die nicht auf Grund von *Einsicht* erzielt wurden. Die Behauptung der Verhaltenstherapeuten, daß nach Behebung eines Symptoms sich nicht neue und schwerere Symptome bilden und daß ihre Patienten nicht stärker suizidgefährdet sind als andere, ist nunmehr so weit unterbaut, daß sie unseres Erachtens ernst genommen werden muß. Wenn wir einen Patienten anweisen, sein Symptom absichtlich zu manifestieren, ihm also das Symptom im eigentlichen Sinn «verschreiben», und der Patient im Laufe der Befolgung dieses Verhaltensrezeptes feststellt, daß er sich damit von seinem Symptom befreien kann, so ist dies unserer Meinung nach praktisch gleichbedeutend mit der Wirkung von Einsicht im Sinne der klassischen Psychoanalyse, obwohl anscheinend keinerlei Einsicht dabei gewonnen wird. Aber selbst im wirklichen, tagtäglichen Leben begleitet Einsicht nur sehr selten den ständigen Wandel in uns oder geht ihm gar voraus; viel häufiger ändern wir uns und wissen nicht, wieso. Was nun die Rolle von Symptomen in psychotherapeutischer Sicht betrifft, so würden wir vom Standpunkt der menschlichen Kommunikation sogar so weit gehen, zu behaupten, daß die meisten Formen von Psychotherapie dem Symptom viel mehr Aufmerksamkeit schenken, als es rein oberflächlich den Anschein hat. Selbst der Therapeut, der konsequent und absichtlich die Klagen des Patienten über sein Symptom ignoriert, signalisiert ihm damit in mehr oder weniger unmißverständlicher Weise, daß es vorläufig durchaus in Ordnung ist, ein Symptom zu haben, und daß das, was «hinter» dem Symptom steckt, von Wichtigkeit ist.

7.33 In einer ganz bestimmten Hinsicht zwingt uns unsere systemorientierte, zwischenmenschliche Perspektive der Psychopathologie jedoch, gegen die Verhaltenstherapie Stellung zu nehmen und damit im weiteren Sinn die psychodynamische Warnung vor rein symptomatischer Besserung zu bekräften. Während wir von der Wirksamkeit der Verhaltenstherapie für den Patienten als Monade überzeugt sind, vermissen wir sowohl in der Theorie wie in der Kasuistik dieser Behandlungsmethode jeden Hinweis auf die zwischenpersönlichen Wirkungen der oft drastischen Besserung des Patienten. Unserer Erfahrung nach (vgl. Abschnitt 4.44, besonders 4.443) geht eine solche Besserung meist Hand in Hand mit dem Auftauchen eines neuen Problems oder der Verschlechterung eines bestehenden Zustands bei einem *anderen* Familienmitglied. Aus der verhaltenstherapeutischen Literatur gewinnt man den Eindruck, daß der Therapeut, dessen Bemühungen nur dem individuellen Patienten gelten, die wechselseitige Abhängigkeit der beiden Fälle gar nicht sehen und gegebenenfalls die andere Person wiederum in monadischer Isolierung behandeln würde.

7.34 Intuitive Psychotherapeuten haben die Technik der Symptomverschreibung seit langem angewendet. Wenn wir uns nicht irren, wurde sie in der Literatur zum erstenmal 1928 von Dunlap [37, 38] in einem Referat über negative Suggestion erwähnt. Seine Methode besteht darin, dem Patienten ein bestimmtes Verhalten zu verbieten, um ihn dadurch zu veranlassen, sich so zu verhalten. Frankl [44, 45] nennt diese Intervention die *paradoxe Intention.* In der Psychotherapie der Schizophrenien ist diese Technik ein wichtiger Bestandteil von Rosens *direkter Analyse* [123]. Er bezeichnet sie als *reductio ad absurdum* oder *Wiederholung der Psychose (reenacting the psychosis);* eine gute Beschreibung findet sich in Scheflens [130] ausführlichem Bericht über Rosens Arbeitsweise. Der Ausdruck *Symptomverschreibung (prescribing the symptom)* wurde zum erstenmal in Batesons Forschungsprojekt «Familientherapie bei Schizophrenie» verwendet und seine doppelbindende Natur definiert. Haley [56, S. 25 ff.] z. B. verweist darauf, daß der Gebrauch pragmatischer Paradoxien eine wichtige Rolle in praktisch allen Formen der Herbeiführung von Trancezuständen spielt, und gibt viele Beispiele ihrer Verwendung in der Hypnotherapie. Jackson hat über die Verwendung dieser Methode bei der Behandlung paranoider Patienten [67, 68, 73] referiert, worüber in diesem Kapitel noch näher berichtet wird. In einem anderen Artikel erörtern Jackson und Weakland [71] ihre Verwendung in der Familientherapie.

7.4 *Therapeutische Doppelbindungen*

Symptomverschreibungen sind nur *eine* Form von verschiedenen paradoxen Interventionen, die alle unter dem Namen therapeutische Doppelbindungen zusammengefaßt werden können. Diese sind ihrerseits natürlich nur *eine* Form von therapeutischen Kommunikationen, und viele andere Methoden werden seit langem in der Psychotherapie angewendet. Wenn wir uns in diesem Kapitel auf die Beschreibung paradoxer Kommunikationen beschränken, so deshalb, weil sie vom Standpunkt der menschlichen Kommunikation die komplexesten und wirksamsten der uns bekannten Methoden darstellen und weil symptomatische Doppelbindungen kaum durch etwas anderes als Paradoxien, Spiele ohne Ende kaum durch etwas anderes als Gegenspiele *(counter-games)* [150] gebrochen werden können. *Similia similibus curantur* – mit anderen Worten, was Menschen zum Wahnsinn treiben kann, muß sie letztlich auch aus dem Wahnsinn herausholen können. Dies soll keineswegs die enorme Wichtigkeit der menschlichen Haltung des Therapeuten gegenüber seinem Patienten bagatellisieren oder besagen, daß Entschlossenheit, Verständnis, Aufrichtigkeit, Wärme, Verantwortung und Mitgefühl hier nichts bedeuten und es nur auf Tricks und Taktik ankomme. Psychotherapie wäre ohne diese menschlichen Qualitäten undenkbar, und es wird im Laufe unserer Ausführungen klar werden, daß viele herkömmliche Behandlungsmethoden wie Deutung, Erklärung usw. oft mit doppelbindenden Interventionen zusammen verwendet werden. Was wir aber klarstellen wollen, ist, daß unseres Erachtens die erwähnten menschlichen Eigenschaften allein den Paradoxien pathologischer Kommunikation nicht gewachsen sind.

Ihrer Struktur nach ist eine therapeutische Doppelbindung das Spiegelbild einer pathologischen (vgl. Abschnitt 6.431):

1. Sie setzt eine enge Beziehung voraus, in diesem Fall die psychotherapeutische Situation, die für den Patienten einen hohen Grad von Lebenswichtigkeit und Erwartung hat.

2. In dieser Situation wird eine Verhaltensaufforderung gegeben, die so zusammengesetzt ist, daß sie a) das Verhalten verstärkt, das der Patient ändern möchte, b) diese Verstärkung als Mittel der Änderung hinstellt und c) eine Paradoxie hervorruft, weil der Patient dadurch aufgefordert wird, sich durch Nichtändern zu ändern. Damit aber kommt er mit seiner Pathologie in eine unhaltbare Situation. Wenn er die Aufforderung befolgt, so kann er «es» nicht mehr *nicht* tun; er tut «es» absichtlich, wodurch – wie wir zu zeigen versuchten – «es» unmöglich wird und der Zweck der Behandlung erreicht ist. Wenn er der Aufforderung Widerstand leisten will, so kann er es nur durch nichtsymptomatisches Verhalten tun, womit der Zweck der Behandlung ebenfalls erreicht ist.

3. Die psychotherapeutische Situation hindert den Patienten daran, sich der Paradoxie zu entziehen oder sie dadurch zu zerreden, daß er sie zu kommentieren versucht[6]. Obwohl also die Aufforderung logisch

---

[6] Dies klingt vielleicht nicht überzeugend, aber es ist tatsächlich sehr selten, daß ein Patient nicht sogar den absurdesten Auffoderungen (z. B. «Ich möchte, daß Sie Ihre Angst noch stärker empfinden») ohne langes Fragen zustimmt.

absurd ist, ist sie eine pragmatische Realität; der Patient kann nicht *nicht* auf sie reagieren, doch gleichzeitig kann er auch nicht in seiner üblichen, symptomatischen Weise auf sie reagieren.

Die nun folgenden Beispiele sollen vor allem zeigen, daß therapeutische Doppelbindungen den Patienten immer dazu zwingen, aus dem Rahmen seiner Zwangslage herauszutreten. Dies ist der Schritt, den er von sich selbst aus nicht machen kann, der aber dann möglich wird, wenn das ursprüngliche System (entweder ein Individuum und sein Symptom oder mehrere Personen und ihr Spiel ohne Ende) durch Einbeziehung eines Fachmanns erweitert wird. Das macht es nicht nur allen Beteiligten möglich, das ursprüngliche System nun von außen zu sehen, sondern erlaubt auch die Einführung von Metaregeln, die das alte System aus sich selbst nicht hervorbringen konnte.

So viel über die theoretischen Aspekte psychotherapeutischer Doppelbindungen. Ihre praktische Anwendung ist ein viel dornenreicheres Kapitel. Es soll hier nur betont werden, daß die Wahl der besten paradoxen Handlungsaufforderung sehr schwierig ist und daß, wenn auch nur das kleinste Hintertürchen offen bleibt, der Patient meist keine große Schwierigkeit hat, es zu entdecken und dadurch der vom Therapeuten geplanten «ausweglosen» Situation zu entkommen.

7.5 *Beispiele therapeutischer Doppelbindungen*

Die folgenden Beispiele erheben keinen Anspruch darauf, besonders typisch zu sein oder klarer als jene, auf die in Abschnitt 7.34 verwiesen wurde. Sie sollen lediglich einen Querschnitt durch die Anwendungsmöglichkeiten dieser therapeutischen Methode geben und sind daher so gewählt, daß sie sich auf ein möglichst weites diagnostisches Spektrum erstrecken.

Beispiel 1: Bei der Besprechung der Doppelbindungstheorie wurde bereits erwähnt, daß der paranoide Patient seine Suche nach Bedeutung und Sinn oft auf völlig nebensächliche und beziehungslose Dinge oder Situationen ausdehnt, da ihm die Wahrnehmung des wirklichen Problems (der Paradoxie) und die Auseinandersetzung damit unmöglich ist. Was am paranoiden Verhalten so auffallend ist, ist ja gerade das abgrundtiefe Mißtrauen des Patienten und gleichzeitig seine völlige Unfähigkeit, seine Verdächtigungen einer Wirklichkeitsprüfung zu unterwerfen und sie damit in der einen oder der anderen Weise aus der Welt zu schaffen. Während der Patient also sehr reserviert und allwissend erscheinen mag, fehlen ihm in Wirklichkeit viele wichtige Anhaltspunkte für ein klares Erfassen seiner Situation. Dies und das wirkliche oder vermeintliche Verbot der Erhellung seiner Lage hat eine zweifache Wirkung: Es hindert ihn daran, sich die zur Klärung nötige Information zu beschaffen, und es nährt sein Mißtrauen. Jackson [68, 73] hat eine spezifische Technik für den Umgang mit Paranoiden beschrieben, die auf paradoxen Kommunikationen beruht:

a) Ein Patient in ambulanter Behandlung äußerte den Verdacht, daß jemand im Behandlungszimmer ein Mikrophon verborgen habe. Statt zu versuchen, diesen Verdacht zu deuten, zeigte sich der Psychiater darüber sehr «beunruhigt» und versetzte den Patienten in eine Doppelbindung, indem er vorschlug, die Sitzung nicht eher fortzusetzen, bis sie zusammen das Zimmer gründlichst untersucht hatten. Dies stellte den Patienten vor eine Illusion von Alternativen: Er konnte der Durchsuchung zustimmen oder seinen Verdacht fallen lassen. Der Patient wählte die erste Möglichkeit, und als die beiden zusammen mit peinlicher Genauigkeit das Zimmer absuchten, wurde dies dem Patienten immer peinlicher, und gleichzeitig wurde er immer unsicherer in bezug auf die Stichhaltigkeit seines Verdachts. Der Psychiater ließ aber nicht locker, bis sie nicht den letzten Winkel und die kleinste Ritze untersucht hatten. Anschließend begann der Patient plötzlich von seiner Ehe zu sprechen, und es stellte sich heraus, daß er auf diesem Gebiet gute Gründe für Mißtrauen hatte. Indem er aber seinen Verdacht auf etwas konzentriert hatte, das nicht mit seiner Ehe zusammenhing, machte er es sich selbst unmöglich, irgend etwas in bezug auf seine wirklichen Sorgen und Zweifel zu unternehmen. Wenn dieser Patient andererseits die Aufforderung zur Durchsuchung des Behandlungszimmers abgelehnt hätte, so hätte er damit selbst seinen Verdacht entwertet bzw. ihn als eine Idee hingestellt, die nicht ernst genommen zu werden verdiente. Im einen wie im anderen Fall konnte er als Folge dieser Doppelbindung seinen Verdacht der tatsächlich verdächtigen Situation zuwenden.

b) Das folgende Beispiel spielte sich im Rahmen einer klinischen Demonstration ab, die die Möglichkeiten der Herstellung von Rapport zu autistischen Schizophrenen zeigen sollte. Einer der Patienten war ein großer bärtiger junger Mann, der sich in der Annahme, Gott zu sein, völlig von den anderen Patienten und vom Personal fernhielt. Sofort nach Betreten des Vorlesungssaals schob er seinen Stuhl demonstrativ fünf Meter vom Vortragenden weg und ignorierte zunächst jede Frage oder Aufforderung. Der Psychiater änderte darauf seine Taktik und begann, den Patienten zu warnen, daß seine Idee, Gott zu sein, gefährlich sei, weil er dadurch sehr leicht in ein falsches Gefühl von Allwissenheit und Allmacht gelullt werden und es daher versäumen könnte, auf der Hut zu sein und scharf auf alles aufzupassen, was um ihn herum vorgehe. Er überließ es dem Patienten, dieses Risiko auf sich zu nehmen, da ausschließlich er darüber zu entscheiden hatte; wenn er wie Gott behandelt zu werden wünsche, so sei der Arzt bereit, sich dementsprechend zu verhalten. Während der Vorbereitung dieser Doppelbindung schien der Patient immer nervöser und gleichzeitig neugieriger zu werden. Der Psychiater holte dann den Abteilungsschlüssel aus seiner Tasche, kniete vor dem Patienten nieder und bot ihm den Schlüssel mit der Bemerkung an, daß ihn der Patient zwar nicht brauche, da er ja Gott sei, daß er aber den Schlüssel weit mehr als der Arzt verdiente, wenn er Gott wäre. Der Psychiater war kaum zu seinem Tisch zurückgekehrt, als der Patient von seinem Stuhl aufsprang, zum Tisch kam und sich vor den Arzt hinsetzte. Dann beugte er sich vor und sagte ernst und mit wirklicher Besorgnis: «Mensch, einer von uns beiden ist verrückt.»

Beispiel 2: Nicht nur die psychoanalytische, sondern die meisten psychotherapeutischen Situationen enthalten eine Vielzahl von Doppelbindungen. Die paradoxe Natur der psychoanalytischen Behandlung war bereits Hans Sachs, einem der frühesten Mitarbeiter Freuds, aufgefallen. Sachs soll gesagt haben, daß eine Analyse dann zu Ende ist, wenn der Patient einsieht, daß sie endlos weitergehen könnte – eine Bemerkung, die vielleicht eine mehr als zufällige Ähnlichkeit mit dem Zen-buddhistischen Lehrsatz hat, daß die Erleuchtung dann kommt, wenn der Schüler begreift, daß es kein Geheimnis gibt, keine Antwort und daß es daher auch keinen Sinn hat, weitere Fragen zu stellen. Eine ausführliche Beschreibung der Doppelbindungen in der Übertragungssituation findet sich bei Jackson und Haley [72], deren Untersuchung hier kurz zusammengefaßt sei.

Es wird üblicherweise angenommen, daß der Patient in der Übertragungssituation zu früheren, jetzt unangepaßten Verhaltensweisen regrediert. Jackson und Haley gingen an dieses Problem wiederum sozusagen von rückwärts heran und fragten sich: Welche Verhaltensformen wären der psychoanalytischen Situation angepaßt? So gesehen bestünde die einzig adäquate Reaktion auf das komplexe Ritual von Sofa, freien Assoziationen, auferlegter Spontaneität, Honorar, Pünktlichkeit usw. darin, die Situation in toto abzulehnen. Gerade dies aber kann der Patient, der dringend Hilfe sucht, nicht tun. Dadurch ergibt sich jedoch eine sehr eigenartige Beziehungsstruktur zwischen Analytiker und Patienten. Die wichtigsten darin enthaltenen Paradoxien sind die folgenden:

a) Der Patient sieht im Analytiker einen Fachmann, der ihm natürlich erklären wird, was er tun soll. Der Analytiker dagegen überträgt die Verantwortung für den Verlauf der Behandlung dem Patienten und fordert von ihm Spontaneität, während er gleichzeitig Regeln aufstellt, die das Verhalten des Patienten völlig umschreiben. Der Patient erhält damit praktisch die Anweisung: «Sei spontan!»

b) Was immer der Patient in dieser Situation tut, bringt ihm eine paradoxe Reaktion des Analytikers ein. Wenn er sich z. B. darüber beklagt, daß sich sein Zustand noch nicht gebessert hat, schreibt der Analytiker das seinem Widerstand zu, deutet es aber als wünschenswert, da der Patient dadurch bessere Einsicht in sein Problem erhält. Wenn der Patient sagt, er fühle sich besser, deutet der Analytiker dies als Widerstand und einen Versuch, der Behandlung durch Flucht in die Besserung zu entgehen, bevor sein «wirkliches» Problem analysiert werden konnte.

c) Der Patient ist in einer Situation, in der er sich nicht wie ein Erwachsener benehmen kann; wenn er sich aber nicht wie ein Erwachsener benimmt, deutet der Analytiker dies als infantil und daher unangebracht.

d) Eine weitere Paradoxie liegt in der schwer zu entscheidenden Frage, ob die analytische Beziehung eine freiwillige oder unfreiwillige ist. Einerseits betont der Analytiker die freiwillige und daher symmetrische Natur der Beziehung. Wenn der Patient sich aber verspätet oder eine Sitzung versäumt oder irgend eine andere der Behandlungsregeln bricht, wird es offensichtlich, daß die Beziehung eine unfreiwillige, komplementäre ist, in der der Analytiker die superiore Position einnimmt.

e) Diese Position des Analytikers wird dann besonders augenfällig, wenn der Begriff des Unbewußten ins Spiel kommt. Wenn der Patient eine Deutung des Analytikers ablehnt, kann dieser immer erwidern, daß seine Deutung sich auf etwas bezieht, dessen der Patient nicht gewahr sein kann, weil es ihm unbewußt ist. Versucht der Patient dagegen, Unbewußtheit als Begründung für etwas anzuführen, so kann der Analytiker dies gegebenenfalls mit dem Hinweis ablehnen, daß der Patient nicht davon sprechen könnte, wenn es unbewußt wäre [7].

Aus dem oben Gesagten erhellt, daß ungeachtet dessen, was der Analytiker außerdem unternimmt, um Änderungen in seinem Patienten zu erzielen, die analytische Situation selbst praktisch eine einzige komplexe Doppelbindung ist. Dies gilt natürlich weitgehend auch für andere Formen der Psychotherapie.

Beispiel 3: Es ist Aufgabe des Arztes zu heilen. In zwischenpersönlicher Sicht versetzt ihn diese Aufgabe in eine sehr merkwürdige Lage. Solange seine Behandlung erfolgreich ist, nimmt er die superiore Stellung in der komplementären Beziehung zu seinem Patienten ein. Wenn seine Bemühungen aber scheitern, verkehrt sich die Lage; die Natur der Beziehung zum Patienten ist dann durch die Nichtbeeinflußbarkeit der Krankheit bestimmt, und der Arzt findet sich in der Inferiorposition. Damit kann er, wenigstens potentiell, von jenen Patienten in eine Doppelbindung hineingezogen werden, die entweder (aus welchen Gründen auch immer) eine Besserung nicht ertragen können oder für die es wichtiger ist, jede Beziehung (und daher auch die zum Arzt) zu beherrschen, ohne Rücksicht darauf, wie viel Schmerz und Schwierigkeiten ihnen das bereiten mag. Im einen

---

7 Diese Hinweise auf die zwischenpersönlichen Aspekte des Unbewußten sollen weder seine Existenz noch die Nützlichkeit des Begriffs leugnen. Vgl. dazu Abschnitt 1.62.

wie im andern Fall scheinen sie mittels ihrer Symptome zu signalisieren: «Hilf mir, aber ich werde es nicht zulassen.»

Eine solche Patientin, eine Frau in mittleren Jahren, wurde wegen anhaltender starker Kopfschmerzen in psychiatrische Behandlung überwiesen. Die Schmerzen hatten kurz nach einem Unfall begonnen, bei dem sie am Hinterkopf verletzt worden war; die Verletzung war aber ohne Komplikationen abgeheilt, und weitere Untersuchungen hatten keinerlei Anhaltspunkt für ihre Kopfschmerzen ergeben. Die Patientin war von ihrer Versicherungsgesellschaft angemessen entschädigt worden und erwartete keine weiteren Versicherungsleistungen oder gerichtliche Entscheidungen. Vor ihrer Überweisung an den Psychiater war sie von mehreren Spezialisten in einer großen Klinik untersucht und behandelt worden. Dadurch hatte sich eine Krankengeschichte von eindrucksvollem Volumen angesammelt, und die Patientin war zu einer Quelle beträchtlicher beruflicher Frustrationen dieser Ärzte geworden.

Das Studium ihres Falles überzeugte den Psychiater, daß in Anbetracht dieser Vorgeschichte ärztlicher «Fehlschläge» jeder Hinweis auf die mögliche Wirksamkeit von Psychotherapie diese von vornherein zum Scheitern verurteilen würde. Er unterrichtete die Patientin also, daß auf Grund der Ergebnisse aller früheren Untersuchungen und in Anbetracht der Tatsache, daß keine Behandlung ihr auch nur im geringsten geholfen habe, kein Zweifel bestehen könne, daß ihr Zustand irreversibel sei. Im Hinblick auf diese bedauerliche Tatsache könne er ihr nur helfen, mit ihren Kopfschmerzen leben zu lernen. Die Patientin schien über diese Erklärung mehr verärgert als bestürzt und fragte ziemlich spitzig, ob dies alles sei, was die Psychiatrie ihr zu bieten habe. Der Psychiater konterte dies, indem er ihr ihre gewichtige Krankengeschichte vorhielt und wiederholte, daß in Anbetracht dieser Untersuchungsergebnisse ganz einfach keine Aussicht auf Besserung bestünde und sie sich damit abfinden müsse. Als die Patientin eine Woche später zu ihrer zweiten Sitzung kam, erwähnte sie sofort, in den letzten Tagen viel weniger unter ihren Kopfschmerzen gelitten zu haben. Der Psychiater reagierte auf diese Mitteilung mit Besorgnis und bedauerte, es verabsäumt zu haben, sie vor der Möglichkeit eines solchen vorübergehenden, rein subjektiven Nachlassens ihrer Schmerzen gewarnt zu haben. Sobald die Schmerzen nun unvermeidlich in ihrer alten Stärke zurückkehren würden, werde die Patientin sich noch schlechter fühlen, da sie eine falsche Hoffnung auf eine rein zufällige und vorübergehende Besserung gesetzt hätte. Er zog wiederum ihre Krankengeschichte hervor, deutete auf den riesigen Umfang und wiederholte, daß sie um so schneller mit ihren Schmerzen zu leben lerne, je schneller sie jede Hoffnung auf Besserung aufgebe. Von dieser Sitzung an nahm die Behandlung einen etwas stürmischen Verlauf; der Psychiater zeigte sich immer skeptischer, da die Patientin die «Irreversibilität» ihres Zustands nicht einsehen wollte, und die Patientin berichtete ärgerlich und sarkastisch über zunehmende Besserung. Große Teile der Behandlungszeit zwischen diesen «Runden» konnten aber für die Exploration der zwischenmenschlichen Beziehungen dieser Frau verwendet werden, und schließlich gab sie, weitgehend gebessert, auf eigene Initiative hin die Behandlung auf, da sie offenbar eingesehen hatte, daß ihr «Spiel» mit dem Psychiater endlos weitergehen könnte.

Beispiel 4: Fälle von psychogenem Schmerz wie der eben erwähnte eignen sich im allgemeinen besonders gut für auf paradoxen Kommunikationen beruhende Kurztherapien. Die Herstellung einer Doppelbindung kann meist schon beim allerersten Kontakt mit dem Patienten eingeleitet werden, oft schon telephonisch, wenn ein neuer Patient um eine Konsultation ersucht. Wenn der Therapeut hinlängliche Information über die Psychogenese des Zustandes hat (wie das z. B. nach vorhergehender Besprechung mit dem überweisenden Arzt möglich ist), kann er den Patienten davor warnen, daß sich sehr häufig vor der ersten Sitzung eine wesentliche Besserung einstelle, daß diese aber rein vorübergehender Natur sei und der Patient keinerlei Hoffnung auf sie setzen dürfe. Falls der Patient dann vor seiner ersten Sitzung keine Besserung spürt, ist kein Schaden verursacht, und der Patient wird die Besorgnis und Vorsorge des Therapeuten schätzen. Wenn er sich aber besser fühlt, so kann die Ausarbeitung der Doppelbindung fortgesetzt werden. Der nächste Schritt besteht dann z. B. im Hinweis darauf, daß die Psychotherapie den Schmerz nicht beheben, daß der Patient aber meist unschwer lernen kann, den Schmerz «zeitlich zu verschieben» und seine Stärke zu «komprimieren». Er muß dann eine Stunde angeben, in der es für ihn am wenigsten lästig wäre, *mehr* Schmerz zu empfinden (z. B. jeden Abend von zehn bis elf Uhr). Es wird ihm zur Aufgabe gemacht, während dieser Zeit seinen Schmerz zu verstärken, womit stillschweigend unterstellt wird, daß er außerhalb dieser Zeit *weniger* Schmerzen haben wird. Die erstaunliche Tatsache ist, daß es die Patienten fast ausnahmslos fertig bringen, zu der von ihnen gewählten Zeit entweder wirklich mehr Schmerzen zu empfinden oder an ihrer Aufgabe nicht nur zu scheitern, sondern während der gewählten Zeit sogar viel weniger Schmerzen zu haben. Im einen wie im anderen Fall vermittelt ihnen also die Erfahrung, daß sie irgendwie Einfluß auf ihre Schmerzen haben. Wichtig ist dabei, daß der Therapeut sich hütet, von Besserung zu sprechen; er behält vielmehr dieselbe skeptische Haltung bei, die in Beispiel 3 erwähnt wurde. Zahlreiche weitere Beispiele für die Anwendung dieser paradoxen Technik finden sich bei Haley [56, S. 41 ff.].

Beispiel 5: Eine junge Studentin war in Gefahr, durchzufallen, da es ihr unmöglich war, morgens früh genug für den Besuch der Achtuhrvorlesungen aufzustehen. Was immer sie auch versuchte, sie brachte es einfach nicht fertig, vor zehn Uhr in der Universität zu sein. Ihr Therapeut erklärte ihr, daß es für dieses Problem eine recht einfache, aber unangenehme Lösung gebe und daß er sicher sei, daß sie auf diese Lösung nicht eingehen werde. Dies veranlaßte das Mädchen (das um seine unmittelbare Zukunft sehr besorgt war und bereits zureichendes Vertrauen zum Therapeuten gefaßt hatte), zu versprechen, daß sie mit jeder Lösung einverstanden sei und das Nötige tun werde. Der Therapeut verschrieb ihr darauf folgendes Verhalten: Sie hatte ihren Wecker auf sieben Uhr zu stellen. Wenn er am folgenden Morgen ablief, würde sie sich vor zwei Alternativen finden: Sie konnte entweder aufstehen, frühstücken und um acht Uhr in der Vorlesung sein – womit die Sache für sie erledigt war –, oder sie konnte, wie üblich, liegen bleiben. In diesem Fall durfte sie aber nicht, wie gewohnt, kurz vor zehn aufstehen, sondern sie hatte den Wecker auf *elf* Uhr zu stellen und an diesem und dem folgenden Morgen im Bett zu bleiben, bis er ablief. Während dieser Zeit durfte sie weder lesen, schreiben, Radio hören oder irgend etwas anderes tun als schlafen bzw. wach im Bett liegen. Am Abend des zweiten Tages mußte sie den

Wecker wieder auf sieben Uhr stellen, und wenn sie am folgenden Morgen beim Läuten wieder nicht aufstehen konnte, mußte sie an diesem und dem nächsten Morgen abermals bis elf Uhr liegen bleiben usw. Die Studentin war über die scheinbare Annehmlichkeit dieser therapeutischen Anordnung sehr erfreut. Als sie aber zu ihrer nächsten Sitzung kam, berichtete sie, daß sie am ersten Morgen, wie gewöhnlich, unfähig gewesen war, rechtzeitig aufzustehen, und daher bis um elf im Bett geblieben war. Diese erzwungene Bettruhe (und besonders die Zeit von zehn bis elf) war aber fast unerträglich langweilig gewesen. Der zweite Morgen war dann noch schlimmer; sie hatte nicht eine Minute länger als bis sieben Uhr schlafen können, obwohl der Wecker natürlich erst um elf Uhr ablief. Von da an besuchte sie ihre Morgenvorlesungen, und erst dann wurde es möglich, die Gründe zu explorieren, die ein Scheitern an der Universität für sie scheinbar notwendig machten.

Beispiel 6: Die gemeinsame Psychotherapie einer Familie (bestehend aus den Eltern und zwei Töchtern im Alter von siebzehn und fünfzehn Jahren) hatte einen Punkt erreicht, an dem ein langjähriger Beziehungskonflikt der Eltern sich abzuzeichnen begann. Gleichzeitig ergab sich eine sehr auffällige Änderung im Verhalten der älteren Tochter. Sie wurde streitsüchtig und störte ganz allgemein den Verlauf der Sitzungen dadurch, daß sie sprunghaft die Gesprächsthemen zu wechseln und die Aufmerksamkeit aller auf sich zu ziehen versuchte. Alle Bemühungen des Vater, sie zur Ordnung zu rufen, blieben erfolglos, und sie teilte dem Therapeuten mit, daß sie in keiner Weise mehr zu den Sitzungen beitragen werde. Der Therapeut erwiderte, daß ihre Nervosität verständlich sei und einen wertvollen Gradmesser für den erfolgreichen Verlauf der Behandlung darstelle; er wünsche deshalb, daß sie die Sitzungen so oft unterbreche und störe, wie sie es für notwendig halte. Durch diese Aufforderung versetzte er sie in eine unhaltbare Lage: Wenn sie den Verlauf der Therapie weiterhin störte, so trug sie zum Erfolg der Behandlung bei – was nicht zu tun sie fest entschlossen war. Dies machte es aber nötig, vor allem die Aufforderung des Therapeuten nicht zu befolgen. Die Aufforderung konnte aber nur dadurch nicht befolgt werden, daß sie ihr störendes Verhalten einstellte, wodurch der ungestörte Verlauf der Sitzungen möglich wurde.

Sie hätte sich natürlich weigern können, überhaupt zu den Sitzungen zu kommen, doch der Therapeut hatte ihr diesen Ausweg durch die Bemerkung verlegt, daß das abwesende Familienmitglied immer zum ausschließlichen Gesprächsthema der Familie werde – eine Aussicht, von der er wußte, daß sie für sie unerträglich war.

Beispiel 7: Ein trinkender Ehepartner unterhält mit dem anderen Partner meist eine sehr stereotype Beziehungsstruktur. Der Einfachheit halber sei im folgenden angenommen, daß der Gatte der Trinker ist, obwohl die Rollen ohne größere Veränderung der Gesamtkonfiguration vertauscht werden könnten.

Vom Standpunkt ihrer Kommunikationen liegt die Hauptschwierigkeit gewöhnlich in der Verschiedenheit ihrer Interpunktion der Verhaltensabläufe. Der Mann sagt z. B., daß seine Frau sehr dominant ist und daß er sich nur dann etwas mehr als Mann fühlt, wenn er trinkt. Seine Frau wendet darauf sofort ein, daß sie ihm nur zu gerne jede Initiative überlassen würde, wenn er bloß etwas mehr Verantwortungsgefühl an den Tag legte. Da er sich aber jeden Abend betrinke, sei sie gezwungen, auf ihn aufzupassen. Sie mag hinzufügen, daß es nur ihr zu verdanken sei, wenn er bisher das Haus nicht dadurch in Brand steckte, daß er mit einer brennenden Zigarette in der Hand im Bett einschlief. Darauf erwidert der Mann wahrscheinlich, daß er sich bestimmt nicht so verantwortungslos verhalten würde, wenn er noch ein Junggeselle wäre, und fügt vielleicht hinzu, daß dies ein gutes Beispiel ihres emaskulierenden Einflusses auf ihn sei. Nach einigen weiteren dieser Runden werden die Regeln ihres Spiels ohne Ende dem Außenstehenden völlig klar. Hinter ihrer Fassade von Unzufriedenheit, Erbitterung und Anschuldigungen bestätigen sie sich gegenseitig ihre Selbstdefinitionen durch ein Quid pro quo [67]: er, indem er es ihr ermöglicht, die nüchterne und vernünftige Beschützerin zu sein, und sie, indem sie es ihm gestattet, sich unverantwortlich und kindisch zu benehmen und sich von der Welt mißverstanden und mißachtet zu fühlen.

Eine der therapeutischen Doppelbindungen, die sich in diesem Fall anwenden ließen, bestände in der Anweisung, daß beide Partner stets gemeinsam trinken müssen, daß die Frau ihren Mann aber immer um ein Glas voraus sein muß. Die Einführung dieser neuen Regel in ihre

Beziehung macht das bisherige Spiel unmöglich. Erstens ist das Trinken nun eine Aufgabe und nicht mehr ein Drang, gegen den er «machtlos» ist. Zweitens müssen beide nun ständig ihre Drinks zählen. Drittens erreicht die Frau, die meist mäßig – wenn überhaupt – trinkt, sehr bald einen Grad der Alkoholisierung, der *ihn* zwingt, auf *sie* aufzupassen. Dies ist aber nicht nur ein Verkehrung ihrer gewohnten Rollen, sondern versetzt ihn in eine unhaltbare Situation: Wenn er die Anweisung des Therapeuten weiterhin befolgen will, muß er an diesem Punkt entweder zu trinken aufhören oder ihr weiteren Alkohol auf die Gefahr hin aufzwingen, sie noch betrunkener und infolgedessen hilfloser zu machen. Selbst wenn er an diesem Punkt die Anweisung, sie immer um ein Glas voraus sein zu lassen, bricht, befindet er sich trotzdem in der ungewohnten Situation, seines Schutzengels beraubt und außerdem für sich selbst *und* sie verantwortlich zu sein. (Wir wollen damit natürlich weder den Eindruck erwecken, daß es leicht ist, ein Ehepaar zur Befolgung einer solchen Symptomverschreibung zu bewegen, noch, daß diese Intervention allein eine «Kur» für Alkoholismus darstellt.)

Beispiel 8: Ein Ehepaar findet sich dauernd in Zwiste verwickelt. Statt seine Aufmerksamkeit auf die Analyse ihrer Konflikte und deren Entstehung in der Vergangenheit zu konzentrieren, deutet der Therapeut ihre Streitereien um, indem er den Ehepartnern erklärt, daß sie sich in Wirklichkeit tief lieben, denn um so zu streiten, wie sie es tun, müßten sie sehr eng und ausschließlich aufeinander bezogen sein. Die Absurdität (um nicht zu sagen, Lächerlichkeit) dieser Deutung fordert die Partner dazu heraus, dem Therapeuten zu beweisen, wie wenig er sie versteht. Damit aber beziehen sie nicht nur zum erstenmal gemeinsam Stellung gegen die Umwelt (und sind sich also wenigstens in *einem* Punkt einig, was bereits eine wesentliche Änderung ihrer Beziehung bedeuten kann), sondern der Gegenbeweis zur Deutung des Therapeuten läßt sich am besten dadurch liefern, daß sie weniger streiten. Sobald sie aber weniger streiten (um zu beweisen, daß sie sich im Sinne der Deutung nicht lieben), bemerken sie, daß sie viel besser miteinander auskommen.

Beispiel 9: Eine alleinstehende geschiedene Frau hatte Schwierigkeiten mit ihrer fünfjährigen Tochter, da das Kind allen Ermahnungen und Strafen zum Trotz mit Zündhölzern spielte und damit schon mehrmals das Haus in Gefahr gebracht hatte. Die Mutter hatte bisher versucht, der Unart ihrer Tochter dadurch beizukommen, daß sie keine Zündhölzer daheim ließ und dafür sorgte, daß das Kind auch keine von Spielgefährten oder Nachbarn erhielt. Trotzdem verging kaum ein Tag, ohne daß sie das Kind im Besitz von Zündhölzern erwischte, und es stellte sich heraus, daß es Zündhölzer an verschiedenen Stellen des Hauses zu verstecken pflegte, so daß die Mutter nie sicher sein konnte. Jedesmal, wenn die Mutter nach Hause kam, spielte sich mehr oder weniger sterotyp folgende Interaktion ab: Zunächst fragte die Mutter, ob das Kind wieder mit Zündhölzern gespielt habe. Das Kind verneinte dies. Die Mutter «wußte» aber, daß das Kind log, da es in ihrer Abwesenheit *immer* mit Feuer spielte. Als nächstes fragte die Mutter, ob das Kind wieder irgendwo Zündhölzer versteckt habe, worauf die Antwort wiederum stets «nein» war. Die Mutter glaubte dies nicht, nannte das Kind eine Lügnerin und durchsuchte das Haus. Wenn diese Suche negativ verlief, war die Mutter zutiefst beunruhigt und bestand in zunehmendem Ärger darauf, daß das Kind endlich die Wahrheit sage und ihr das neue Versteck verrate. Sobald dies der Fall war oder wenn die Mutter die Zündhölzer selbst fand, beruhigte sie sich sehr rasch und verzieh ihrer Tochter.

Von der Beschreibung des Problems durch die Mutter wurde es klar, daß diese das Finden der Zündhölzer sozusagen als symbolischen Akt brauchte, der ihr jedesmal das Gefühl neugewonnener Sicherheit gab, und daß die Tochter diesem Bedürfnis mit ihrer «Unart» entgegenkam. Die Verschreibung des Symptoms war in diesem Fall einfach, und die sofortige Wirkung schien die Richtigkeit der eben erwähnten Annahme zu beweisen. Der Therapeut beauftragte die Mutter, ihrer Tochter ein Versteckspiel mit Zündhölzern vorzuschlagen. In Abwesenheit der Mutter sollte das Kind jedesmal irgendwo im Haus Zündhölzer verstecken, und bei der Rückkehr der Mutter sollte die ganze Familie (die Frau hatte noch zwei andere Kinder) sie suchen. Der Finder (der natürlich meist die kleine Tochter war) sollte einen Geldpreis erhalten. Diese Symptomverschreibung des Therapeuten zerstörte das Spiel ohne Ende. Was bisher ein gefährliches Verhalten war, das strenge, aber dennoch erfolglose Überwachung zu erfordern schien, wurde damit zu einer Unterhaltung für alle Beteiligten, die sowohl die Kinder ihrer Muter näherbrachte als auch die selbsterfüllende, aus der Unsicherheit der Mutter geborene Prophezeiung hinfällig machte.

Beispiel 10: Daß die therapeutische Wirkung paradoxer Kommunikationen keineswegs eine Entdeckung unserer Tage ist, geht aus der folgende Zen-Geschichte hervor, die alle Merkmale einer therapeutischen Doppelbindung enthält:

> Eine junge Frau erkrankte und lag im Sterben. «Ich liebe dich so sehr», sagte sie zu ihrem Mann. «Ich mag dich nicht verlassen. Geh nicht von mir zu einer anderen. Wenn du es tust, werde ich als Geist zurückkommen und dir endlose Schwierigkeiten bereiten.»
>
> Bald danach starb sie. Der Mann achtete ihren letzten Wunsch drei Monate lang; dann aber lernte er eine andere Frau kennen und verliebte sich in sie. Sie verlobten sich.
>
> Sofort nach der Verlobung begann ein Geist dem Mann jede Nacht zu erscheinen und ihn des Bruchs seines Versprechens zu beschuldigen. Es war ein gewitzigter Geist, der dem Mann genau sagte, was sich zwischen ihm und seinem neuen Schatz jeweils ergab. Wenn immer er seiner Verlobten ein Geschenk machte, beschrieb es der Geist in allen Einzelheiten. Er wiederholte sogar ihre Gespräche, und dies störte den Mann so sehr, daß er nicht mehr schlafen konnte. Jemand riet ihm, sein Problem einem Zen-Meister vorzubringen, der in der Nähe des Dorfes lebte. An diesen wandte sich der arme Mann schließlich in seiner Verzweiflung.
>
> «Eure erste Frau wurde zum Geist und weiß alles, was Ihr tut», erklärte der Meister. «Was immer Ihr tut oder sagt, was immer Ihr Eurer Geliebten gebt, sie weiß es. Sie muß ein sehr weiser Geist sein. Fürwahr, Ihr solltet solch einen Geist bewundern. Wenn sie das nächste Mal erscheint, macht einen Handel mit ihr aus. Sagt ihr, daß sie so viel weiß, daß Ihr nichts vor ihr verbergen könnt, und daß Ihr Eure Verlobung brechen und ledig bleiben werdet, wenn sie Euch eine Frage beantworten kann.»
>
> «Was ist das für eine Frage, die ich ihr stellen muß?» fragte der Mann.
>
> Der Meister erwiderte: «Nehmt eine gute Handvoll Sojabohnen und fragt sie nach der genauen Zahl der Bohnen, die Ihr in Eurer Hand haltet. Wenn sie es Euch nicht sagen kann, so werdet Ihr wissen, daß sie nur eine Ausgeburt Eurer Phantasie ist, und sie wird Euch nicht länger stören.»
>
> Als der Geist der Frau in der nächsten Nacht erschien, schmeichelte der Mann ihr und sagte, daß sie alles wisse.
>
> «In der Tat», antwortete der Geist, «und ich weiß, daß du heute bei jenem Zen-Meister warst.»
>
> «Und da du so viel weißt», forderte der Mann, «sag mir, wie viele Bohnen ich in meiner Hand halte.»
>
> Da war kein Geist mehr, um diese Frage zu beantworten [125, S. 82].

EPILOG

EXISTENTIALISMUS UND MENSCHLICHE KOMMUNIKATIONSTHEORIE: EIN AUSBLICK

Nicht die Dinge selbst beunruhigen uns, sondern die Meinungen, die wir von den Dingen haben.
Epiktet

Denn der Mensch hält ein inneres Zwiegespräch mit sich selbst.
Pascal

8.1 Der existentielle Nexus

In diesem Buch haben wir Individuen in ihrem gesellschaftlichen Nexus – in ihren zwischenpersönlichen Beziehungen – betrachtet und gesehen, daß das Medium dieser Beziehungen die Kommunikation ist. Ist damit die Anwendungsmöglichkeit einer Theorie menschlicher Kommunikation erschöpft? Im engeren Sinn muß diese Frage wohl bejaht werden; andererseits aber wehrt sich unser Gefühl gegen diese Antwort. Wer den Menschen nur als sozialen Organismus sieht, läßt seinen *existentiellen* Nexus unberücksichtigt, in dem seine zwischenpersönlichen Beziehungen nur einen, wenn auch sehr wichtigen Aspekt darstellen.

Es ergibt sich damit die Frage, ob die Prinzipien, die wir für die Pragmatik der menschlichen Kommunikation postuliert haben, anwendbar bleiben, wenn unsere Untersuchungen sich vom Zwischenpersönlichen aufs Existentielle verlagern. Wir werden diese Frage nicht beantworten können; vielleicht kann sie überhaupt nicht beantwortet werden, denn an diesem Punkt angelangt, müssen wir die Objektivität der Wissenschaft verlassen und eingestandenermaßen subjektiv werden. Da der existentielle Nexus eines Menschen nicht in demselben Sinn beobachtbar ist wie seine zwischenmenschlichen Beziehungen, sind wir gezwungen, die objektive, «außenstehende» Position aufzugeben, die beizubehalten wir uns bisher mit wechselndem Erfolg bemühten. An diesem Punkt unserer Untersuchungen gibt es kein «außen» mehr. Man kann nicht über die Grenzen seines eigenen Denkens und Erlebens hinausgehen; letztlich sind Subjekt und Objekt also identisch, das Seelische untersucht sich selbst, und jede Aussage über den Menschen in seinem existentiellen Nexus muß schließlich auf dieselben Phänomene der Selbstrückbezüglichkeit stoßen, die, wie wir gesehen haben, Paradoxien verursachen.

In einem gewissen Sinn ist dieser Epilog also ein Glaubensbekenntnis – ein Bekenntnis dazu, daß der Mensch in einer breiten, vielfältigen und intimen Beziehung zum Leben steht. Was wir nun untersuchen wollen, ist die Frage, ob wenigstens einige der von uns entwickelten Begriffe zum Verständnis dieses Gebiets beitragen können, das von rein psychologischen und soziologischen Theorien nur zu oft vernachlässigt wird.

8.2 *Die Umwelt als Programm*

In der modernen biologischen Forschung würde man es als zwecklos, wenn nicht geradezu undenkbar betrachten, selbst einen sehr primitiven Organismus in künstlicher Isolierung von seiner Umwelt zu studieren. Im Sinne der allgemeinen Systemlehre sind Organismen offene Systeme, die ihre Stabilität dadurch erhalten oder sich sogar auf höhere Komplexität hin entwickeln, daß sie in dauerndem Austausch von Materie, Energie und Information mit ihrer Umwelt stehen (vgl. Abschnitt 4.2 ff.). Ein Organismus braucht für sein Überleben also nicht nur die für seinen Stoffwechsel benötigten Substanzen, sondern auch ausreichende Information über seine Umwelt. In diesem Sinn sind Kommunikation und Existenz zwei untrennbare Begriffe. Die Umwelt kann als eine große Anzahl von Instruktionen über die Existenz des Organismus betrachtet werden, und in dieser Hinsicht sind Umwelteinflüsse dem Programm eines Elektronengehirns ähnlich. Ein wesentlicher Unterschied besteht allerdings darin, daß das Programm in einer Sprache abgefaßt ist, die die Maschine vollkommen «versteht», während der Einfluß der Umwelt auf einen Organismus sich aus Signalen zusammensetzt, deren Bedeutung keineswegs eindeutig ist, sondern die vom Organismus bestmöglich entschlüsselt werden müssen. Wenn wir zu dieser selbstverständlichen Feststellung noch die Tatsache hinzufügen, daß die Reaktionen des Organismus ihrerseits die Umwelt beeinflussen, so wird es klar, daß selbst auf sehr primitiven Lebensstufen dauernde und vielfältige Wechselwirkungen stattfinden, die nicht wahllos, sondern durch eine Art Programm bedingt sind.

So gesehen ist die Existenz eine Funktion (im Sinne von Abschnitt 1.2) der Beziehung zwischen einem Organismus und seiner Umwelt. Auf der menschlichen Ebene erreicht diese Beziehung ihre höchste Komplexität. Obwohl in modernen Zivilisationen die Probleme des biologischen Überlebens weit in den Hintergrund gerückt sind und die Umwelt im ökologischen Sinn weitgehend vom Menschen beherrscht wird, haben sich die lebenswichtigen Signale, die ein Mensch von seiner Umwelt erhält und richtig entschlüsseln muß, lediglich vom Biologischen auf das Psychologische hin verschoben.

8.3 Die Hypostasierung der Wirklichkeit

Wir Menschen scheinen eine tiefwurzelnde Neigung zu besitzen, die Wirklichkeit zu hypostasieren, d. h., sie als einen Freund oder Gegner zu betrachten, mit dem wir uns auseinandersetzen müssen. In Zilboorgs klassischer Studie über den Selbstmord findet sich folgender mit unserem Thema verwandter Gedanke:

> ... Es hat den Anschein, daß der Mensch dem Leben ursprünglich seine eigenen Bedingungen stellte: Eine Krankheit, irgendein Verdruß, jegliche starke affektive Belastung gab ihm das Gefühl, daß das Leben sozusagen *seinen Vertrag mit ihm gebrochen hatte,* so daß er dann seinen untreuen Partner verließ ... Offensichtlich schuf die Menschheit [den Glauben an] das Paradies nicht durch die Geburt Adams und Evas, sondern durch die Annahme des Todes durch den Primitiven, *der freiwilligen Tod dem Aufgeben seiner Idealvorstellung vorzog, wie das Leben sein sollte* [166, S. 1364 ff.].

Das Leben – oder Wirklichkeit, Gott, Schicksal, Natur, Existenz oder welchen Namen auch immer man dafür vorzieht – ist also ein Partner, den man annimmt oder ablehnt und von dem man sich selbst angenommen oder verworfen, gefördert oder betrogen fühlt. Und in ganz ähnlicher Weise wie einem menschlichen Partner bietet man diesem existentiellen Partner seine Selbstdefinition zur Ratifizierung an und findet sie dann bestätigt oder entwertet; und von diesem Partner versucht man immer wieder, Hinweise auf die Natur der Beziehung zu ihm zu erhalten.

8.4 *Stufen des Wissens – Prämissen dritter Ordnung*

Was läßt sich über die lebenswichtigen Mitteilungen sagen, die der Mensch nach bestem Können entschlüsseln muß, um sein Überleben zu gewährleisten? Hierzu ist vor allem zu bemerken, daß es zwei Arten von Wissen gibt: Wissen *von* und Wissen *über* Dinge. Ersteres ist jenes Gewahrsein von Dingen, das uns unsere Sinne übermitteln; es ist das, was Bertrand Russell «Wissen durch Bekanntwerden» nennt oder Susanne Langer «ganz unmittelbares, sinnliches Wissen». Es ist jenes Wissen, das Pawlows Hund zunächst hat, wenn er den Kreis oder die Ellipse wahrnimmt – ein Wissen, das noch nichts *über* das Wahrgenommene weiß. In der Versuchssituation aber lernt der Hund sehr rasch auch etwas über diese beiden geometrischen Figuren, nämlich, daß sie irgendwie mit Lust und Unlust zusammenhängen und daher Bedeutung für sein Überleben haben. Wenn wir das sinnliche Gewahrsein Wissen erster Ordnung nennen wollen, so ist die andere Form von Wissen (Wissen über ein Objekt) ein Wissen zweiter Ordnung und daher Metawissen. (Es handelt sich hier um denselben Unterschied, den wir bereits in Abschnitt 1.4 machten, als wir darauf verwiesen, daß eine Sprache zu kennen und etwas über diese Sprache zu wissen, zwei sehr verschiedene Formen von Wissen sind[1].) Sobald der

[1] An zahlreichen Stellen dieses Buchs hatten wir Gelegenheit, darauf zu verweisen, daß die Welt, in der wir leben, und das Bewußtsein unserer selbst und anderer einer hierarchischen Ordnung zu unterstehen scheint und daß gültige Aussagen über eine Stufe dieser Ordnung nur von der nächsthöheren aus gemacht werden können. Diese Hierarchie wurde offenbar in

1. der Beziehung zwischen Mathematik und Metamathematik (vgl. Abschnitt 1.5) sowie zwischen Kommunikation und Metakommunikation (vgl. Abschnitt 1.5 und 2.33);
2. dem Inhalts- und dem Beziehungsaspekt der Kommunikation (vgl. Abschnitt 2.3 und 3.3);

Hund die Bedeutung des Kreises und der Ellipse für sein Überleben verstanden (also Wissen zweiter Ordnung erlangt) hat, verhält er sich, als ob er daraus geschlossen hätte: «Dies ist eine Welt, in der ich sicher bin, wenn ich den Kreis von der Ellipse unterscheiden kann.» Diese Schlußfolgerung ist aber nicht mehr Wissen zweiter Ordnung; sie ist Wissen über Wissen zweiter Ordnung und daher Wissen dritter Ordnung. Beim Menschen verläuft dieser Prozeß der Aneignung von Wissen im wesentlichen in derselben Weise.

Wir hören nie auf, Wissen über die Gegebenheiten unserer Erfahrung zu suchen, ihre Bedeutung für unsere Existenz zu verstehen und zu ihnen auf Grund dieses Verstehens Stellung zu nehmen. Aus der Gesamtsumme von Bedeutungen, die wir schließlich von den zahllosen Einzelkontakten mit den Objekten der Umwelt gewinnen, bilden wir dann ein mehr oder weniger einheitliches Bild der Welt, in die wir uns «geworfen» finden (um diesen existentiellen Ausdruck zu verwenden), und dies ist ein Bild dritter Ordnung. Es besteht guter Grund zur Annahme, daß es recht gleichgültig ist, worin dieses Weltbild besteht, solange es nur eine sinnvolle Prämisse für unsere Existenz bietet. Das Wahnsystem eines Paranoiden scheint seinen Zweck als Sinnerklärung für die Welt des Patienten genauso zu erfüllen wie eine «normale» Sicht der Welt für jemand anders[2]. Wichtig ist jedoch, daß wir Menschen an die von uns wahrgenommenen Phänomene mit einer Reihe von Prämissen herangehen und daß unsere Beziehung zur Wirklichkeit im weitesten Sinn (und nicht nur zu anderen Menschen)

---

3. den Ich- und Du-Definitionen (vgl. Abschnitt 3.33);
4. den logisch-mathematischen Paradoxien und der logischen Typenlehre (vgl. Abschnitt 6.2);
5. der Theorie der Sprachstufen (vgl. Abschnitt 6.3);
6. den pragmatischen Paradoxien, Doppelbindungen und paradoxen Voraussagen (vgl. Abschnitt 6.4);
7. der Illusion der Alternativen (vgl. Abschnitt 7.1);
8. dem Spiel ohne Ende (vgl. Abschnitt 7.2:);
9. den therapeutischen Doppelbindungen (vgl. Abschnitt 7.4).

[2] Dagegen läßt sich scheinbar einwenden, daß letztere Sicht der Wirklichkeit viel besser angepaßt ist als erstere. Doch dieses oft angerufene Kriterium der Wirklichkeitsanpassung sollte mit großer Vorsicht verwendet werden. Der häufigste Trugschluß liegt hier in der stillschweigenden Annahme, daß es so etwas wie eine absolute, «objektive Realität» gibt, deren sich normale Men-

von diesen Prämissen bestimmt wird. Es ist anzunehmen, daß diese Prämissen aus der riesigen Zahl von Lebenserfahrungen eines Individuums hervorgehen und ihr Entstehen daher praktisch jenseits jeder Exploration liegt. Es kann aber kein Zweifel darüber bestehen, daß man als Mensch nicht nur die Ereignisabläufe in zwischenpersönlichen Beziehungen interpunktiert, sondern daß dieselbe Interpunktion in dem ständig notwendigen Auswertungs- und Ordnungsprozeß der zehntausend Sinneseindrücke am Werk ist, die man in jeder Sekunde von seinem inneren und äußeren Milieu erhält. Um eine in Abschnitt 3.42 gemachte Spekulation zu wiederholen: Wirklichkeit ist für uns vermutlich das, was wir für wirklich halten. Existenzphilosophen sehen die Beziehung zwischen dem Menschen und seiner Wirklichkeit sehr ähnlich; sie sehen ihn in eine undurchsichtige, form- und bedeutungslose Welt geworfen, aus der er selbst seine Situation schafft. Seine spezifische Form des «Inderweltseins» ist daher das Resultat seiner Wahl, ist der Sinn, den *er* einer Welt gibt, die vermutlich jenseits objektiven menschlichen Verstehens ist.

8.41 Begriffe, die denen der Prämissen dritter Ordnung entsprechen, wurden schon seit geraumer Zeit in den Verhaltenswissenschaften definiert. In der Lerntheorie wurden Stufen des Lernprozesses (die der von uns erwähnten Hierarchie des Wissens entsprechen) unabhängig von Hull *et al.* [62] 1940 identifiziert und untersucht, 1942 und erneut 1960 von Bateson [7, 13] und im Jahre 1949 von Harlow [59], um nur die wichtigeren Studien zu erwähnen. Dieser Zweig der Lern-

---

schen besser bewußt sind als Verrückte. Diese Annahme hat eine unbehagliche Ähnlichkeit mit einer Prämisse hinsichtlich der Euklidischen Geometrie. Zwei Jahrtausende lang bestand kein Zweifel daran, daß die Axiome Euklids den Eigenschaften des Raumes voll entsprachen, bis sich schließlich die Einsicht durchsetzte, daß Euklids Geometrie nur eine von vielen möglichen Geometrien ist, die ihrerseits nicht nur voneinander verschieden, sondern sogar unvereinbar sein können. Hierzu bemerken Nagel und Newman:

Der hergebrachte Glaube, daß die Axiome der Geometrie (oder die einer beliebigen anderen Disziplin) auf Grund ihrer anscheinenden Selbstverständlichkeit formuliert werden können, war dadurch radikal untergraben. Außerdem wurde es langsam klar, daß die Aufgabe des reinen Mathematikers darin besteht, Lehrsätze von postulierten Annahmen abzuleiten, und daß es als Mathematiker nicht seine Sorge zu sein braucht, zu prüfen, ob die von ihm angenommenen Axiome tatsächlich wahr sind [106, S. 11].

theorie postuliert, daß zusammen mit dem Erwerb einer Kenntnis oder einer Fähigkeit sich auch eine Fähigkeit herausbildet, die das Lernen selbst zunehmend leichter macht. Mit anderen Worten, man lernt nicht nur *etwas*, sondern *erlernt auch zu lernen.* Wer mehrere Sprachen erlernt hat, kennt nicht nur diese Sprachen, sondern hat dadurch auch die Fähigkeit gewonnen, mit zunehmender Leichtigkeit weitere Sprachen zu lernen. Für dieses Lernen höherer Ordnung prägte Bateson den Begriff *Deutero-Lernen* und definierte ihn wie folgt:

> In einer halb gestaltorientierten oder halb anthropomorphen Lesart können wir sagen, daß die Versuchsperson sich gegenüber bestimmten Arten von Kontexten zu orientieren lernt oder «Einsicht» in die Kontexte des Problemlösens gewinnt... Wir können sagen, daß die Versuchsperson die Gewohnheit angenommen hat, nach ganz bestimmten Kontexten oder Abläufen zu suchen, die Gewohnheit, den Strom der Ereignisse zu «interpunktieren» und damit Wiederholungen von gewissen sinnvollen Abläufen zu erzielen [7, S. 88].

Ein ähnlicher Begriff liegt Kellys monumentaler *Psychology of Personal Constructs* [81] zugrunde, obwohl Kelly die Frage einer hierarchischen Ordnung nicht in Betracht zieht und seine Theorie fast ausschließlich in Begriffen intrapsychischer, nicht zwischenpersönlicher Psychologie darlegt. Miller, Galanter und Pribram stellen in ihrem Buch *Plans and the Structure of Behavior* [102] die These auf, daß zielstrebiges Verhalten von einem Plan geleitet ist, wie ein Elektronenrechner von einem Programm. Dieser Begriff des Plans ist überaus fruchtbar, und es kann ohne Übertreibung gesagt werden, daß das Buch einer der wichtigsten neueren Beiträge zum Verständnis von Verhalten darstellt. Im Zusammenhang damit ist eines [165] der unter Leitung von Professor Bavelas an der Stanford-Universität durchgeführten sogenannten *non-contingent-reward*-Experimente zu erwähnen, d.h., Experimente, in denen kein Zusammenhang zwischen der Leistung der Versuchsperson und den vom Versuchsleiter gegebenen Verstärkungen besteht. Die Versuchsperson sitzt vor einem Schaltbrett mit fünfzehn kreisförmig angeordneten Klingelknöpfen. Sie hat diese Knöpfe in einer ganz bestimmten Reihenfolge zu drücken, und es ist ihre Aufgabe, diese Reihenfolge rein empirisch, also durch Versuch und Irrtum, herauszufinden. Erfolg wird ihr durch einen Summerton angezeigt. So weit die Instruktionen. Tatsächlich aber ist das Schaltbrett nur eine Attrappe, und das Summersignal wird ganz unabhängig von den Handlungen der Versuchsperson gegeben, und zwar mit langsam zunehmender Häufigkeit. Dabei zeigt sich, daß unter diesen Umständen jede Versuchsperson sehr rasch Ansichten über die Situation bildet, die unserem Begriff der Prämissen dritter Ordnung gleichkommen, und daß sie dieselben nur höchst zögernd aufgibt, wenn es ihr zum Schluß des Experiments bewiesen wird, daß die Reihenfolge des Drückens der Tasten keinerlei Einfluß auf das Ertönen des Summers hatte. In gewisser Weise ist das Experiment also ein Miniaturmodell des Universums, in dem wir alle, jeder für sich, unsere Prämissen dritter Ordnung, unser «Inderweltsein» entwickelt haben.

8.5 *Sinn und Nichts*

Wenn man nun die Fähigkeit des Menschen, Änderungen zu ertragen, auf der zweiten und der dritten Stufe vergleicht, so ergibt sich ein erstaunlicher Unterschied. Wir Menschen besitzen eine fast unglaubliche Fähigkeit, uns Änderungen auf der zweiten Stufe anzupassen, wie wohl jeder zugeben wird, der je beobachten konnte, wieviel ein Mensch unter den schwierigsten Umständen zu ertragen imstande ist. Es scheint jedoch, daß dies nur so lange möglich ist, als unsere Prämissen dritter Ordnung gültig bleiben[3].

Nietzsche muß das gemeint haben, als er sagte, daß, wer ein Warum zum Leben hat, fast jedes Wie erträgt. Umgekehrt aber zeigt der Mensch eine ganz erstaunliche Unfähigkeit, mit den Widersprüchlichkeiten fertig zu werden, die seine Prämissen dritter Ordnung bedrohen. Er kann, psychologisch gesehen, nicht in einer Welt überleben, die für ihn

3 Dieser Unterschied kommt z. B. in Briefen von Gefangenen zum Ausdruck, die von den Nazis für politische Vergehen verschiedener Art zum Tode verurteilt worden waren [vgl. z. B. 53]. Diejenigen, die der Überzeugung waren, daß ihre Handlungen zur Vernichtung des Regimes beigetragen hatten, waren oft in der Lage, dem Tod mit einer gewissen Gelassenheit entgegenzusehen. Die wirklich tragischen, verzweifelten Aufschreie dagegen kamen von Menschen, die für so unbedeutende Vergehen wie Abhören ausländischer Sender oder eine feindselige Bemerkung über Hitler zum Tode verurteilt worden waren. Sie sahen darin offensichtlich die Verletzung einer wichtigen Prämisse dritter Ordnung: daß Sterben sinnvoll und nicht trivial sein soll.

sinnlos ist. Wie wir bereits sahen, haben Doppelbindungen diese unheilvolle Wirkung; dasselbe Ergebnis kann sich aber auch durch Umstände und Entwicklungen ergeben, die jenseits menschlicher Macht oder Absicht liegen. Existentielle Schriftsteller, von Dostojewski bis Camus, haben dieses Thema ausführlich behandelt, das mindestens so alt ist wie das Buch Hiob. Kirillov z. B., eine der Gestalten in Dostojewskis *Dämonen,* ist zu der Auffassung gekommen, daß Gott nicht existiert, und sieht daher keinen Grund, weiterzuleben:

> «... Höre», sagte Kirillov, blieb stehen und starrte mit unbeweglichem, verzücktem Blick vor sich hin; «höre einen großen Gedanken: es gab auf Erden einen Tag, und in der Mitte der Erde standen drei Kreuze. Einer der ans Kreuz Geschlagenen glaubte so fest, daß er zum andern sagte: ‚heute noch wirst du mit mir im Paradiese sein'. Der Tag ging zu Ende, beide starben, und dann fanden sie weder das Paradies noch eine Auferstehung. Es bewahrheitete sich nicht, was jener prophezeit hatte. So höre denn: dieser Mensch war der höchste auf der ganzen Erde, er stellte das dar, wozu sie lebt. Der ganze Planet, mit allem, was darauf ist, ist ohne diesen Menschen ein einziger Wahnsinn. Weder vor noch nach ihm hat es einen gegeben, der ihm gleich gewesen wäre; niemals, es ist geradezu ein Wunder. Darin besteht eben das Wunder, daß es niemals einen gleichen gegeben hat noch geben wird. Wenn dem aber so ist, wenn die Gesetze der Natur auch *Diesen,* auch ihr eigenes Wunderwerk nicht verschont haben, wenn sie vielmehr auch ihn zwangen, inmitten der Lüge zu leben und einer Lüge wegen zu sterben, so muß der ganze Planet eine Lüge sein und auf Lüge und auf dummen Spott und Hohn beruhen. Somit sind die Gesetze selbst, denen der Planet untersteht, nichts als Lüge und ein teuflischer Vaudeville. Wofür also leben? Antworte mir, wenn du ein Mensch bist.»

Und Dostojewski läßt Kirillovs Gesprächspartner die überraschende Antwort geben:

> «So bekommt die Sache ein ganz anderes Aussehen. Mir scheint, Sie haben da zwei verschiedene Ursachen miteinander vermischt; das ergibt aber ein sehr unverläßliches Resultat... [35, S. 901 f.].

Wenn immer dieses Thema zur Sprache kommt, ist unserer Ansicht nach die Frage nach dem *Sinn* gestellt, und «Sinn» ist hier nicht in seiner semantischen, sondern seiner existentiellen Bedeutung zu verstehen. Die Abwesenheit von Sinn ist der Schrecken des existentiellen Nichts. Es ist jener subjektive Zustand, in dem die Wirklichkeit zurückzuweichen oder sich ganz aufzulösen scheint. Für Gabriel Marcel ist «das Leben ein Kampf gegen das Nichts».

In dieser Hinsicht unterscheidet sich die Stellung des Menschen gegenüber seinem rätselhaften existentiellen Partner nicht wesentlich von jener, die Pawlows Hund dem Versuchsleiter gegenüber hat. Der

Hund erlernt sehr rasch den Sinn des Kreises und der Ellipse, und seine Welt bricht zusammen, wenn der Versuchsleiter diesen Sinn plötzlich zerstört. Wenn wir unsere eigenen Erlebnisse in vergleichbaren Situationen prüfen, zeigt sich, daß wir dazu neigen, das Tun eines geheimen Versuchsleiter hinter den Wechselfällen unseres Lebens zu vermuten. Der Verlust oder das Fehlen eines Lebenssinns ist vielleicht der allgemeinste Nenner aller Formen von Gemütsstörungen; Schmerz, Krankheit, Verlust, Mißerfolg, Verzweiflung, Enttäuschung, Todesfurcht oder bloße Langweile – sie alle führen zu der Überzeugung, daß das Leben sinnlos ist. Existentielle Verzweiflung ist der schmerzhafte Zwiespalt zwischen dem, was *ist*, und dem, was *sein* sollte, d. h., zwischen unseren Wahrnehmungen und unseren Prämissen dritter Ordnung.

8.6 Änderung von Prämissen dritter Ordnung

Es besteht kein Grund, nur drei Stufen der menschlichen Wirklichkeitswahrnehmung zu postulieren. Zumindest theoretisch folgt Stufe auf Stufe in unendlicher Ordnung. Änderungen von Prämissen dritter Ordnung – unserer Ansicht nach das wesentliche Anliegen der Psychotherapie – können nur von der vierten Stufe aus erfolgen. Wir bezweifeln aber, daß der menschliche Geist Abstraktionen höherer Ordnung ohne Hilfe von mathematischer Symbolik oder von Elektronenrechnern erfassen kann. Es scheint bedeutsam, daß nur kurze Augenblicke der Erkenntnis auf der vierten Stufe möglich sind und diese nur sehr schwer, wenn überhaupt, in Worte gekleidet werden können. Der Leser dürfte sich daran erinnern, wie schwer es bereits war, den Sinn des Satzes «Die Klasse aller Klassen, die sich nicht selbst als Element enthalten» (vgl. Abschnitt 6.2) zu erfassen, dessen Komplexität aber nur der einer Prämisse dritter Ordnung entspricht. In ähnlicher Weise ist es noch möglich, der Bedeutung von «So sehe ich, daß du dich von mir gesehen siehst» gedanklich zu folgen (vgl. Abschnitt 3.34), während die nächste (vierte) Stufe («So sehe ich, daß du siehst, daß ich mich von dir gesehen sehe») gedanklich bereits kaum faßbar ist – womit keineswegs gesagt sein soll, daß unsere Beziehungen nicht davon beeinflußt werden.

Um diesen wichtigen Punkt nochmals zu wiederholen: Kommunikationen oder sogar Denken über Prämissen dritter Ordnung sind nur von der vierten Stufe aus möglich, so wie in der Theorie der Sprachstufen Aussagen über eine Sprache nur von der nächsthöheren Stufe, also in der Metasprache, gemacht werden können. Die vierte Stufe aber liegt anscheinend bereits sehr nahe an den Grenzen menschlichen Erfassens, und Bewußtsein auf dieser Stufe besteht selten, wenn überhaupt. Dies scheint uns der Bereich der Intuition und der Empathie zu sein, des «Aha»-Erlebnisses und vielleicht der unmittelbaren Wahrnehmungen, die gewisse Durchbruchserlebnisse vermitteln; und es ist sicherlich die Stufe, von der therapeutischer Wandel ausgeht, ein Wandel, von dem man später nicht sagen kann, wie und warum er zustande kam und worin er eigentlich besteht. Denn die Psychotherapie beschäftigt sich mit Prämissen dritter Ordnung und der Herbeiführung von Änderungen auf jener Stufe. Doch jede Änderung dieser Prämissen, jedes Gewahrwerden der Strukturen des eigenen Verhaltens und des Verhaltens der Umwelt ist nur von der Warte der nächsthöheren, der vierten Stufe, möglich. Nur von dort aus wird die Erkenntnis möglich, daß die Wirklichkeit nicht ein objektives, unabänderliches «Außen» ist, mit einer wohlwollenden oder unheilvollen Bedeutung für unser Überleben, sondern daß die Wirklichkeit praktisch gleichbedeutend ist mit unserem subjektiven Erleben der Existenz, daß Wirklichkeit die Struktur ist, die wir der Welt auferlegen.

8.61 Hierarchien der von uns besprochenen Art sind bisher am ausführlichsten in einem Zweig der Mathematikt untersucht worden, mit dem unsere Überlegungen eng verwandt sind, wenngleich freilich die Ableitungen der Mathematiker von ungleich strengerer Folgerichtigkeit sind, als wir je zu erreichen hoffen können. Dieser Zweig ist die Beweistheorie oder Metamathematik. Wie schon in Abschnitt 1.5 erwähnt, handelt dieses Gebiet der Mathematik von sich selbst, d. h. von den Gesetzen, die der Mathematik innewohnen, und von der Frage, ob diese widerspruchsfrei sind oder nicht. Es ist daher nicht überraschend, daß Metamathematiker die paradoxen Folgerungen von Selbstrückbezüglichkeit schon erkannt und untersucht hatten, bevor die moderne Kommunikationsforschung überhaupt zu existieren begann. Im Prinzip geht die Arbeit auf diesem mathematischen Gebiet auf Schröder

(1895), Löwenheim (1915) und besonders Hilbert (1918) zurück. Die Beweistheorie oder Metamathematik war damals das höchst abstrakte Anliegen einer kleinen, aber brillanten Gruppe von Fachleuten, die sozusagen außerhalb der Hauptströmung mathematischer Forschung standen. Zwei Ereignisse machten schließlich die Beweislehre zu einem der Mittelpunkte mathematischen Interesses. Das eine war die Veröffentlichung von Gödels epochaler Arbeit über formal unentscheidbare Sätze [52] – eine Arbeit, die von der Fakultät der Harvard-Universität als der bedeutsamste Fortschritt auf dem Gebiet der mathematischen Logik in einem Vierteljahrhundert bezeichnet wurde. Das andere ist die fast explosive Entwicklung der Elektronengehirne seit dem Ende des Zweiten Weltkriegs. Diese Maschinen durchliefen einen sehr raschen Werdegang von starr programmierten Automaten zu höchst vielseitigen künstlichen Organismen, die grundlegende beweistheoretische Probleme aufzuwerfen begannen, als ihre Komplexität einen Grad erreicht hatte, der es ermöglichte, diese Maschinen selbst von verschiedenen Rechenverfahren das beste wählen zu lassen. Damit erhob sich die Frage, ob Maschinen gebaut werden können, die nicht nur ein Programm ausführen, sondern gleichzeitig auch imstande sind, Änderungen in ihrem Programm vorzunehmen – also ihre eigenen Prämissen zu ändern.

In der Beweislehre bezieht sich der Begriff *Entscheidungsverfahren* auf die Methoden der Beweisfindung für die Wahrheit oder Falschheit eines Satzes – oder einer Klasse von Sätzen – innerhalb eines gegebenen formalen Systems. Der damit zusammenhängende Begriff *Entscheidungsproblem* bezieht sich auf die Frage, ob in einem gegebenen Fall ein Verfahren der eben beschriebenen Art besteht oder nicht. Ein Entscheidungsproblem hat daher eine positive Lösung, wenn ein Entscheidungsverfahren dafür gefunden werden kann, während eine negative Lösung in dem Nachweis besteht, daß kein Entscheidungsverfahren existiert. Entscheidungsprobleme sind deshalb entweder lösbar oder unlösbar.

Nun gibt es aber noch eine dritte Möglichkeit. Endgültige (positive oder negative) Lösungen eines Entscheidungsproblems sind nur dann möglich, wenn das betreffende Problem *innerhalb der Domäne* (dem Bereich der Anwendbarkeit) des betreffenden Entscheidungsverfahrens liegt. Wenn das Verfahren dagegen auf ein Problem außerhalb seiner Domäne angewendet wird, muß die Berechnung endlos weitergehen, ohne jemals den Beweis zu liefern, daß *keine* Lösung möglich ist[4]. An dieser Stelle begegnen wir also wiederum dem Begriff der *Unentscheidbarkeit.*

8.62 Dies ist der Kernbegriff von Gödels oben erwähnter Arbeit über formal unentscheidbare Sätze. Das von ihm für die Ableitung seines Theorems gewählte System sind die *Principia Mathematica* [159], das monumentale Werk von Whitehead und Russell, das die Grundlagen der Mathematik erforscht. Gödel konnte nachweisen, daß in diesem oder einem äquivalenten System ein Satz, *G*, geformt werden kann, der sich erstens aus den Prämissen und Axiomen des Systems folgerichtig ableiten läßt, aber zweitens von sich aussagt, daß er unbeweisbar ist. Wenn aber sowohl Beweisbarkeit als auch Unbeweisbarkeit aus dem System abgeleitet werden können und die Axiome des Systems selbst widerspruchsfrei sind (was ein Teil von Gödels Nachweis ist), so ist *G* innerhalb des Systems *unentscheidbar* – genau wie die paradoxe Voraussage in Abschnitt 6.441 innerhalb ihres «Systems» (d. h. der Ankündigung des Schuldirektors und des Kontextes, in dem sie gemacht wird) unentscheidbar ist[5]. Die Folgerungen aus Gödels Beweis gehen weit über das Gebiet der mathematischen Logik hinaus; es ist damit vielmehr ein für allemal bewiesen, daß jedes beliebige formale System (Mathematik, Logik usw.) notwendigerweise im oben erwähnten Sinne unvollständig sein muß und daß überdies die Widerspruchsfreiheit eines solchen Systems nur unter Zuhilfenahme von Verfahren bewiesen werden kann, die allgemeiner als jene sind, die das System selbst hervorzubringen vermag.

---

4 Dies ist das sogenannte *Halteproblem (halting problem)* in Entscheidungsverfahren; es bietet eine eindrucksvolle Analogie zu unserem Begriff des Spiels ohne Ende in menschlicher Kommunikation.

5 Der an dieser Materie interessierte Leser sei auf die ausgezeichnete nichtmathematische Darstellung des Gödelschen Lehrsatzes von Nagel und Newman [106] verwiesen. Soweit uns bekannt ist, wurde die Ähnlichkeit zwischen Gödels Theorem und den paradoxen Voraussagen zum erstenmal von Nerlich [108] festgestellt, und wir glauben, daß diese Paradoxie die eleganteste nichtmathematische Analogie zum Theorem ist und selbst Findlays nichtnumerischer Darstellung [42] vorgezogen werden kann.

8.63 Wenn wir etwas länger bei Gödels Arbeit verweilten, so deshalb, weil wir in ihr die mathematische Analogie dessen sehen, was wir die Paradoxie der menschlichen Existenz nennen möchten. Der Mensch ist schließlich Subjekt und Objekt seiner Suche. Während die Frage, ob er im Sinne des vorhergehenden Abschnitts als ein formales System betrachtet werden kann, vermutlich nicht beantwortbar ist, ist seine Suche nach einem Lebenssinn der Versuch einer Formalisierung. In diesem Sinn, glauben wir, sind gewisse Ergebnisse der Beweistheorie (besonders auf dem Gebiet der Selbstrückbezüglichkeit und der Unentscheidbarkeit) für die Paradoxie der menschlichen Existenz gültig. Dies ist aber keineswegs unsere Entdeckung; vielmehr hat Wittgenstein bereits dreizehn Jahre, bevor Gödel sein brillantes Theorem vorlegte, diese Paradoxie in philosophischen Begriffen definiert, nämlich in seinen *Logisch-philosophischen Abhandlungen* [163] [6]. Wohl nirgends wurde die Paradoxie der Existenz klarer aufgezeigt, und nirgends dürfte dem *Mystischen* eine würdigere Stellung als der diese Paradoxie transzendierende Schritt zuerkannt worden sein.

Wittgenstein zeigt, daß wir nur dann etwas über die Welt in ihrer Gesamtheit wissen könnten, wenn es uns möglich wäre, aus ihr hinauszutreten; wäre dies aber möglich, so wäre diese Welt nicht mehr die *ganze* Welt. Unsere Logik weiß aber nichts vom «Draußen»:

> Die Logik erfüllt die Welt; die Grenzen der Welt sind auch ihre Grenzen.
>
> Wir können also in der Logik nicht sagen: Das und das gibt es in der Welt, jenes nicht.
>
> Das würde nämlich scheinbar voraussetzen, daß wir gewisse Möglichkeiten ausschließen, und dies kann nicht der Fall sein, da sonst die Logik über die Grenzen der Welt hinaus müßte; wenn sie nämlich diese Grenzen auch von der anderen Seite betrachten könnte.
>
> Was wir nicht denken können, das können wir nicht denken; wir können also nicht *sagen,* was wir nicht denken können [163, S. 148 ff.].

Die Welt ist also zugleich begrenzt und unbegrenzt; sie ist unbegrenzt, eben weil es nichts draußen gibt, das zusammen mit dem Innen

---

[6] Aus einer späteren Arbeit Wittgensteins stammen folgende, für unsere Studie unmittelbar bedeutsame Gedanken über Gödels Theorem:

Man kann mit Recht fragen, welche Wichtigkeit Gödels Arbeit habe. Denn ein Stück Mathematik kann Probleme von der Art, die *uns* beunruhigen, nicht lösen. – Die Antwort ist: daß die *Situation* uns interessiert, in die ein solcher Beweis uns bringt. ‚Was sollen wir nun sagen?' – das ist unser Thema [164, S. 177].

eine Grenze bilden könnte. Wenn dem aber so ist, so folgt «die Welt und das Leben sind Eins. Ich bin meine Welt» (S. 150). Subjekt und Welt sind dann nicht länger Entitäten, deren Beziehungsfunktion in der einen oder anderen Form durch das Hilfszeitwort *haben* bedingt ist (daß das eine das andere hat, es enthält oder beinhaltet ist), sondern durch das existentielle *sein:* «Das Subjekt gehört nicht zur Welt, sondern es ist eine Grenze der Welt» (S. 150).

Innerhalb dieses Rahmens können sinnvolle Fragen gestellt und beantwortet werden: «Wenn sich eine Frage überhaupt stellen läßt, so *kann* sie auch beantwortet werden» (S. 186). Doch «die Lösung des Rätsels des Lebens in Raum und Zeit liegt *außerhalb* von Raum und Zeit» (S. 184). Denn wie nun hinreichend klar sein sollte, kann nichts *innerhalb* eines Rahmens etwas *über* den Rahmen aussagen oder auch nur fragen. Die Lösung liegt also nicht im Finden einer Antwort auf das Rätsel der Existenz, sondern in der Erkenntnis, daß es das Rätsel nicht gibt. Das ist das Wesen der einzigartigen, fast Zen-buddhistischen Schlußsätze der *Abhandlung:*

> Zu einer Antwort, die man nicht aussprechen kann, kann man auch die Frage nicht aussprechen.
>
> *Das Rätsel* gibt es nicht...
>
> Wir fühlen, daß, selbst wenn *alle möglichen* wissenschaftlichen Fragen beantwortet sind, unsere Lebensprobleme noch gar nicht berührt sind. Freilich bleibt dann eben keine Frage mehr; und eben dies ist die Antwort.
>
> Die Lösung des Problems des Lebens merkt man am Verschwinden dieses Problems.
>
> (Ist das nicht der Grund, warum Menschen, denen der Sinn des Lebens nach langen Zweifeln klar wurde, warum diese dann nicht sagen konnten, worin dieser Sinn bestand?)
>
> Es gibt allerdings Unaussprechliches. Dies *zeigt* sich, es ist das Mystische...
>
> Wovon man nicht sprechen kann, darüber muß man schweigen (S. 186 ff.).

BIBLIOGRAPHIE

1. Albee, Edward: *Wer hat Angst vor Virginia Woolf?* Fischer Bücherei, Frankfurt a. M., 1963.
2. Artiss, Kenneth L. (Herausgeber): *The Symptom as Communication in Schizophrenia.* Grune & Stratton, New York, 1959.
3. Asch, Solomon E.: «Studies of Independence and Submission to Group Pressures», *Psychological Monographs* 70, Nr. 416.
4. Ashby, W. Ross: *Design for a Brain.* John Wiley & Sons, New York, 1954.
5. Ashby, W. Ross: *An Introduction to Cybernetics.* Chapman & Hall, Ltd., London, 1956.
6. Bateson, Gregory: «Culture Contact and Schismogenesis», *Man 35,* 178 (1935).
7. Bateson, Gregory: «Social Planning and the Concept of ‚Deutero-Learning' in Relation to the Democratic Way of Life», *Science, Philosophy and Religion,* Zweites Symposium. Harper & Bros., New York, 1942, S. 81–97.
8. Bateson, Gregory: «A Theory of Play and Phantasy», *Psychiatric Research Reports 2,* 39 (1955).
9. Bateson, Gregory: «The Message ‚This is Play'», In *Transactions of the Second Conference on Group Processes.* Josiah Macy Jr. Foundation, New York, 1956, S. 145–242.
10. Bateson, Gregory: *Naven,* 2. Ausgabe. Stanford University Press, 1958.
11. Bateson, Gregory: «The New Conceptual Frames for Behavioral Research». Proceedings of the Sixth Annual Psychiatric Institute, Princeton, The New Jersey Neuro-Psychiatric Institute, 1958, S. 54–71.
12. Bateson, Gregory: «The Group Dynamics of Schizophrenia», in Lawrence Appleby, Jordan M. Scher und John Cumming (Herausgeber), *Chronic Schizophrenia. Exploration in Theory and Treatment.* The Free Press, Glencoe, Ill., 1960, S. 90–105.
13. Bateson, Gregory: «Minimal Requirements for a Theory of Schizophrenia», *Archives of General Psychiatry 2,* 477 (1960).
14. Bateson, Gregory: «The Biosocial Integration of the Schizophrenic Family», in Nathan W. Ackerman, Frances L. Beatman und Sanford N. Sherman (Herausgeber), *Exploring the Base for Family Therapy.* Family Service Association, New York, 1961, S. 116–22.
15. Bateson, Gregory (Herausgeber): *Perceval's Narrative, A Patient's Account of his Psychosis, 1830–1832.* Stanford University Press, 1961.
16. Bateson, Gregory: «Exchange of Information about Patterns of Human Behavior», Referat anläßlich des Symposium on Information Storage and Neural Control, Houston, 1962 (unveröffentlicht).
17. Bateson, Gregory, persönliche Mitteilung.
18. Bateson, Gregory, Don D. Jackson, Jay Haley und John Weakland: «Toward a Theory of Schizophrenia». *Behavioral Science 1,* 251 (1956).
19. Bateson, Gregory, und Don D. Jackson: «Some Varieties of Pathogenic

Organization», in David McK. Rioch (Herausgeber), *Disorders of Communication.* Band 42, Research Publications. Association for Research in Nervous and Mental Disease, 1964, S. 270–83.
20. Bavelas, Alex, persönliche Mitteilung.
21. Berdjajev, Nikolas: *Die Weltanschauung Dostojewskijs.* C. H. Becksche Verlagsbuchhandlung, München, 1925. Aus dem Russischen übertragen von Wolfgang E. Groeger.
22. Berne, Eric: *Transactional Analysis in Psychotherapy.* Grove Press, New York, 1961.
23. Berne, Eric: *Games People Play.* Grove Press, New York, 1964.
Berne, Eric: *Spiele der Erwachsenen.* Rowohlt Verlag, Hamburg, 1967.
24. Bertalanffy, Ludwig von: «An Outline of General System Theory», *British Journal of the Philosophy of Science* 1, 134 (1950).
25. Bertalanffy, Ludwig von: «General System Theory», *General Systems Yearbook 1,* 1 (1956).
26. Bertalanffy, Ludwig von: «General System Theory – A Critical Review», *General Systems Yearbook* 7, 1 (1962).
27. Bolzano, Bernard: *Paradoxien des Unendlichen.* 2. Ausgabe, herausgegeben von Fr. Přihonsky. Mayer und Müller, Berlin, 1889.
28. Boole, George: *Mathematical Analysis of Logic, Being an Essay towards a Calculus of Deductive Reasoning.* Macmillan, Barclay & Macmillan, Cambridge, 1847.
29. Buber, Martin: «Distance and Relations», *Psychiatry 20,* 97 (1957).
30. Carnap, Rudolph: *Introduction to Semantics.* Harvard University Press, Cambridge, 1942.
31. Carroll, Lewis: *Alice im Wunderland* und *Alice hinter den Spiegeln,* übersetzt und herausgegeben von Christian Enzensberger. Insel Verlag, Frankfurt a. M., 1963.
32. Cherry, Colin: *Kommunikationsforschung – eine neue Wissenschaft.* 2. erweiterte Auflage, aus dem Englischen übersetzt von Dr.-Ing. Peter Müller, herausgegeben von Pierre Bertaux und Ilse Grubrich. S. Fischer Verlag, Frankfurt a. M., 1967.
33. Cumming, John: «*Communication: An Approach to Chronic Schizophrenia*», in Lawrence Appleby, Jordan M. Scher und John Cumming (Herausgeber), *Chronic Schizophrenia. Exploration in Theory and Treatment.* The Free Press, Glencoe Ill., 1960, S. 106–19.
34. Davis, R. C.: «The Domain of Homeostasis». *Psychological Review 65,* 8 (1958).
35. Dostojewskij, Fedor M.: *Die Dämonen.* Artemis-Verlag, Zürich, 1948.
36. Dostojewskij, Fedor M.: *Aus dem Dunkel der Großstadt.* R. Piper & Co. Verlag, Leipzig (ohne Jahresangabe).
37. Dunlap, Knight: «A Revision of the Fundamental Law of Habit Formation». *Science 67,* 360 (1928).
38. Dunlap, Knight: «Repetition in the Breaking of Habits». *Scientific Monthly 30,* 66 (1930).
39. Durrell, Lawrence: *Clea.* E. P. Dutton & Co., New York, 1960.
40. Ferreira, Antonio J.: «Familiy Myth and Homeostasis», *Archives of General Psychiatry* 9, 457 (1963).

41. Ferreira, Antonio J.: «Psychosis and Family Myth». *American Journal of Psychotherapy 21,* 186 (1967).
42. Findlay, J.: «Goedelian Sentences: a Non-numerical Approach». *Mind 51,* 259 (1942).
43. Frank, Lawrence K.: «The Prospects of Genetic Psychology», *American Journal of Orthopsychiatry 21,* 506 (1951).
44. Frankl, Victor E.: *Ärztliche Seelsorge. Grundlagen der Logotherapie und Existenzanalyse.* Deuticke, Wien, 1966.
45. Frankl, Victor E.: «Paradoxical Intention». *American Journal of Psychotherapy 14,* 520 (1960).
46. Frege, Gottlob: *Grundgesetze der Arithmetik.* Band 1. Verlag Hermann Pohle, Jena, 1893.
47. Freud, Sigmund: *Neue Folge der Vorlesungen zur Einführung in die Psychoanalyse.* Internationaler Psychoanalytischer Verlag, Wien, 1933.
48. Fromm-Reichmann, Frieda: «A Preliminary Note on the Emotional Significance of Stereotypies in Schizophrenics». *Bulletin of the Forest Sanitarium 1,* 17 (1942).
49. Fry, William F.: «The Marital Context of the Anxiety Syndrome». *Family Process 1,* 245 (1962).
50. Gardner, Martin: «A New Paradox and Variations on it, about a Man Condemned to be Hanged», in «Mathematical Games». *Scientific American 208,* 144 (1963).
51. George, F. H.: *The Brain as a Computer.* Bergamon Press, Oxford, 1962.
52. Gödel, Kurt: «Über formal unentscheidbare Sätze der Principia Mathematica und verwandter Systeme I». *Monatshefte für Mathematik und Physik 38,* 173 (1931).
53. Gollwitzer, Helmut, Käthe Kuhn und Reinhold Schneider: *Du hast mich heimgesucht bei Nacht. Abschiedsbriefe und Aufzeichnungen des Widerstands 1933–1945.* Chr. Kaiser Verlag, München, 1954.
54. Greenburg, Dan: *How to be a Jewish Mother. Price/Stern/Sloan,* Los Angeles, 1964.
55. Haley, Jay: «Family Experiments: A New Type of Experimentation», *Family Process 1,* 265 (1962).
56. Haley, Jay: *Strategies of Psychotherapy.* Grune & Stratton, New York, 1963.
57. Haley, Jay: «Research on Family Patterns: An Instrument Measurement». *Family Process 3,* 41 (1964).
58. Hall, A. D., und Fagen, R. E.: «Definition of System». *General Systems Yearbook 1,* 18 (1956).
59. Harlow, H. F.: «The Formation of Learning Sets». *Psychological Review 56,* 51 (1949).
60. Hilbert, David, und Paul Bernays: *Grundlagen der Mathematik.* 2 Bände. J. Springer-Verlag, Berlin, 1934–1939.
61. Hora, Thomas: «Tao, Zen and Existential Psychotherapy». *Psychologia 2,* 236 (1959).
62. Hull, C. L., C. L. Hovland, R. T. Ross et al.: *Mathematico-Deductive Theory of Rote Learning: A Study in Scientific Methodology.* Yale University Press, New Haven, 1940.

63. Jackson, Don D.: «Some Factors Influencing the Oedipus Complex». *Psychoanalytic Quarterly 23,* 566 (1954).
64. Jackson, Don D.: «A Note on the Importance of Trauma on the Genesis of Schizophrenia». *Psychiatry 20,* 181 (1957).
65. Jackson, Don D.: «The Question of Family Homeostasis». *Psychiatric Quarterly 31,* 79, Teil 1 (1957). Supplementum.
66. Jackson, Don D.: «Family Interaction, Family Homeostasis, and Some Implications for Conjoint Family Therapy», in Jules Massermann (Herausgeber). *Individual and Family Dynamics.* Grune & Stratton, New York, 1959, S. 122–41.
67. Jackson, Don D.: «Interactional Psychotherapy», in Morris I. Stein (Herausgeber). *Contemporary Psychotherapies.* The Free Press, Glencoe, Ill., 1962, S. 256–71.
68. Jackson, Don D.: «A Suggestion for the Technical Handling of Paranoid Patients». *Psychiatry 26,* 306 (1963).
69. Jackson, Don D.: «Family Rules: The Marital *Quid pro Quo*», *Archives of General Psychiatry 12,* 589 (1965).
70. Jackson, Don D.: «The Study of the Family». *Family Process 4,* 1 (1965).
71. Jackson, Don D., und John H. Weakland: «Conjoint Family Therapy. Some Considerations on Theory, Technique and Results». *Psychiatry 24,* 30, Supplementum zu Nr. 2 (1961).
72. Jackson, Don D., und Jay Haley: «Transference Revisited». *Journal of Nervous and Mental Disease 137,* 363 (1963).
73. Jackson, Don D., und Paul Watzlawick: «The Acute Psychosis as a Manifestation of Growth Experience». *Psychiatric Research Reports 16,* 83 (1963).
74. Jackson, Don D., und Irvin Yalom: «Conjoint Family Therapy as an Aid to Intensive Psychotherapy», in Arthur Burton (Herausgeber). *Modern Psychotherapeutic Practice. Innovations in Technique.* Science and Behavior Books, Palo Alto, 1965, S. 81–97.
75. Jaspers, Karl: *Allgemeine Psychopathologie.* 4. Auflage. Springer-Verlag, Berlin und Heidelberg, 1946.
76. Joad, C. E. M.: *Why War?* Penguin Special, Harmondsworth, 1939.
77. Johnson, Adelaide M., Mary E. Giffin, E. Jane Watson und Peter G. S. Beckett: «Studies in Schizophrenia at the Mayo Clinic. II. Observations on Ego Functions in Schizophrenia». *Psychiatry 19,* 143 (1956).
78. Jones, Ernest: *Das Leben und Werk von Sigmund Freud.* Übersetzt von Gertrud Meili-Dworetzki unter Mitarbeit von Katherine Jones. Verlag Hans Huber, Bern und Stuttgart, 1962.
79. Jung, Carl Gustav: «Die transzendente Funktion», in *Geist und Werk,* zum 75. Geburtstag von Dr. Daniel Brody. Rhein-Verlag, Zürich, 1958.
80. Kant, O.: «The Problem of Psychogenic Precipitation in Schizophrenia». *Psychiatric Quarterly 16,* 341 (1942).
81. Kelly, George A.: *The Psychology of Personal Constructs.* 2 Bände. W. W. Norton, New York, 1955.
82. Koestler, Arthur: *Sonnenfinsternis.* Atlantis-Verlag, Zürich, 1946.
83. Koestler, Arthur: *Ein Mann springt in die Tiefe.* Artemis-Verlag, Zürich, 1945.

84. Koestler, Arthur: *Die Geheimschrift. Bericht eines Lebens, 1932 bis 1940.* Ins Deutsche übertragen von Franziska Becker. Verlag Kurt Desch, Wien, München, Basel. 1954.
85. Koestler, Arthur: *Der göttliche Funke. Der schöpferische Akt in Kunst und Wissenschaft.* Ins Deutsche übertragen von Agnes von Cranach und Willy Thaler. Scherz Verlag, Bern und München, 1966.
86. Laing, Ronald D.: *The Self and Others. Further Studies in Sanity and Madness.* Tavistock Publications, London, 1961.
87. Laing, Ronald D.: «Mystification, Confusion, and Conflict», in I. Boszormenyi-Nagy und J. L. Framo (Herausgeber). *Intensive Family Therapy: Theoretical and Practical Aspects, with Special Reference to Schizophrenia.* Harper & Row, New York, 1965, S. 343–63.
88. Laing, Ronald D., und Aaron Esterson: *Sanity, Madness, and the Family. Volume I, Families of Schizophrenics.* Tavistock Publications, London, 1964.
89. Laing, Ronald D., H. Phillipson und A. Russell Lee: *Interpersonal Perception.* Tavistock Publications, London, 1966.
90. Langer, Susanne K.: *Philosophie auf neuem Wege. Das Symbol im Denken, im Ritus und in der Kunst.* Übersetzt von Ada Löwith. S. Fischer Verlag, Frankfurt a. M., 1965.
91. Lasègue, Ch., und J. Falret: «La folie à deux, ou folie communiquée». *Annales Médico-Psychologiques.* Band 18, November 1877.
92. Lennard, Henry L., und Arnold Bernstein, in Zusammenarbeit mit Helen C. Hendin und Erdman B. Palmore: *The Anatomy of Psychotherapy.* Columbia University Press, New York, 1960.
93. Lidz, Theodore, A. R. Cornelison, S. Fleck und D. Terry: «The Intrafamilial Environment of Schizophrenic Patients. II. Marital Schism and Marital Skew». *American Journal of Psychiatry 114,* 241 (1957).
94. Loch, W.: «Anmerkungen zur Pathogenese und Metapsychologie einer schizophrenen Psychose». *Psyche 15,* 684 (1961).
95. Lorenz, Konrad Z.: *Er redete mit dem Vieh, den Vögeln und den Fischen.* Verlag Borotha-Schroeder, Wien, 1949.
96. Luce, Clare Boothe: «Cuba and the Unfaced Truth: Our Global Double Bind». *Life 53,* 53 (1962).
97. Luft, Joseph: «On Non-Verbal Interaction», unveröffentlichtes Referat, gehalten an der Western Psychological Association Convention, San Francisco, April, 1962.
98. Maruyama, Magoroh: «The Multilateral Mutual Causal Relationships among the Modes of Communication, Sociometric Pattern and the Intellectual Orientation of the Danish Culture». *Phylon 22,* 41 (1961).
99. McCulloch, Warren S., und Walter Pitts: «A Logical Calculus of the Ideas Immanent in Nervous Activity». *Bulletin of Mathematical Biophysics 5,* 115 (1943).
100. McGinnies, Elliott: «Emotionality and Perceptual Defense». *Psychological Review 56,* 244 (1949).
101. Meerloo, Joost A. M.: *The Rape of the Mind: The Psychology of Thought Control, Menticide and Brainwashing.* World Publishing Company, Cleveland, 1956.

102. Miller, George A., Eugene Galanter und Karl H. Pribram: *Plans and the Structure of Behavior.* Henry Holt & Co., New York, 1960.

103. Miller, James G.: «Living Systems: Basic Concepts; Structure and Process; Cross-Level Hypotheses». *Behavioral Science 10,* 193 und 337 (1965).

104. Morris, Charles W.: «Foundation of the Theory of Signs», in Otto Neurath, Rudolf Carnap und Charles W. Morris (Herausgeber). *International Encyclopedia of Unified Science.* Band I, Nr. 2. University of Chicago Press, Chicago, S. 77–137, 1938.

105. Muggeridge, Malcolm: «Books». *Esquire.* Band 63, Nr. 4, April 1965, S. 58–60.

106. Nagel, Ernst, und James R. Newman: *Gödel's Proof.* New York University Press, New York, 1958.

107. Nagel, Ivan: «Requiem für die Seele», in *Spectaculum* 7, Suhrkamp Verlag, Frankfurt a. M., 1964, S. 358–9.

108. Nerlich, G. C.: «Unexpected Examinations and Unprovable Statements». *Mind,* 70, 503 (1961).

109. Orwell, George: *Neunzehnhundertvierundachtzig.* Diana Verlag, Zürich, 1950.

110. Osgood, Charles E.: «Reciprocal Initiative», in James Roosevelt (Herausgeber). *The Liberal Papers.* Anchor Books, New York, 1962, S. 155–228.

111. Parkinson, C. Northcote: *Parkinsons Gesetz und andere Untersuchungen über die Verwaltung,* Econ, Düsseldorf, 1957.

112. Pizzini, Duglore: «Mit Schlamm gekleistert». *Wochenpresse* (Wien), 19. Jahrgang, Nr. 17, 25. April 1964, S. 10.

113. Pribram, Karl H.: «Reinforcement Revisited: A Structural View», in M. Jones (Herausgeber). *Nebraska Symposium on Motivation, 1963,* University of Nebraska Press, Lincoln, 1963, S. 113–59.

114. Proust, Marcel: *Les plaisirs et les jours.* 13. Auflage. Gallimard, Paris, 1924.

115. Quine, Willard van Orman: *Methods of Logic.* Henry Holt & Co., New York, 1960.

116. Quine, Willard van Orman: «Paradox». *Scientific American 206,* 84 (1962).

117. Ramsey, Frank Plumpton: *The Foundations of Mathematics and Other Logical Essays.* Harcourt, Brace & Co., New York, 1931.

118. Rapoport, Anatol, und Albert M. Chammah, in Zusammenarbeit mit Carol J. Orwant: *Prisoner's Dilemma: a Study in Conflict and Cooperation.* University of Michigan Press, Ann Arbor, 1965.

119. Reichenbach, Hans: *Elements of Symbolic Logic.* Macmillan, New York, 1947.

120. Renaud, Harold, and Floyd Estess: «Life History Interviews with One Hundred Normal American Males: ‚Pathogenicity' of Childhood». *American Journal of Orthopsychiatry 31,* 786 (1961).

121. Richardson, Lewis Fry: «Mathematics of War and Foreign Politics», in James R. Newman (Herausgeber). *The World of Mathematics.* 2. Band. Simon & Schuster, New York, 1956, S. 1240–53.

122. Rilke, Rainer Maria: *Duineser Elegien, Sonnette an Orpheus.* Niehanns & Rokitansky Verlag, Zürich, 1948.

123. Rosen, John R.: *Direct Analysis.* Grune & Stratton, New York, 1953.
124. Rosenthal, Robert: *Experimenter Effects in Behavioral Research.* Appleton-Century-Crofts, New York, 1966.
125. Ross, Nancy Wilson (Herausgeber). «The Subjugation of a Ghost», in *The World of Zen.* Random House, New York, 1960.
126. Russell, Bertrand: Einleitung zu Ludwig Wittgensteins *Logisch-Philosophische Abhandlung.* Humanities Press, New York, 1951.
127. Sansom, G. B.: *The Western World and Japan, A Study in the Interaction of European and Asiatic Cultures.* Alfred E. Knopf, New York, 1950.
128. Sartre, Jean Paul: Einleitung zu Henry Allegs «La Question». Ed. La Cité, Lausanne, 1958.
129. Scheflen, Albert E.: «Regressive One-to-One Relationships». *Psychiatric Quarterly 23,* 692 (1960).
130. Scheflen, Albert E.: *A Psychotherapy of Schizophrenia: Direct Analysis.* Charles C. Thomas, Publisher, Springfield, Ill., 1961.
131. Scheflen, Albert E.: «Quasi-Courtship Behavior in Psychotherapy», *Psychiatry 28,* 245 (1965).
132. Scheflen, Albert E.: *Stream and Structure of Communicational Behavior. Context Analysis of a Psychotherapy Session.* Behavioral Studies Monograph Nr. 1. Eastern Pennsylvania Psychiatric Institute, Philadelphia, 1965.
133. Schelling, Thomas C.: *The Strategy of Conflict.* Harvard University Press, Cambridge, 1960.
134. Schimel, John L.: «Love and Games». *Contemporary Psychoanalysis 1,* 99 (1965).
135. Searles, Harold F.: «The Effort to Drive the Other Person Crazy – An Element in the Aetiology and Psychotherapy of Schizophrenia», *British Journal of Medical Psychology 32,* 1, Teil 1 (1959).
136. Sluzki, Carlos E., und Janet Beavin: «Simetría y complementaridad: una definición operacional y una tipología de parejas». *Acta psiquiátrica y psicológica de América Latina 11,* 321 (1965).
137. Sluzki, Carlos E., Janet Beavin, Alejandro Tarnopolski und Eliseo Verón: «Transactional Disqualification». *Archives of General Psychiatry 16,* 494, (1967).
138. Smith, Michael: in *The Village Voice.* Band 7, Nr. 52, 18. Oktober 1962.
139. Spengler, Oswald: *Der Untergang des Abendlandes, Umrisse einer Morphologie der Weltgeschichte, I. Gestalt und Wirklichkeit.* C. H. Becksche Verlagsbuchhandlung, München, 1927.
140. Stegmüller, Wolfgang: *Das Wahrheitsproblem und die Idee der Semantik.* Springer-Verlag, Wien, 1957.
141. Stein, L.: «Loathsome Women». *Journal of Analytical Psychology 1,* 59 (1955/56).
142. Stern, David J.: «The National Debt and the Peril Point». *The Atlantic 213,* 35 (1964).
143. Stierlin, Helm: Bericht über die Versammlung der American Psychiatric Association in Hawaii, Mai 1958. *Psyche 13,* 843 (1959/60).
144. Styron, William: *Lie Down in Darkness.* Viking Press, New York, 1951.
145. Szasz, Thomas S.: *The Myth of Mental Illness. Foundations of a Theory of Personal Conduct.* Hoeber-Harper, New York, 1961.

146. Talensky, Nikolai A.: «Antimissile Systems and Disarmament». *Bulletin of the Atomic Scientist.* Februar 1965, S. 26–30.
147. Taubman, Howard: in *The New York Times.* Band 112, Nr. 38.250, 15. Oktober 1962, S. 33.
148. Tinbergen, Nicolaas: *Tiere untereinander. Soziales Verhalten bei Tieren, insbesondere Wirbeltieren.* Ins Deutsche übertragen von Otto Koehler. Parey, Berlin, Hamburg, 1955.
149. Toch, H. H., und A. H. Hastorf: «Homeostasis in Psychology», *Psychiatry 18,* 81 (1955).
150. Watts, Alan Wilson: Kapitel «The Counter Game» in *Psychotherapy, East and West.* New York, Pantheon Books, 1961, S. 127–67.
151. Watzlawick, Paul: «A Review of the Double Bind Theory». *Family Process 2,* 132 (1963).
152. Watzlawick, Paul: *An Anthology of Human Communication; Text and Tape.* Science and Behavior Books, Palo Alto, 1964.
153. Watzlawick, Paul: «Paradoxical Predictions». *Psychiatry 28,* 368 (1965).
154. Watzlawick, Paul: «A Structured Family Interview». *Family Process 5,* 256 (1966).
155. Weakland, John H.: «The ‚Double-Bind' Hypothesis of Schizophrenia and Three-Party Interaction», in Don D. Jackson (Herausgeber). *The Etiology of Schizophrenia.* Basic Books, New York, 1960.
156. Weakland, John H., und Don D. Jackson: «Patient and Therapist Observations on the Circumstances of a Schizophrenic Episode». *Archives of Neurology and Psychiatry* 79, 554 (1958).
157. Weiß, Paul: «Cell Interactions». In *Proceedings of the Fifth Canadian Cancer Conference.* Academic Press, New York, 1963, S. 241–76.
158. Weißberg, A.: *The Accused.* Simon & Schuster, New York, 1951.
159. Whitehead, Alfred North, und Bertrand Russell: *Principia Mathematica.* 3 Bände. University Press, Cambridge, 1910–13.
160. Whorf, Benjamin Lee: «Science and Linguistics». In John B. Carroll (Herausgeber). *Language, Thought and Reality. Selected Writings of Benjamin Lee Whorf.* John Wiley & Sons, New York, 1956, S. 207–219.
161. Wiener, Norbert: «Time, Communication, and the Nervous System», in R. W. Miner (Herausgeber). *Teleological Mechanisms.* Annals of the New York Academy of Sciences, Band 50, Artikel Nr. 4, S. 197–219, 1947.
162. Wieser, Wolfgang: *Organismen, Strukturen, Maschinen.* Fischer Bücherei, Frankfurt a. M., 1959.
163. Wittgenstein, Ludwig: *Logisch-philosophische Abhandlungen.* Humanities Press, New York, 1951 (zweisprachige Ausgabe).
164. Wittgenstein, Ludwig: *Bemerkungen über die Grundlagen der Mathematik.* Basil Blackwell, Oxford, 1956.
165. Wright, John C.: *Problem Solving and Search Behavior under Non-Contingent Rewards.* Unveröffentlichte Dissertation, Stanford-Universität, 1960.
166. Zilboorg, Gregory: «Suicide among Civilized and Primitive Races». *American Journal of Psychiatry* 92, 1347 (1935–36).

PERSONEN- UND SACHREGISTER

(Fettgedruckte Seitenzahlen verweisen auf die Definition der betreffenden Stichwörter)